21 世纪高职高专财经类能力本位型规划教材

浙江省重点教材建设项目·浙江省特色专业成果教材

外贸单证

主　编　程文吉　张　帆

副主编　郑惠云　牟群月

北京大学出版社
PEKING UNIVERSITY PRESS

内容简介

本书内容的安排以外贸单证典型工作任务为导向，打破了以知识体系为线索的传统的外贸单证的编写模式，设计了3个课程内容(学习情境)：非信用证结算方式下的出口制单、信用证结算方式下的出口制单、进口单据处理。每个学习情境包括学习目标、业务背景、工作任务、工作内容、回顾与迁移，在工作内容的每一步中链接了相关的理论知识，这些理论知识也是紧紧围绕工作任务的需要来选取的。

本书可作为高职高专国际商务及相关专业的教材，也可作为社会相关行业从业人员的业务参考资料及培训用书。

图书在版编目(CIP)数据

外贸单证/程文吉，张帆主编. —北京：北京大学出版社，2011.9

(21世纪高职高专财经类能力本位型规划教材)

ISBN 978-7-301-17417-3

Ⅰ. ①外… Ⅱ. ①程…②张… Ⅲ. ①进出口贸易—原始凭证—高等职业教育—教材 Ⅳ. ①F740.44

中国版本图书馆CIP数据核字(2011)第181208号

书　　名：外贸单证
著作责任者：程文吉　张　帆　主编
策 划 编 辑：蔡华兵　吴　迪
责 任 编 辑：蔡华兵
标 准 书 号：ISBN 978-7-301-17417-3/F・2871
出　版　者：北京大学出版社
地　　址：北京市海淀区成府路205号　100871
网　　址：http://www.pup.cn　http://www.pup6.cn
电　　话：邮购部62752015　发行部62750672　编辑部62750667　出版部62754962
电 子 邮 箱：pup_6@163.com
印　刷　者：北京京华虎彩印刷有限公司
发　行　者：北京大学出版社
经　销　者：新华书店
787毫米×1092毫米　16开本　14印张　277千字
2011年9月第1版　2018年2月第3次印刷
定　　价：35.00元

前　言

本书根据实际工作调研总结，结合台州职业技术学院“基于外贸典型工作任务”的学习领域核心课程之一“外贸单证”的教学经验编写而成。

通过对外贸单证典型工作任务的调研，编者总结出外贸单证制作往往是外贸公司或出口型企业单证员的主要工作。有些企业也可能要求外贸业务员对自己的每票业务全程负责，发票、箱单等一些常见单证由业务员自行缮制，商检等需要跑外的部分单据交由单证员或财务人员办理。因此，对于一个外贸从业人员来说，单证制作是他们职业工作中一个基本的项目，单证制作需要从合同、形式发票、信用证开始熟悉，然后根据上述文件的要求，缮制外贸业务中的常见结汇单据和国内单据；对于有些非本企业制作的单据，如保险单、提单、第三方检验证书、银行保函等，外贸从业人员必须要做到准确审核。

台州职业技术学院国际贸易专业从2008年开始，在课程专家的指导下与企业实践专家合作，共同开发“基于外贸工作过程为导向”的学习领域课程体系，“外贸单证”在第一批开发课程之列。一般的外贸单证教材大多以知识体系为主，读者很难深入了解外贸单证的实际工作过程。本书的编写是以外贸单证的典型工作任务为主线进行的，打破了以知识体系为线索的一般的外贸单证教材的编写模式。

本书内容的安排以外贸单证典型工作任务为导向，设计了3个学习情境，即非信用证结算方式下的出口制单、信用证结算方式下的出口制单、进口单据处理，每一学习情境划分成若干步骤。通过这3个学习情境的学习，意味着单证员典型工作的完成，也标志着在这一活动中职业能力的自主形成。这样，学生走向工作岗位从事单证员工作时就能有效运用这套学习理念独立完成工作，而不像传统的教学法，虽然每张单据都做过，但到实际工作中面对不同的工作情境时不知所措，也不知需要与哪些部门联系。学习过程应体现学生的主体作用，以学生自主学习为主， 所以教学中应注重学生自我学习能力的培养，使学生围绕工作任务的需要主动学习相关的理论知识，自己查阅资料，确定基于不同工作情境下分别需要哪些单据，先设计哪些制单方案，这就相当于面对每票业务时首先有个单证工作计划，以便合理安排时间。

本书中每张单据的制作，不是给定一个模板让学生机械地填制内容，而是让学生自行下载或自行制作单据模板，自学单据的填制方法；完成任务后，学生还需要展示自己的学习成果，以供他人学习和借鉴。同时，本书教学环节设置注重发挥小组的作用，使学生的学习成果在小组内和各组间进行评价反馈。教师结合学生完成工作任务的情况进行点评，在点评中选取相关的理论知识进行讲解，学生根据教师的点评对完成的任务进行相应的修改，进一步提升外贸单证操作能力。

本书传达的理念是：整个教学过程就是让学生自己“动”起来，而不是教师推着学生“动”。因此，本书不再设置练习项目，教师可选用企业最新的单证材料，加以适当的处理设计成工作页，引导学生在一体化学习场所进行小组学习并参考教材范例及一些网络资源，完成所给任务的整套单据的制作。

本书由台州职业技术学院程文吉、张帆担任主编，郑惠云、牟群月担任副主编。本书编写分工为：程文吉编写学习情境一，郑惠云编写学习情境二，张帆编写学习情境三，牟群月审稿。

本书在编写过程中，得到了台州职业技术学院经贸系领导和其他教师的悉心指导和帮助，同时也得到了一些企业外贸业务专家的大力支持，在此一并表示衷心的感谢！

由于编者水平有限，加之编写时间仓促，所以本书难免存在疏漏和不妥之处，敬请广大读者批评指正。

编　者

2011 年 4 月

目　录

学习情境一　非信用证结算方式下的出口制单……1
步骤一　制作商业发票和装箱单……8
步骤二　制作订舱委托书和办理订舱手续……16
步骤三　制作出境货物报检单和办理出口报检业务……22
步骤四　制作和申领原产地证……28
步骤五　制作和办理报关单证……35
步骤六　制作投保单和办理保险业务……47
步骤七　提单确认及制作附属单据……54
步骤八　交单收汇……61
步骤九　善后工作……62
学习情境二　信用证结算方式下的出口制单……66
步骤一　信用证审核和修改……75
步骤二　制作商业发票和包装单据……95
步骤三　制作订舱委托书和办理订舱手续……104
步骤四　商品检验……107
步骤五　出口货物原产地认证……112
步骤六　制作和办理报关单证操作……118
步骤七　制作投保单和办理保险业务……123
步骤八　提单确认及制作附属单据……126
步骤九　缮制汇票……132
步骤十　单据审核……141
步骤十一　出口交单结汇……154
步骤十二　善后工作……158
学习情境三　进口单据处理……159
步骤一　申请开立信用证……161
步骤二　审核草本信用证……167
步骤三　审核正本信用证……170
步骤四　办理货物运输和保险……173
步骤五　审核进口单据……173
步骤六　办理进口付款手续……180
步骤七　办理进口报关手续……182
步骤八　整理存档……183
附录一　跟单信用证统一惯例……184
附录二　各种空白外贸单证样例……198
参考文献……215

目录

学习情境一 非信用证结算方式下的出口制单

学习目标

(1) 熟练阅读外贸合同。
(2) 能掌握非信用证结算方式下出口单证工作的基本流程。
(3) 能制作订舱委托书和办理订舱手续。
(4) 能制作出境货物报检单和办理报检业务。
(5) 能制作和申领原产地证。
(6) 能制作和办理出口报关单据。
(7) 能制作投保单和办理保险业务。
(8) 能确认提单和制作附属单据。
(9) 能办理交单收汇。
(10) 能按业务的要求将各类单证归档。

业务背景

浙江台州灯饰有限公司是一家从事节日灯及线材生产和销售的公司，公司实力雄厚，有很强的产品开发能力。公司的主要市场是欧洲，公司业务经理陈军于2008年参加了中国香港电子展。

德国ABC EXPO-ART公司的Owen是展会的受邀采购商，他参观了浙江台州灯饰有限公司的展位后，对公司的圣诞节日灯产品产生兴趣，并与台州灯饰有限公司的业务经理陈军现场进行了洽谈。洽谈愉快，双方互留名片。

此后，双方通过E-mail、国际长途等方式增进了解并展开深度磋商，最终双方签订合同(合同1-1)。

合同 1-1

ZHEJIANG TAIZHOU DECORATIVE LIGHTING CO., LTD.

788 XUEYUAN RD T.Z.E.D.Z.JIAOJIANG TAIZHOU ZHEJIANG CHINA

TEL: 0086-576-88430694 FAX: 0086-576-88430724

SALES CONFIRMATION

S/C No.: TZ0901101

Date: MAY.15,2009

The Buyer: ABC EXPO-ART GMBH

Address: RATHAUSMARKT 50, 20095 HAMBURG, GERMANY

TEL: 0049-40-34103772

FAX: 0049-40-37103773

THE SELLER AGREES TO SELL AND THE BUYER AGREES TO BUY THE UNDER-MENTIONED GOODS ON THE TERMS AND CONDITIONS STATED BELOW:

Marks&Nos.	Name of Commodity & Specifications	Quantity	Unit Price	Amount
	CHRISTMAS LIGHT		CIF HAMBURG	
ABC	ZG-V3013	9288 SETS	USD1.014	USD9,413.51
TZ0901101	ZG-V8923	2976 SETS	USD2.838	USD8,445.41
HAMBURG	ZG-8881	12000 SETS	USD3.108	USD37,297.30
C/ NO.1-2338	ZG-8923	9984 SETS	USD2.838	USD28,332.97
		34248 SETS		USD83,489.19
Total Amount in Words: SAY US DOLLARS EIGHTY THREE THOUSAND FOUR HUNDRED AND EIGHTY NINE CENTS NINTEEN ONLY.				

PACKING: ZG-V3013 IN CARTONS OF 36 SETS EACH AND ZG-V8923, ZG-8881 AND ZG-8923 TO BE PACKED IN CARTONS OF 12 SETS EACH.

TERMS OF SHIPMENT: TO BE EFFECTED ON OR BEFORE AUG.20, 2009 FROM NINGBO, CHINA TO HAMBURG, GERMAN WITH PARTIAL SHIPMENTS AND TRANSHIPMENT ALLOWED.

TERMS OF PAYMENT: 30% BY T/T IN ADVANCE,BALANCE(70%) BY T/T AGAINST B/L COPY.

INSURANCE: THE SELLER SHALL COVER INSURANCE AGAINST WPA FOR 110% OF THE TOTAL INVOICE VALUE AS PER THE RELEVANT OCEAN MARINE CARGO OF P.I.C.C. DATED 1/1/1981.

CLAIM: ANY CLAIM BY THE BUYER REGARDING THE GOODS SHALL BE SUPPORTED BY A SURVEY REPORTED ISSUED BY A SURVEYOR APPROVED BY THE SELLERS AND LODGED WITHIN 45 DAYS AFTER THE ARRIVAL OF THE GOODS AT THE PORT OF DESTINATION. THE SELLER WILL NOT CONSIDERED CLAIMS IN RESPECT OF MATTERS WITHIN RESPONSIBILITY OF INSURANCE COMPANY OR SHIPPING COMPANY.

续

FORCE MAJEURE:	IN CASE OF FORCE MAJEURE, THE SELLER SHALL NOT BE RESPONSIBLE FOR LATE DELIVERY OR NON-DELIVERY OF THE GOODS BUT SHALL NOTIFY THE BUYER BY FAX. THE SELLER SHALL DELIVER TO THE BUYER BY REGISTERED MAIL, IF SO REQUESTED BY THE BUYER, A CERTIFICATE ISSUED BY THE CHINA COUNCIL FOR THE PROMOTION OF INTERNATIONAL TRADE OR ANY COMPETENT AUTHORITIES.
ARBITRATION:	ALL DISPUTES IN CONNECTION WITH THIS CONTRACT OR THE EXECUTION THEREOF SHALL BE SETTLED THROUGH FRIENDLY NEGOTIATIONS BETWEEN TWO PARTIES. IN CASE NO SETTLEMENT CAN BE REACHED THROUGH NEGOTIATION, THE CASE IN DISPUTE SHALL THEN BE SUBMITTED TO THE CHINA INTERNATIONAL ECONOMIC AND TRADE ARBITRATION COMMISSION FOR SETTLEMENT BY ARBITRATION IN ACCORDANCE WITH THE COMMISSION'S ARBITRATION RULES. THE AWARD RENDERED BY THE COMMISSION SHALL BE FINAL AND BINDING UPON BOTH PARTIES,THE ARBITRATION EXPENSES SHALL BE BORNE BY THE LOSING PARTY UNLESS OTHERWISE AWARDED.
The Seller:	**The Buyer:**
ZHEJIANG TAIZHOU DECORATIVE LIGHTING CO., LTD.	ABC EXPO-ART GMBH
赵建民	RICHA

知识链接 1-1

汇　　付

在我国进出口贸易中通常采用的货款结算方式有 3 种：汇付、跟单托收和信用证。以汇付方式收付货款属于顺汇法，而以跟单托收和信用证方式收付货款则属于逆汇法。合同1-1 的货款结算方式是：30% BY T/T IN ADVANCE,BALANCE(70%) BY T/T AGAINST B/L COPY. 即 30%货款预付至卖方，其余货款(70%货款)凭提单复印件电汇支付，这是非信用证下的 T/T 结算，T/T 是属于汇付的，所以这里主要介绍汇付结算方式。

一、汇付的当事人

汇付(Remittance)又称为汇款，指付款人主动通过银行或其他途径将款项汇交收款人。国际贸易的货款如采用汇付，一般是由买方按合同约定的条件(如收到单据或货物)和时间，将货款通过银行，汇交给卖方。

在汇付业务中，通常有 4 个当事人，即汇款人、汇出行、汇入行和收款人。

汇款人(Remitter)：即汇出款项的人，在进出口交易中，汇款人通常是进口人。

汇出行(Remitting Bank)：即受汇款人委托汇出款项的银行，通常是进口地的银行。

汇入行(Paying Bank)：即受汇出行委托解付汇款的银行，因此，又称为解付行，在对外贸易中，通常是出口地的银行。

收款人(Payee)：即收取款项的人，在进出口交易中通常是出口人。

二、汇付的种类

1. 电汇

电汇是指进口人要求汇出行用电报、电传等电讯手段委托汇入行(汇款行)付款给出口人。

2. 信汇

信汇是指进口人将货款交给当地的一家银行(汇出行/汇款行)，要求该行用信件委托出口人所在地的一家银行(汇入行/解付行)付款给出口人。

3. 票汇

票汇业务中，汇款人填写票汇申请书，将款项和手续费交予汇出行，汇出行依要求开立银行汇票(或银行本票)后将票据交汇款人，由其自行或通过邮局将票据交给收款人。同时，汇出行将票汇通知书寄给汇入行。待收款人(或持票人)凭票据到汇入行取款时，汇入行核对无误后，即解付票款并通知汇出行。

三、汇付的应用

根据进口人付款的时间，汇付方式可以分为“预付货款”、“货到付款”和“凭单付款”等。

1. 预付货款

预付货款(Payment in Advance)顾名思义是指进口人先将货款用电汇、信汇或票汇的形式汇交出口人。这种方式对出口人最为有利，他甚至可以在收到货款以后再去采购发货，根本无需占用资金。不仅如此，由于是先收款后发货，出口人掌握充分的主动权，基本上不承担任何贸易风险，但对于进口人来说，预付货款不仅占用大量的资金，而且能否安全收取货物完全取决于出口人的信用，因此有很大的风险。进口人之所以愿意采用这种方式通常有以下原因：出口商的商品是市场上的抢手货，进口人急需采购以取得高额利润；进出口双方关系十分密切，往往买方是卖方在国外的分支机构，或是跨国公司的内部交易；买卖双方同时有好几笔业务往来，相互提供信用。

2. 货到付款

在采用货到付款(Payment after Arrival of the Goods)方式时，出口人先发货，而进口人在收到货物时或收货后再过一段时间以电汇、信汇或票汇的形式支付货款。这种方式对于进口人而言，无疑是最为有利的支付方式。货到付款有记账贸易(Open Account，O/A)和寄售(Consignment)两种形式。记账贸易通常是指贸易双方达成协议，由卖方先行向买方发运货物，货款一季、半年或一年结算。以记账方式结算货款时，通常货物的价格以及付款时间均是确定的。寄售则是指出口商先将货物运至国外，委托国外商人在当地市场按照事先规定的条件代为出售，买方要等到货物售出后才将货款汇给卖方。采用货到付款方式的主要原因有：新产品销售、拓展新市场；大公司内部贸易。

3. 凭单付现

预付货款方式是进口人先付款，出口人后发货；而货到付款则相反，出口人先发货，进口人后付款。对于预付款项的进口人和货到付款的出口人来说，资金负担比较重，因为在货物的生产、采购以及运输过程中，买方或卖方需要占用大量的资金。凭单付现方式是指双方采取“一手交钱、一手交货(单)”的结算方法。通常的做法是出口方在发货之后将代表货物所有权的凭证即货运单据寄交进口人所在地的代理人或直接交给进口人，进口人在收到货运单据后即用电汇或其他形式将货款汇给出口人。这种单到付款的方式对于出口人来说，在很大程度上减少了货到付款时的资金负担，收款时间也大大加快。但出口人还是要承担寄交单据后进口人不付款的风险。因此，凭单付现(Cash against Documents，CAD)的另一种做法是出口人在发运货物取得代表物权的货运单据后将单据传真给进口人，收到正本货运单据的传真后，进口人立即以电汇方式将货款汇交出口人，出口人在收到电汇款项后将货运单据寄交进口人。这种款到交单的做法可以大大降低出口人的收款风险，但进口人可能会面临付款后无法获得货运单据的风险。

四、汇付的特点

汇付方式用于国际贸易结算中，具有以下特点。

1. 商业信用

银行仅凭汇款人的指示转移相关款项，不负责传递单据，更不承担任何付款或担保责任。

2. 资金负担不平衡

预付货款项下，卖方可利用预付款备货、装货，减轻自行垫付资金的负担。货到付款项下，进口人可收货后甚至可在出售货物后方支付货款。

3. 手续简便、费用低廉

汇付方式因方便快捷而受到相互信任的贸易方或跨国公司内部、母子公司之间交易者的青睐。此外，汇付方式也用于支付贸易定金、货款尾数、佣金或其他贸易从属费用。在采用分期付款或延期付款的交易中，也比较多地采用汇付方式。

面对日趋明显的买方市场，出口人为扩大出口，占领海外市场，越来越多地采用货到付款等有利于进口人的支付方式，以吸引订单。

工作任务

如果你是该公司的外贸单证员，请根据上述给定的合同及相关的资料制作及申领本业务所需的全套单据，并做好单据归档工作。

知识链接 1-2

国际贸易单证工作环节与要求

一、国际贸易单证工作环节

国际贸易单证工作的基本环节包括制单、审单、交单和归档。信用证支付方式下，在制单环节前还有审证环节。

二、制单基本要求

各种进出口单据原则上应该做到正确、完整、及时、简明、整洁。

1. 正确

正确是外贸单证工作的前提，也是最重要的一条。这里所说的正确，包含以下两方面的内容：

(1) 各种单据必须做到“三相符”。即单据与信用证相符、单据与单据相符、单据与贸易合同相符。而对进出口企业来说除这 3 个相符外，还有一个单货相符。

(2) 单据必须与有关惯例和法令规定相符。信用证结算方式下，要与《跟单信用证统一惯例》(UCP600)和《国际标准银行实务》(ISBP)条款相一致，在托收结算方式下的单证，要与《托收统一规则》(URC522)条款相一致。

此外在缮制单据时也要注意进口国对单据或进口货物有无特殊规定。例如，输往加拿大、美国等国的货物，没有使用木质包装的话，要提供无木质包装证明，使用的话要进行熏蒸处理，并提供证书。

2. 完整

单证的完整一般包括以下几种含义：

(1) 成套单证群体的完整性。单证在通过银行议付或托收时，一般都是成套、齐全而不是单一的单证。例如，在 CIF 下，卖方向买方提供的单证至少应有发票、提单、保险单等，有些还要提供箱单、检验证书、产地证、附属证明等。

(2) 每一种单据的所填内容必须完备齐全。任何单证都有它的特定作用，这种作用是通过单证本身的特定内容，即格式、项目、文字、签章等来体现的，如果格式使用不当、项目漏填、签章不全等就不能构成有效文件。

(3) 单据的份数完整。单据的份数完整是指出口商必须按信用证或买卖合同的要求如数交齐各种单证的份数，不能短缺。

3. 及时

(1) 出单及时。各种单据的出单日期必须合理可行。例如保险单日期早于或等于提单的签发日期；提单日期不得迟于装运期；装运通知书必须在货物装运后立即发出等，这些日期如果搞错了会造成出单不符。同时每一种单据的出单日期不能超过信用证规定的有效期。

各单据日期早晚次序为：发票日期<检验证书日期或保险单日期<提单装船日期<信用证最迟装运日期<汇票出票日期<信用证最迟交单日期或信用证有效期。

(2) 交单及时。交单及时指向银行交单议付不能超过信用证规定的交单期。如果信用证未规定交单期，银行将拒收迟于运输单据出单日期 21 天后提交的单据，但单据也不得迟于信用证到期日提交。

4. 简明

单证的内容应按合同或信用证要求填写，力求简明，切勿加列不必要的内容，以免弄巧成拙。简化单证不仅可以减少工作量和提高工作效率，而且也有利于提高单证的质量和减少单证的差错。

5. 整洁

单证的整洁要求单证格式的设计和缮制力求标准化和规范化，单证内容的排列要行次整齐、主次有序、重点项目突出醒目、字迹清晰、语法通顺、文句流畅、用词简明扼要、恰如其分。

三、制单的依据

1. 买卖合同

买卖合同是制单和审单的首要依据。

2. 信用证

在以信用证为支付方式的交易中，信用证取代买卖合同成为主要的制单和审单依据。因为信用证是独立于合同之外的文件，银行的付款原则是“只凭信用证而不问合同”，各种单证的内容必须完全符合信用证的规定，银行才承担付款责任。所以在审证环节，就要做好信用证与合同的一致问题。

3. 有关商品的原始资料

有关商品的原始资料主要指生产制造厂商提供的一些资料，如货物出厂装箱单中显示的规格、型号、数量、毛重、净重、尺码等是缮制单据的基本依据。

4. 相关国际惯例

相关国际惯例主要指《跟单信用证统一惯例》(《UCP600》)、《跟单信用证项下银行间偿付统一规则》(《URR725》)、《关于审核跟单信用证项下单据的国际标准银行实务》(《ISBP681》)、《托收统一规则》(《URC522》)等。

5. 国内相关管理规定

工作内容

小贴士

在非信用证结算方式和 CIF 贸易术语的出口贸易中，外贸单证员需完成的工作任务包括制作商业发票和装箱单、制作订舱委托书和办理订舱、制作出境货物报检单和办理报检、制作和申领原产地证、制作报关单证、制作投保单和办理保险、审核相关单证和制作附属单证、交单收汇和单证归档。在 CFR 贸易术语下，外贸单证员减少了制作投保单和办理保险的工作任务；在 FOB 贸易术语下，外贸单证员还减少了制作订舱委托书和办理订舱的工作任务，但在实务中，外贸单证员往往仍需制作订舱委托书寄给指定货运代理公司。

不同的结算方式和贸易术语情况下，外贸单证员的工作任务是不同的。本业务采用的是 T/T 结算方式和 CIF 贸易术语，外贸单证员的主要工作如下(以下步骤仅作参考，实际工作中其顺序可能有所变化)。

步骤一　制作商业发票和装箱单

业务进展

外贸单证员王莉收到了 S/C No.: TZ0901101 项下的货物的实际出运信息(表 1-1)，她首先根据合同和货物实际出运信息完成了商业发票和装箱单的制作。商业发票和装箱单的具体内容见单据 1-1 和单据 1-2。

表 1-1　出货信息

品名	货号	每箱套数	箱数	毛重 KGS	净重 KGS	总毛重 KGS	总净重 KGS	外箱尺寸 CM	体积 CBM
节日灯	ZG-V3013	36	258	7.5	6.5	1935.0	1677.0	59×41×40	24.964
节日灯	ZG-V8923	12	248	9.5	8.5	2356.0	2108.0	46.5×40×62	28.599
节日灯	ZG-8881	12	1000	11	10	11000.0	10000.0	72×46.5×37.5	125.550
节日灯	ZG-8923	12	832	9.5	8.5	7904.0	7072.0	46.5×40×62	95.946
	合　计		2338			23195	20857		275.059

单据 1-1：商业发票

ZHEJIANG TAIZHOU DECORATIVELIGHTING CO., LTD.

788 XUEYUAN R0AD T.Z.E.D.Z.JIAOJIANG TAIZHOU ZHEJIANG CHINA

TEL: 0086-576-88430694　FAX: 0086-576-88430724

COMMERCIAL INVOICE

TO: ABC EXPO-ART GMBH
RATHAUSMARKT 50, 20095 HAMBURG, GERMANY

NO: SYQ2009-021
DATE: JUL.20,2009
S/C NO: TZ0901101

FROM NINGBO,CHINA TO HAMBURG, GERMANY BY SEA

Marks & Nos.	Description of Goods	Quantity	Unit Price	Amount
ABC	CHRISTMAS LIGHT		CIF HAMBURG	
TZ0901101	ZG-V3013	9288 SETS	USD1.014	USD9,413.51
HAMBURG	ZG-V8923	2976 SETS	USD2.838	USD8,445.41
C/ NO.1-2338	ZG-8881	12000 SETS	USD3.108	USD37,297.30
	ZG-8923	9984 SETS	USD2.838	USD28,332.97
	TOTAL:	34248 SETS		USD83,489.19

SAY TOTAL: SAY US DOLLARS EIGHTY THREE THOUSAND FOUR HUNDRED AND EIGHTY NINE CENTS NINTEEN ONLY.

浙江台州灯饰有限公司
ZHEJIANG TAIZHOU DECORATIVE LIGHTING CO., LTD.
赵建民

单据 1-2：装箱单

ZHEJIANG TAIZHOU DECORATIVELIGHTING CO., LTD.

788 XUEYUAN RD T.Z.E.D.Z.JIAOJIANG TAIZHOU ZHEJIANG CHINA

TEL: 0086-576-88430694 FAX: 0086-576-88430724

PACKING LIST

TO: ABC EXPO-ART GMBH
RATHAUSMARKT 50,20095 HAMBURG, GERMANY

NO: SYQ2009-021
DATE: JUL.20,2009
S/C NO: TZ0901101

FROM NINGBO,CHINA TO HAMBURG, GERMANY BY SEA

Marks & Nos.	Description of Goods	Quantity	Package	G.W	N.W	MEAS.
ABC TZ0901101 HAMBURG C/NO.1-2338	CHRISTMAS LIGHT	9288 SETS	258 CTNS	1935.0KGS	1677.0 KGS	24.964 M^3
	ZG-V3013	2976 SETS	248 CTNS	2356.0KGS	2108.0 KGS	28.599 M^3
	ZG-V8923	12000 SETS	1000 CTNS	11000.0 KGS	10000.0 KGS	125.55 M^3
	ZG-8881	9984 SETS	832 CTNS	7904.0 KGS	7072.0 KGS	95.946 M^3
	ZG-8923					
	TOTAL:	34248 SETS	2338 CTNS	23195.0 KGS	20857 KGS	275.059 M^3

SAY TOTAL: TWO THOUSAND THREE HUNDRED AND THIRTY EIGHT CARTONS ONLY.

浙江台州进出口有限公司

ZHEJIANG TAIZHOU DECORATIVE LIGHTING CO., LTD.

赵建民

知识链接 1-3

商业发票

商业发票(Commercial Invoice)在实际工作中简称发票。商业发票是出口方向进口方开列发货价目清单，是买卖双方记账的依据，也是进出口报关交税的总说明。

商业发票是全套进出口单据的核心，其他单据均以它为中心来缮制，在外贸制单工作程序中，一般也先缮制好商业发票，然后才制作其他单据。

一、商业发票的作用

发票是卖方向买方开立的对所交货物的总说明，是一张发货价目清单。进口商凭发票核对货物及了解货物的品质、规格、价值等情况。它是进出口商记账与核算的依据。在没有汇票时，出口商可凭发票向进口商收款。发票还是报关纳税的基本依据，也是实施其他管理的基础依据。需说明的是，发票在作为结汇单据前，即货物出运时，还具有以下作用：

(1) 作为国际商务单据中的基础单据，是缮制报关单、产地证、报检单、投保单等其他单据的依据。

(2) 作为报关、报检单据的组成部分。出运过程中，报检报关单都需要附上发票才能起到相应的作用。

而在作为结汇单据之后，发票还有核销外汇的作用，收到外汇后，办理核销时需提供发票。

二、商业发票的内容及缮制

1. 商业发票的内容

各进出口公司的商业发票没有统一的格式，但主要项目基本相同，分为首文、本文和结文 3 个部分。首文部分包括发票名称、编号、出票日期、合同号码、收货人名称、运输路线等。本文部分包括运输标志、商品的名称、规格、数量、单价、总值和支付方式等内容。结文部分包括有关货物产地、包装类型、各种证明句、发票制作人签章等。

2. 发票的制作要点

本业务是属于电汇方式，发票制作应按合同要求和实际装运填列。

(1) 出口商名称和地址(出票人)。出票人的名称与地址在发票正上方表示。一般与合同中卖方的名称、地址一致。

(2) 发票名称。Commercial Invoice 或 Invoice 字样。

(3) 发票抬头人(To)。指收货人，一般为合同买方。

(4) 发票号码、出票日期、合同号码(No., Date, Contract No.)。发票号码由出口商自行编制，代表整套单据的代表号。在所有单据中，发票是签发日期最早的单据。 一般在合同之后，且早于提单签发日期。

合同号应与合同上列明的一致，一笔交易有几份合同的，都应打在发票上。

(5) 起运地和目的地(From…to…)。该栏目为非必需项目，可以省略。如不省略，起运港、目的港应与提单上的表示一致，并且要打明具体的地名，不能用统称。如合同中只标明国名，在发票制作时，应打上具体的目的地。如果货物需要转运，转运地点也应明确地表示出来。如 From Shanghai To London With Transshipment (W/T) At Rotterdam。

(6) 唛头(Shipping Marks)。凡是合同中有指定唛头的，必须逐字按照规定制唛。如无指定，出口商可自行设计唛头。唛头一般以简明、易于识别为原则。唛头内容包括进口商名称的缩写、合同号(或发票号)、目的港、件号等。如无唛头，可打上 N/M(No Mark)。

(7) 数量及货物描述(Quantities & Description)。这一栏的内容应与合同和实际装运有关内容一致。

(8) 单价、总值及价格条件(Unit Price、Total Amount、Trade Terms)。单价和总值必须准确计算，正确缮打，特别要注意小数点的位置。单价又由 4 个部分组成：计价货币、单位数额、计量单位和价格术语。如 USD 28.00 PER PC CIF TOKYO。其中价格术语十分重要，因为它涉及买卖双方责任的承担、费用的负担和风险的划分问题，另外也是进口地海关核定关税的依据。

(9) 发票上加注各种证明。买方有时要求在发票上加注各种费用金额、特定号码、有关证明句，一般可将这些内容打在发票商品栏以下的空白处，大致有以下几种：

① 注明特定号码。如进口证号、配额许可证号码等。

② 运费、保险等。

③ 缮打证明句。

(10) 出单人名称及签名(Beneficiary and Signature)。商业发票只能由合同中卖方出具，除非另有规定。关于商业发票是否要签字以及信用证结算下商业发票制作要注意的问题见下一学习情境。

三、其他类型的发票

1. 形式发票

形式发票(Proforma Invoice)也称为预开发票或估价发票，通常在未成交之前，出口商有时应进口商的要求，发出一份列有出售货物的名称、规格、单价等非正式参考性发票，供进口商向其本国贸易管理当局或外汇管理当局等申请进口许可证或批准给予外汇等之用。

提示：形式发票格式见附录二。

形式发票不是一种正式发票，不能用于托收和议付。它所列的单价等也仅仅是出口商根据当时情况所做出的估计，对双方都无最终的约束力，所以形式发票只是一种估价单，正式成交后还要另外重新缮制商业发票。

形式发票与商业发票的关系密切，信用证在货物描述后面常有“按照某月某日之形式发票”等条款，对此援引，只要在商业发票上打明“AS PER PROFORMA INVOICE NO… DATED…”即可。假如来证附有形式发票，则形式发票构成信用证的组成部分，制单时要按形式发票内容全部打上。

2. 海关发票

(1) 作用。海关发票(Customs Invoice)是某些国家的海关(如非洲、美洲、大洋洲)制定的一种固定格式的发票，由出口商填制以供进口商作为进口货物报关使用。其主要作用有：

① 进口商凭以报关，进口国家的海关凭以估价完税的凭证。

② 进口国海关核定货物原产地，征收差别待遇关税，查核进口商品价格，决定是否征收反倾销关税的依据。

③ 作为进口国海关编制统计资料之用。

(2) 加拿大海关发票的主要栏目及缮制方法。海关发票格式与详细内容因国而异。其内容除商品品名、单价、总值等与商业发票相同外，还包括商品的成本价值(Cost/Value of Goods)和商品的生产国家(Country of Origin of Goods)等内容。下面介绍加拿大海关发票的主要栏目及缮制方法。

提示：加拿大海关发票格式见附录二。

① Vendor (Name and Address)/卖方(名称与地址)：写出口商的名称及地址，包括城市和国家名称。信用证支付条件下此栏填写受益人名址。

② Date of Direct Shipment to Canada /直接运往加拿大的装运日期：即填写直接运往加拿大的装运日期，此日期应与提单日期相一致。如单据送银行预审，也可请银行按正本提单日期代为加注。

③ Other References (Include Purchaser's Order No.) /其他参考事项(包括买方订单号)：填写有关合同、订单或商业发票号码。

④ Consignee (Name and Address)/收货人(名称及地址)：填写加拿大收货人的名称与详细地址。信用证项下一般为信用证的开证人。

⑤ Purchaser's Name and Address (if other than Consignee)/ 买方(如非收货人)：填写实际购货人的名称及地址。如与第 4 栏的收货人相同，则此栏可打上"SAME AS CONSIGNEE"。

⑥ Country of Transhipment /转运国家：应填写转船地点的名称。如在香港转船，可填写"FROM SHANGHAI TO VANCOVER WITH TRANSHIPMENT AT HONGKONG BY VESSEL"。如不转船，可填 N/A(即 NOT APPLICABLE)。

⑦ Country of Origin of Goods /货物原产地国：填写 CHINA。若非单一的国产货物，则应在 12 栏中详细逐项列明各自的原产地国名。

⑧ Transportation Give Mode and Place of Direct Shipment to Canada /运输方式及直接运往加拿大的起运地点：只要货物不在国外加工，不论是否转船，均填写起运地和目的地名称以及所用运载工具。如 FROM SHANGHAI TO MONTREAL BY VESSEL。

⑨ Conditions of Sale and Terms of Payment (i.e.Sale, Consignment Shipment, Leased Goods, etc.)/价格条件及支付方式(即销售、委托发运、租赁商品等)：按商业发票的价格术语及支付方式填写。如 CIF VANCOUVER D/P AT SIGHT。

⑩ Currency of Settlement /货币名称：填入合同或信用证的规定支付货币的名称。

⑪ No of Pkgs/件数：填写该批商品的最大包装件数。如 600 CARTONS。

⑫ Specification of Commodities (Kind of Packages, Marks and Numbers, General Description and Characteristics,i.e.Grade, Quality)/商品详细描述(包括种类、唛头、品名和特性，即等级、品质)：应按商业发票同项目描述填写，并将包装情况及唛头填入此栏。

⑬ Quantity(State Unit)/数量：(表明单位)应填写商品的成交的数量，而不是包装的件数。

⑭ Unit Price/单价：应按商业发票记载的每项单价填写，使用的货币应与信用证和商业发票一致。

⑮ Total/总值：填入该批成交货物的总金额。不同商品规格应分列明，并累计出总额。

⑯ Total Weight/总重量：填写总毛重和总净重，应与其他单据的总毛重和总净重相一致。

⑰ Invoice Total/发票总金额：将 15 栏总金额填入。

⑱ If any of fields 1 to 17 are included on an attached commercial invoice. Check this box/如果 1～17 栏的任何栏的内容均已包括在所随附的商业发票内，则在方框内打上记号；如果 1～17 栏的任何栏的内容均已包括在所随附的商业发票内，则在方框内填一个“√”记号，并将有关商业发票号填写在横线上。

⑲ Exporter's Name and Address (If other than Vendor) /出口商名称及地址(如并非买方)：如出口商与第 1 栏的卖方不是同一名称，则填入实际出口商名称；而若出口商与第一栏卖方为同一者，则在本栏打上“THE SAME AS VENDOR”。

⑳ Originator (Name and Address) /负责人(姓名及地址)：此栏填写出口公司名称、地址、负责人名称。

㉑ Department Ruling (If applicable)/主管当局现行管理条例(如适用者)：指加方海关和税务机关对该货进口的有关规定。如有则要求填写，如无则填“N/A”(即 NOT APPLICABLE)。

㉒ If fields 23 to 25 are not applicable, check this box/如果 23～25 三个栏目均不适用，则在方格内打上记号：如 23～25 栏不适用，可在方框内打“√”记号。

㉓ If included in field 17 indicate amount:/如果以下金额已包括在第 17 栏目内：

Ⅰ. Transportation charges, expenses and insurance from the place of direct shipment to Canada/自起运地至加拿大的运费和保险费：可填运费和保险费的总和，允许以支付的原币填写。若不适用则填“N/A”。

Ⅱ. Costs for construction, erection and assembly incurred after importation into Canada. /货物进口到加拿大后进行建造、安装及组装而发生的成本费用：按实际情况填列；若不适用，可打上 N/A。

Ⅲ. Export packing/出口包装费用：可按实际情况将包装费用金额打上，如无，则填“N/A”。

㉔ If not included in field 17 indicate amount /如果以下金额不包括在第 17 栏目内，则注明金额：若 17 栏不包括，则注明金额，Ⅰ、Ⅱ、Ⅲ这 3 项一般填“N/A”。如果在 FOB 等价格条件下，卖方又替买方租船订舱时，其运费于货到时支付，则Ⅰ栏可填实际运费额。

㉕ Check (If applicable)/若适用，在方格内打上记号：本栏系补偿贸易、来件、来料加工、装配等贸易方式专用；一般贸易不适用，可在方格内填“N/A”。

3. 领事发票

领事发票(Consular Invoice)又称为签证发票，是按某些国家法令规定，出口商对其国家输入货物时必须取得进口国在出口国或其邻近地区的领事签证的、作为装运单据一部分或货物进口报关的前提条件之一的特殊发票。

领事发票和商业发票是平行的单据，领事发票是一份官方的单证，有些国家规定了领事发票的固定格式，这种格式可以从领事馆获得。在实际工作中，比较多的情况是有些国家来证规定由其领事在商业发票上认证，认证的目的是证实商品的原产地，收取认证费。对此，在计算出口价格时，应将这笔费用考虑进去。

目前，已很少用领事发票，主要是拉美(阿根廷等)、中东国家使用。

4. 厂商发票

厂商发票(Manufacturer Invoice)是厂方出具给出口商的销售货物的凭证。来证要求提供厂商发票，其目的是检查是否有削价倾销行为，以便确定应否征收反倾销税。

知识链接 1-4

包装单据

包装单据(Packing Documents)是指一切记载或描述商品包装情况的单据，是商业发票内容的补充。出口商品在运输过程中，除散装货(in bulk)外，包装单据一般为不可缺少的文件。

一、包装单据的作用

(1) 是出口商缮制商业发票及其他单据时计量、计价的基础资料。

(2) 是进口商清点数量或重量以及销售货物的依据。

(3) 是海关查验货物的凭证。

(4) 是公证或商检机构查验货物的参考资料。

二、包装单据的种类

1. 装箱单

装箱单(Packing List)又称为包装单，重点说明包装情况、包装条件和每件的毛重、净重等方面的内容。

2. 规格单

规格单(Specification List)内容与 Packing List 基本一致，名称上要与规定相符，重点说明包装的规格。

3. 重量单/磅码单

一般以重量计价的商品，或当商品的重量对其质量能有一定的反映时，收货人对商品的重量比较重视，往往要求重量单(Weight List/Memo)。重点说明商品的重量，包括单件包装的毛、净重等。

4. 尺码单

尺码单(Measurement List)偏重于说明所装运货物的体积，即每件商品的包装尺码以及总尺码。

5. 中性包装单

中性包装单(Neutral Packing List)不表明出具单位和收货人的名称，也不盖章、不签字。

除上述之外，还有：

(1) 包装说明(Packing Specification)。

(2) 包装提要(Packing Summary)。

(3) 重量证书(Weight Certificate)。

(4) 花色搭配单(Assortment List)。

三、包装单据的主要内容及缮制

1. 包装单据的主要内容

包装单据并无固定的格式和内容，由出口商根据货物的种类和进口商的要求制作。虽然出口商制作的包装单格式不尽相同，但基本栏目内容相似，主要包括单据名称、编号、出单日期、货物名称、唛头、规格、件数、毛重与净重、签章等，有时还涉及包装材料、包装方式、包装规格等。

2. 包装单据的缮制

(1) 单据名称。单据名称应符合要求，如要求提供装箱单，则名称写成 Packing List。

(2) 抬头人(To)。要求与合同的买方(收货人)一致，要写明具体的名称和地址，应与商业发票的相一致。

(3) 号码(No.)。填写商业发票号码。包装单可以有自己的编号，但是因为商业发票是核心单据，所以一般都用商业发票的编号作为包装单的编号，所以有的包装单上会直接出现商业发票的编号栏。

(4) 日期(Date)。出单日期可按发票日期填写。包装单的制作一般在发票之后，所以也可比发票日期晚，但不要晚于提单日期。

(5) 合同号码(S/C No.)。如实填写，应与商业发票上的相一致。

(6) 唛头(Marks)。与发票和提单的唛头相一致。

(7) 货物描述及数量(Items)(Description)。应与发票和合同内容相一致，如有总称，先注明总称，再逐项列明详细货名。

(8) 包装方式及数量(Nos.& Kinds of Packages)。填写每种货物的包装件数，同时要注明合计总件数，有时还要写上大写的包装总件数。如单据 1-2 装箱单上 4 种货号包装件数相加：2338 CARTONS。写上“SAY TOTAL: TWO THOUSAND THREE HRNDRED AND THIRTY EIGHT CARTONS ONLY.”。

(9) 毛重(G.W.)。如果有几种规格，每种规格的毛重不同，则应填写每种货物的毛重，同时要注明合计总毛重。

(10) 净重(N.W.)。填写每种货物的净重，同时要注明合计总净重。

(11) 尺码(Meas.)。填写每种货物的尺码，同时要注明合计总尺码。单位是立方米，且保留 3 位小数。

(12) 出单人签章。如果没有特别规定，包装单据无需签署，当然也可以签署。如要签署，由出具本单据的单位和负责人签字盖章，与商业发票一致。

步骤二　制作订舱委托书和办理订舱手续

业务进展

本批出口商品系采用集装箱班轮运输，在工厂进行备货时，浙江台州灯饰有限公司向各家货运代理公司询价，最终确定委托德讯国际货运代理有限公司代为订舱，以便及时履行合同项下的交货和交单的义务。

2009 年 7 月 20 日，公司外贸单证员根据合同和实际出货信息，缮制订舱委托书(单据 1-3)，指示货代订 2009 年 8 月 7 日船期，4 个 40' HQ。

小贴士

外贸企业办理海上货物运输托运业务，可以选择自行办理，也可以委托货运代理公司办理，通常会委托专业的货运代理公司来办理，这样不仅可以获得专业的货运服务，还可以获得更为优惠的运价。外贸单证员可登录中国国际海运网 http://www.shippingchina.com.cn 查找船期和比较运价等主要因素，选择一家国际货运代理。

单据 1-3：订舱委托书

出口货物订舱委托书

2009 年 7 月 20 日

<table>
<tr><td rowspan="3">发货人</td><td rowspan="3" colspan="2">ZHEJIANG TAIZHOU DECORATIVE LIGHTING CO., LTD.
788 XUEYUAN RD T.Z.E.D.Z.JIAOJIANG
TAIZHOU ZHEJIANG CHINA</td><td>信用证号</td><td></td></tr>
<tr><td>合同号</td><td>TZ0901101</td></tr>
<tr><td>运输方式</td><td>BY SEA</td></tr>
<tr><td rowspan="4">收货人</td><td rowspan="4" colspan="2">TO ORDER</td><td>装运口岸</td><td>NINGBO</td></tr>
<tr><td>目的港</td><td>HAMBURG</td></tr>
<tr><td>可否转运</td><td>YES</td></tr>
<tr><td>可否分批</td><td>YES</td></tr>
<tr><td rowspan="6">被通知人</td><td rowspan="6" colspan="2">ABC　EXPO-ART GMBH
RATHAUSMARKT 50, 20095
HAMBURG，GERMANY
TEL: 0049-40-34103772
FAX: 0049-40-37103773</td><td>装运期限</td><td>ON OR BEFORE AUG. 20,2009</td></tr>
<tr><td>运费支付方式</td><td>FREIGHT PREPAID</td></tr>
<tr><td>集装箱种类</td><td>40'HQ</td></tr>
<tr><td>集装箱数量</td><td>4</td></tr>
<tr><td>提单份数</td><td>3</td></tr>
<tr><td></td><td></td></tr>
<tr><td>唛头</td><td>货名</td><td>总件数</td><td>总毛重</td><td>总尺码</td></tr>
<tr><td>ABC
TZ0901101
HAMBURG
C/NO.1-2338</td><td>CHRISTMAS LIGHT</td><td>2338 CARTONS</td><td>23195.0KGS</td><td>275.059 M³</td></tr>
<tr><td>注意事项</td><td colspan="4">订 2009 年 8 月 7 日船期，4 个 40'HQ

我公司联系电话：0576-88430694　传真：0576-88430724　联系人：王小姐</td></tr>
</table>

知识链接 1-5

托运订舱

国际货物运输方式有多种，但在实务中以海运和空运为主，下面着重介绍海运和空运的托运操作。

一、出口货物海运托运操作

1. 海运托运操作流程

出口货物海运托运流程根据运输货物的形式不同，可以分为件杂货班轮托运与集装箱货物托运两类。集装箱货物托运是目前海上货物运输中最为普及的运输方式，由于集装箱运输可以提高装卸效率、减轻货损货差、节省货物包装费用等优势，所以集装箱运输在国际海上货物运输中占据了越来越重要的地位。集装箱运输托运手续总体上与件杂货托运手续相似，最大的不同之处在于集装箱运输中涉及空箱提取及重箱交付的环节。下面将重点介绍集装箱货运流程。

(1) 出口商委托货代办理货物运输相关手续，出口商填制订舱委托书，授权货代代办货运运输手续。有长期合作关系的出口商与货代企业之间存在长期的委托代理协议。

(2) 货代接受出口商的委托，根据出口商的运输要求填制托运单，向船舶代理人，也可以直接向船公司或其营业所提出订舱申请。

(3) 船公司同意承运后，船舶代理人指定船名，核对装货单与托运单的内容无误后，将装货单、配舱回单等联退还给托运人，要求托运人将货物按规定时间送达指定码头仓库。

(4) 货代通知出口商订舱已订妥。

(5) 出口商或其货代从船公司的空箱堆场按订舱规定的数量提取空箱装箱，装箱方式可以分为门到门、内装箱及自拉自送 3 种。

① 门到门。门到门是指货代为客户提供货物运输的门到门服务，即货代从承运人处提取空箱，送至客户所在地将货物装箱、封存，再由货代将重箱自客户所在地运至港区集港，安排货物装船运输至目的地，由货代在进口地的代理或分支机构负责将货物送至进口商仓库或进口商指定的其他地方，实现货物运输的门至门方式。

② 内装箱。内装箱是指货代将空箱提回货代自己的货运站，向客户发出《发货通知书》或《进仓通知书》，要求客户在指定期限内将指定货物送至指定货运站，在货运站内完成货物装箱并封存，然后向客户出具《货物进仓接受单》或《入库单》，然后再由货代安排重箱送至港区的方式。

③ 自拉自送。自拉自送是指货代完成订舱，并向承运人提出用箱申请后，由客户自己派车队提取空箱，送至客户货物存储地，并在货物装箱后，由客户将货物按港区要求集港。

(6) 出口商将货物按规定时间交至码头仓库及理货公司，完成货物集港任务。

(7) 码头堆场接收指定货物后，签发场站收据给货代。

(8) 出口商向海关报关，海关查验合格后，在装货单上盖放行单，货物报关完成。

(9) 待运货物按要求装上指定载货船舶。

(10) 货物代理公司进入船舶代理公司系统，打印海运提单确认书传真给外贸企业确认。经外贸企业确认后，货运代理公司在海运提单申领单上盖章后，凭此到船舶代理公司处领取正本海运提单寄给外贸企业。

2. 订舱委托书的制作

发货人、收货人、被通知人应根据合同对提单的相关规定进行填写，因为货运代理将参照此填写《集装箱货物海运托运单》，进而船公司将据此缮制提单。

(1) 发货人(Shipper)。一般为出口公司的名称和地址。

(2) 收货人(Consignee)。填写合同规定的提单收货人。

收货人也称为提单抬头，包括记名抬头、不记名抬头和指示抬头 3 种类型。采用记名抬头时，则收货人栏目填写特定的收货人名称，如 ABC Company，相应的提单不能流通转让，因此很少使用；采用不记名抬头时，则收货人一栏空着不填或填 To bearer，相应的提单无需背书即可流通转让，风险很大，因此也很少使用；实际中使用最多的是指示抬头，收货人栏目填写 To order 或 To the order of ××，该种收货人抬头的提单可以背书转让，因此，在国际贸易中使用较为广泛。

(3) 被通知人(Notify)。被通知人是指货到目的港及时接受船方发出到货通知的人，其职责是及时转告真实收货人接货。

在汇付和托收等非信用证结算条件下，被通知人栏目一般填写买方的名称和地址。

(4) 信用证号、合同号。按实际填写。

(5) 运输方式。按实际采用的运输方式。

(6) 装运口岸、目的港。合同规定的装运港和目的港。

(7) 转运和分批装运。按合同对转船和分批的规定写，允许为 YES。若合同规定了转运港，则要标出转运港。

(8) 装运期限。按照合同规定填写装运期限，但同时要结合实际备货情况在注意事项一栏写明预订船期。

(9) 运费支付方式。参照相关的贸易术语选择，如采用 CFR、CIF 术语时选择 FREIGHT PREP AID(运费预付)，采用 FOB 贸易术语时选择 FREIGHT COLLECT(运费到付)。

(10) 集装箱种类、数量。该栏目根据货物的性质、总重量和总体积填写合同的箱型和箱数。

(11) 提单份数。

(12) 唛头。根据合同中有关运输标志的规定填写。如果合同中没有相关规定，则可由出口商自行设计，如出口货物外包装上没有运输标志，则可填写：N/M。

(13) 货物名称(Description of Goods)。货物名称一般只写统称。规格、品号、尺码无须具体列出。但同时出口两笔不同性质的货物名称，则应分别填写，而不允许仅填写其中一类的商品。

(14) 包装件数(Number of Package)。填写货物的外包装的数量。请注意不是填商品的数量。如有不同包装单位，总称写 PACKAGES。

(15) 总毛重、总体积。指该批货物总毛重、总体积。不必按货号分开，只需填写总值即可。

(16) 注意事项。如填写对运输单据内容要求；对承运人运输要求(如须在香港中转)；要求外运机构提供其他议付单据(如出具船龄证明)等。

二、空运托运操作

1. 出口货物空运托运流程

(1) 托运和预配舱。外贸企业填写《国际货物托运委托书》，作为货主委托货运代理公司承办航空货物出口托运的依据。然后货运代理公司填制托运单向航空公司办理出口订舱托运手续。货运代理公司对相关单证进行审核后，进行预配舱，初步确定航班和日期并通知货主交单、交货。

(2) 收运货物。货运代理公司对货主送进仓的货物须进行称重、丈量、清点、核对数量、核对唛头并贴分标签。对于特殊货物包括鲜活易腐品、贵重物品、冷冻品、危险品须按照航空公司的要求检查货物的包装、品质等是否符合各种运输规定。

(3) 正式订舱。货运代理公司根据实际接收并已被海关放行的货物，按待运货物的数量、重量、体积与实际舱位进行配舱，并向航空公司吨控部门正式订舱。经吨控部门确认舱位后，货运代理公司领取集装器装货。

(4) 装货出运，航空签单。经由航空公司确认舱位的货物，货运代理公司填制该货物的总运单并送交航空公司签发。在准备文件的同时将货物装在航空集装器上，并缮制集装货物组装记录。最后，将货物、总运单和随机文件一起交航空公司验收，等待装运。

2. 航空运单的填制

航空运单与海运提单类似也有正面、背面条款之分，不同的航空公司也会有自己独特的航空运单格式。但各航空公司所使用的航空运单则大多借鉴 IATA 所推荐的标准格式，差别并不大。在此介绍一下主要的栏目内容。

提示：航空运单格式见附录二。

(1) 始发站机场：需填写 IATA 统一制定的始发站机场或城市的三字代码，这一栏应该和 11 栏相一致。

1A：IATA 统一编制的航空公司代码，如我国的国际航空公司的代码是 999。

1B：运单号。

(2) 发货人姓名、住址(Shipper's Name and Address)填写发货人姓名、地址、所在国家及联络方法。

(3) 发货人账号(Shipper's Account No.)只在必要时填写。

(4) 收货人姓名、住址(Consignee's Name and Address)应填写收货人姓名、地址、所在国家及联络方法。与海运提单不同，因为空运单不可转让，所以“凭指示”之类的字样不得出现。

(5) 收货人账号(Consignee's Account No.)同 3 栏一样只在必要时填写。

(6) 承运人代理的名称和所在城市(Issuing Carrier's Agent Name and City)。若运单由承运人代理签发时，本栏填写实际代理人的名称及城市名；如果运单直接由承运人本人签发时，此栏可空白不填。

(7) 代理人的 IATA 代号(Agents IATA Code)。

(8) 代理人账号(Account No.)。

(9) 始发站机场及所要求的航线(Airport of Departure and Requested Routing)这里的始发站应与 1 栏填写的相一致。

(10) 支付信息(Accounting Information)此栏只有在采用特殊付款方式时才填写。

(11) 运输路线和目的站。

(11) A(C、E). 去往(To)：分别填入第一(二、三)中转站机场的 IATA 代码。

(11) B(D、F). 承运人(By)：分别填入第一(二、三)段运输的承运人。

(12) 货币(Currency)：填入 ISO 货币代码。

(13) 收费代号：表明支付方式，一般不需填写。

(14) 运费及声明价值费(WT/VAL，Weight Charge/Valuation Charge)。

此时可以有两种情况：预付(PPD，Prepaid)或到付(COLL，collect)。如预付在 PPD 栏中填入“*”，否则填在 COLL 栏中填入“*”。需要注意的是，航空货物运输中运费与声明价值费支付的方式必须一致，不能分别支付。

(15) 其他费用(Other)也有预付和到付两种支付方式。

(16) 运输声明价值(Declared Value for Carriage)在此栏填入发货人要求的用于运输的声明价值。如果发货人不要求声明价值，则填入“NVD(No Value Declared)”。

(17) 海关声明价值(Declared Value for Customs)发货人在此填入对海关的声明价值，或者填入“NCV(No Customs Valuation)”，表明没有声明价值。

(18) 目的地机场(Airport of Destination)填写最终目的地机场的全称。

(19) 航班及日期(Flight/Date)填入货物所搭乘航班及日期。

(20) 保险金额(Amount of Insurance)只有在航空公司提供代保险业务而客户也有此需要时才填写。

(21) 操作信息(Handling Information)可利用本栏填写需要注明的内容。

如①被通知人；②飞机随带的有关商业单据名称；③包装情况；④发货人对货物在途时的某些指示；⑤对第二承运人的要求等。

(22) A～(22)L 货物运价、运费细节。

(22) A.货物件数和运价组成点(No. of Pieces RCP，Rate Combination Point)：填入货物包装件数。如 10 包即填“10”。当需要组成比例运价或分段相加运价时，在此栏填入运价组成点机场的 IATA 代码。

(22) B.毛重(Gross Weight)：填入货物总毛重。

(22) C.重量单位：可选择公斤(kg)或磅(lb)。

(22) D.运价等级(Rate Class)：针对不同的航空运价共有 6 种代码，它们分别是 M(Minimum，起码运费)、C(Specific Commodity Rates，特种运价)、S(Surcharge，高于普通货物运价的等级货物运价)、R(Reduced，低于普通货物运价的等级货物运价)、N(Normal，45 公斤以下货物适用的普通货物运价)、Q(Quantity，45 公斤以上货物适用的普通货物运价)。

(22) E.商品代码(Commodity Item No.)：在使用特种运价时需要在此栏填写商品代码。

(22) F.计费重量(Chargeable Weight)：此栏填入航空公司据以计算运费的计费重量，该重量可以与货物毛重相同也可以不同。

(22) G.运价(Rate/Charge)：填入该货物适用的费率。

(22) H.运费总额(Total)：此栏数值应为起码运费值或者是运价与计费重量两栏数值的乘积。

(22) I.货物的品名、数量，含尺码或体积(Nature and Quantity of Goods incl. Dimensions or Volume)：货物的尺码应以厘米或英寸为单位，尺寸分别以货物最长、最宽、最高边为基础。体积则是上述三边的乘积，单位为立方厘米或立方英寸。

(22) J.该运单项下货物总件数。

(22) K.该运单项下货物总毛重。

(22) L.该运单项下货物总运费。

(23) 其他费用(Other Charges)指除运费和声明价值附加费以外的其他费用。根据 IATA 规则各项费用分别用 3 个英文字母表示。

【例 1】 AWC:Air Waybill Charge 运单费；SCC: Security Surcharge 战争附加费。

(24)～(26) 分别记录运费、声明价值费和税款金额，有预付与到付两种方式。

(27)～(28) 分别记录需要付与货运代理人(Due Agent)和承运人(Due Carrier)的其他费用合计金额。

(29) 需预付或到付的各种费用。

(30) 预付、到付的总金额。

(31) 发货人的签字。

(32) 签单时间(日期)、地点、承运人或其代理人的签字。

(33) 货币换算及目的地机场收费记录。

以上所有内容不一定要全部填入空运单，IATA 也并未反对在运单中写入其他所需的内容。但这种标准化的单证对航空货运经营人提高工作效率，促进航空货运业向电子商务的方向迈进有着积极的意义。

步骤三　制作出境货物报检单和办理出口报检业务

业务进展

由于节日灯 94053000 的监管条件的代码是 B，即出境货物通关单，属于法定检验的商品范围。因此，2009 年 7 月 22 日，在货物全部生产完毕，浙江台州灯饰有限公司向出入境检验检疫局申请出口检验。申请出口商品检验时，外贸单证员通过九城软件或榕基软件登录电子报检系统，填写出境货物报检单(单据 1-4)，并随附外销合同、商业发票、装箱单等单据向台州出入境检验检疫局办理报检。出口货物经检验合格后，出入境检验检疫机构向出口企业出具一张换证凭条(单据 1-5)。

单据 1-4：出境货物报检单

中华人民共和国出入境检验检疫
出境货物报检单

报检单位(加盖公章)：　浙江台州灯饰有限公司　　　　*编号：330500209141111

报检单位登记号：3300600309　　联系人：王莉　　电话：0576-88430724　　报检日期：2009 年 7 月 22 日

发货人	(中文) 浙江台州灯饰有限公司				
	(外文) ZHEJIANG TAIZHOU DECORATIVE LIGHTING CO., LTD.				
收货人	(中文)				
	(外文) ABC EXPO-ART GMBH				
货物名称(中/外文)	H.S.编码	产地	数/重量	货物总值	包装种类及数量
节日灯 CHRISTMAS LIGHT	9405300000	浙江台州	34248 套	83489.19 美元	2338 箱

运输工具名称号码	船舶	贸易方式	一般贸易	货物存放地点	浙江台州经济开发区学院路 788 号
合同号	TZ0901101	信用证号		用途	其他
发货日期	2009.8.7	输往国家(地区)	德国	许可证/审批号	
启运地	宁波	到达口岸	汉堡	生产单位注册号	*******
集装箱规格、数量及号码	4×40'HQ				

合同、信用证订立的检验检疫条款或特殊要求	标记及号码	随附单据(划“√”或补填)	
	ABC TZ0901101 HAMBURG C/NO.1-2338	☑合同 ☐信用证 ☑发票 ☐换证凭单 ☑装箱单 ☑厂检单	☑包装性能结果单 ☐许可/审批文件 ☐ ☐ ☐

需要证单名称(划“√”或补填)		*检验检疫费	
☐品质证书 __正__副	☐植物检疫证书 __正__副	总金额 (人民币元)	
☐重量证书 __正__副	☐熏蒸/消毒证书 __正__副		
☐数量证书 __正__副	☑出境货物换证凭单 __正__副	计费人	
☐兽医卫生证书 __正__副	☐		
☐健康证书 __正__副	☐		
☐卫生证书 __正__副	☐	收费人	
☐动物卫生证书 __正__副	☐		

报检人郑重声明：	领 取 证 单	
1. 本人被授权报检。 2. 上列填写内容正确属实，货物无伪造或冒用他人的厂名、标志、认证标志，并承担货物质量责任。 签名：王莉	日期	
	签名	

注：有“*”号栏由出入境检验检疫机关填写　　　◆ 国家出入境检验检疫局制

单据 1-5：出境货物换证凭条

出境货物换证凭条

转单号	330500209104562T		报检号	330500209141111	
报检单位	浙江台州灯饰有限公司				
品名	节日灯				
合同号	TZ0901101			HS 编码	9405300000
数(重)量	34248 套	包装件数	2338 箱	金　额	83489.19 美元

评定意见：

贵单位报检的该批货物，经我局检验检疫，已合格。请执此单到宁波局本部办理出境验证业务，本单有效期截止于 2009 年 9 月 25 日。

台州局本部 2009 年 7 月 26 日

知识链接 1-6

报　　检

一、进出口商品检验检疫基本概念

1. 含义

进出口商品检验检疫是指检验检疫机构依照相应的法律、法规或进出口合同的规定，对商品的质量、数量、重量、包装、卫生、安全及装运条件进行检验并出具相应的检验证书的一系列活动。通常简称为商检。

2. 检验检疫机构的种类

在国际贸易中，商检机构大致可分为官方、半官方和非官方 3 种检验机构。

(1) 官方检验机构：官方检验机构是指由国家或地方政府投资，按照国家有关法律、行政法对进出口商品的质量检验工作实施法定检验检疫和监督管理的机构。

(2) 半官方检验机构：半官方检验机构是指由国家批准设立的公证检验机构。它由政府授权，代表政府行使商品检验鉴定工作或某一方面检验管理工作，作为国家行政执法部门实施监督管理的有效依据。

(3) 非官方检验机构：是指由私人创办的、具有专业检验鉴定技术能力的公证行或检验公司，如英国劳氏船级社。

3. 我国的商品检验机构

中华人民共和国国家质量监督检验检疫总局(General Administration of Quality Supervision,

Inspection and Quarantine of the People's Republic of China, AQSIQ，简称国家质检总局)，是我国质量、计量、进出口商品检验、出入境卫生检验、出入境动物检疫、认证认可和标准化等工作的行政执法机构。该局是2001年4月由国家质量技术监督局和国家出入境检验检疫局合并组建成立的。省、自治区、直辖市仍分别设立质量技术监督部门和出入境检验检疫部门，出入境检验检疫部门受总局的垂直管理。

4. 国外著名的商品检验机构

(1) 瑞士通用公证行(SGS)。瑞士通用公证行是当今世界上最大的检验鉴定公司。

(2) 英国英之杰检验集团(IITS)。集团主要成员有英国嘉碧集团、中国香港天祥公证行、英特泰克国际服务有限公司。英之杰检验集团与中国商检机构建立了业务合作往来关系，并签订了委托检验协议。

(3) 日本海事鉴定协会(NKKK)。NKKK与中国商检机构签订了长期密切的合作关系与业务往来。

(4) 美国安全实验所(UL)。称为美国保险人实验室，其宗旨是采用科学测试方法来研究确定各种材料。

二、出口商品检验检疫的一般程序

1. 出入境检验检疫货物的通关制度

我国自2000年1月1日起建立新的检验检疫货物通关制度，实行“先报检、后报关”的通关模式。对实施出入境检验检疫的货物，使用《入境货物通关单》和《出境货物通关单》，并在通关单上加盖检验检疫专用章。对于入境货物，检验检疫机构接受报检后，先签发《入境货物通关单》，海关据以验放货物，然后，经检验检疫合格的签发《入境货物检验检疫情况证明》，不合格的签发《检验检疫处理通知书》，或索赔的签发检验检疫证书，供企业和有关方面对外索赔之用。对于出境货物，经检验检疫合格的，签发“出境货物通关单”作为海关核放货物的依据；同时，国外要求签发有关检验检疫证书的，根据对外贸易关系人的申请，经检验检疫合格的，签发相应的检验检疫证书，不合格的签发“出境货物不合格通知单”。

2. 出入境检验检疫报检单位

(1) 自理报检单位。是指办理检验检疫手续的出入境货物收发货人以及进出口货物的生产、加工和经营单位等。自理单位在首次报检时须先办理备案登记手续，取得报检单位代码，之后方可办理相关检验检疫申报手续。

(2) 代理报检单位。是指经国家质检总局注册登记，受进出口货物收发货人委托，或受对外贸易关系人等的委托依法代理出入境检验检疫报检申请事宜的，在工商行政管理部门注册登记的境内企业法人。从事代理报检的企业在取得国家质检总局颁发的代理报检单位注册登记证书后，方可在规定的区域从事代理报检业务。

(3) 出入境检验检疫“三电工程”。“三电工程”是出入境货物检验检疫电子申报、电子转单和电子通关的简称。

① 电子申报。电子申报包括电子报检和产地证电子签证。电子报检是指报检人员使用电

子申报软件，通过网络将出入境货物的报检数据以电子方式传输给检验检疫机构，经 CIQ2000 系统和检务人员处理后，将受理报检信息反馈给报检人，实现远程办理出入境检验检疫报检的行为；产地证电子签证是指申领原产地证的企业，通过网络将申报原产地证的有关数据以电子方式传输给检验检疫机构，由检验检疫机构审查符合要求后办理证书，实现电子远程申请办理原产地证的行为。

② 电子转单。电子转单是指通过网络将出境货物经产地检验检疫机构检验检疫合格后的相关电子信息传输到出境口岸检验检疫机构，入境货物经入境口岸检验检疫机构签发“入境货物通关单”后的相关电子信息传输到目的地检验检疫机构实施检验检疫的监督管理模式。

③ 电子通关。电子通关是指检验检疫机构与海关联网，通过“口岸电子执法系统”平台实现检验检疫机构和海关业务数据的交换。

4. 报检的时间和地点

(1) 出境货物最迟在出口报关或装运前 7 天报检，个别检验检疫周期长的货物，应留有相应的检验检疫时间；需隔离检疫的出境动物在出境前 60 天内预报，隔离前 7 天报检；法定检验检疫货物，除了活动物在口岸检验检疫外，原则上应在产地检验检疫；审批、许可证等有关批文中规定了检验检疫地点的，须在规定的地点报检。

(2) 输入植物、种子、种苗及其他繁殖材料的，应在入境前 7 天报检；输入微生物、人体组织、生物制品、血液及制品、种畜、禽及精液、胚胎、受精卵，应当在入境前 30 天报检。

输入其他动物的，应在入境前 15 天报检。大宗散装商品、易腐烂变质商品、废旧品、进口卸货发现有破损、短缺的商品，在卸货口岸检验检疫机构报检。其他入境货物，在入境前或入境时，向报关地的检验检疫机构办理报检手续。

5. 报检应提供的单据

国家质检总局规定报检时应提供的单证包括“出(入)境货物报检单”和随附单证，其中随附单证包括合同、发票、装箱单和各种情况下的相关单证。

6. 出境货物报检单的主要内容和填报规范

(1) 编号：由检验检疫机构报检受理人员填写，前 6 位为申报地检验检疫局机关代码，第 7 位为报检类代码(入境为 01，出境为 02)，第 8、9 位为年代码，第 10 至 15 位为流水号。

(2) 报检单位：填写报检单位全称，报检单位必须是已向检验检疫机关办理备案登记的自理报检单位或已向检验检疫机关办理注册登记的代理报检单位。

(3) 报检单位登记号、联系人、电话：报检单位填记号指报检单位在国家质检总局登记的登记证号码，填 10 位数登记证号码。联系人及电话指报检人员姓名及联系电话。

(4) 报检日期：报检当日的日期。报检日期统一用阿拉伯数字来表示，而不用英文等表示。

(5) 发货人：按合同中所列卖方名称填写。分别用中、英文对照分行填报。

(6) 收货人：按合同中所列买方名称填写。

(7) 货物名称：按合同、信用证上所列名称及规格中、英文填写。

(8) H.S 编码：按《协调商品名称及编码制度》中所列编码填写。以当年海关公布的商品税则编码分类为准。

(9) 产地：填写货物生产地、加工制造地的省、市、县名。

(10) 数量、重量：按实际申请检验检疫数量、重量填写。重量还应填写毛、净重及皮重。

(11) 货物总值：按合同或发票所列货物总值填写，需注明币种。

注意：本栏不需要填报价格术语如 CIF 或 FOB 等。

(12) 包装种类及数量：是指货物实际运输外包装的种类及数量。

(13) 运输工具名称号码：填写载运出境货物运输工具的名称和运输工具编号。本栏填制实际出境运输工具的名称及编号，如船舶名称及航次等。

注意：实际报检申请时，若未确定运输工具的名称及编号时，可以笼统填制运输方式名称，如填报“船舶”或“飞机”等。

(14) 合同号、信用证号：根据对外贸易合同填写或填订单、形式发票的号码。

(15) 贸易方式：该批货物进口的贸易方式。常见的贸易方式有：“一般贸易”、“来料加工贸易”、“易货贸易”、“补偿贸易”等 90 多种贸易方式。

(16) 货物存放地点：出口货物的生产企业所存放出口货物的地点，注明具体地点、厂库。

(17) 发货日期：实际发货的日期。

(18) 输往国家和地区：出口货物的最终销售国的中文名称。

(19) 许可证/审批号：须办理出境许可证或审批的货物应填写有关许可证或审批号。

(20) 生产单位注册号：出入境检验检疫机构签发的卫生注册证书号或加工仓库注册号码等。

(21) 启运地：货物最后离境的口岸及所在地的中文名称。

(22) 到达口岸：货物的入境口岸。

(23) 集装箱规格、数量及号码：货物若以集装箱运输应填写集装箱的规格、数量及号码。

(24) 合同订立的特殊条款以及其他要求：在合同订立的有关检验检疫的特殊条款及其他要求应填入此栏。

(25) 标记及号码：货物的标记号码，应与合同、发票等有关外贸单据保持一致。若没有标记号码则填“N/M”。

(26) 用途：自以下 9 个选项中选择：Ⅰ种用或繁殖、Ⅱ食用、Ⅲ奶用、Ⅳ观赏或演艺、Ⅴ伴侣动物、Ⅵ试验、Ⅶ药用、Ⅷ饲用、Ⅸ其他。

(27) 随附单据：报检时随附的单据种类划“√”或补填。

(28) 签名：由持有《报检员证》的报检人员手签。

(29) 检验检疫费：由检验检疫机构计费人员核定费用后填写。

(30) 领取证单：报检人在领取证单时填写领证日期及领证人姓名。

三、检验检疫证书

1. 含义

检验检疫证书是由政府机构或公证机构对进出口商品检验检疫或鉴定后，根据不同的检验结果或鉴定项目出具签署的书面声明，证明货物已检验达标并评述检验结果的书面单证。

2. 种类

根据进出境货物不同的检验检疫要求，鉴定项目和不同作用，我国检验检疫机构签发不同的检验检疫证书，常见的有以下几种：

(1) 出入境检验检疫品质证书：是证明进出口商品品名，规格、等级、成分、性能等产品质量实际情况的证书。

(2) 出入境检验检疫数量检验证书：是证明进出口商品的数量、重量的证书，如毛重、净重等。

(3) 出入境检验检疫植物检疫证书：是证明植物基本不带有其他的有害物质，因而符合输入国或地区的植物要求的证书。

(4) 出入境检验检疫动物卫生证书：是证明出口动物产品经过检疫合格的书面证件，它适用于冻畜肉、冻禽、皮张、肠衣等商品，且必须由主任兽医签署。

(5) 出入境检验检疫卫生证书：是证明可供食用的出口动物产品、食品等经过卫生检疫或检验合格的证件，例如肠衣、罐头、食品、蛋品、乳制品等。

(6) 熏蒸、消毒证书：证明出口动植物产品、木制品等已经过消毒或熏蒸自理，保证安全卫生，例如猪鬃、针叶木、马尾、羽毛、山羊毛、羽绒制品等。

(7) 出境货物运输包装性能检验结果单：适用于检验合格的出境货物包装性能检验。

(8) 残损鉴定证书：是证明进口商品残损情况的证书，供索赔时使用。

(9) 包装检验证书：是用于证明进出口商品包装情况的证书。

(10) 温度检验证书：是证明出口冷冻商品温度的证书。

(11) 船舶检验证书：是证明承运出口商品的船舶清洁、牢固、冷藏效能及其他装运条件是否符合保护承载商品的质量和数量完整与安全要求的证书。

(12) 货载衡量检验证书：是证明进口商品的重量、体积吨位的证书，是计算运费和指定配载计划的依据。

步骤四　制作和申领原产地证

业务进展

根据买方要求，本业务需提供普惠制产地证明，外贸单证员王莉于 2009 年 7 月 28 日向台州出入境检验检疫局申请办理普惠制原产地证明。实务中可通过九城软件或榕基软件填写原产地证明书申请书(单据 1-6)及普惠制原产地证明(单据 1-7)，并向台州出入境检验检疫局申领。

单据 1-6：原产地证明书申请书

报检注册号：

中华人民共和国出入境检验检疫

原产地证明书申请书

申请单位(盖章)：浙江台州灯饰有限公司　　注册号：3305012000　　证书号：G0933050120000010

郑重声明：　　组织机构代码：659753648

本人是被正式授权代表出口单位申请办理原产地证明书和签署本申请书的。

本人所提供原产地证明书及所附单据内容正确无误，如发现弄虚作假，冒充证书所列货物，擅改证书，自愿按照有关规定接受处罚并负法律责任。现将有关情况申报如下：

证书种类	普惠制原产地证明书			发票号码	SYQ2009-021		
最终目的国/地区	德国	中转国/地区		出运日期	AUG.07,2009		
贸易方式	一般贸易			商品 FOB 总值(美元)	$73030.00		
序号	H.S 编码	货物名称	进口成分*	生产企业/联系人/电话	数量/重量	单位	FOB 值(美元)
1	9405300000	节日灯	0%	浙江台州灯饰有限公司/王莉/0576-88430724	34248	SET	73030.00
2							
3							
4							
5							
6							
7							
8							
随附单据							
备注：							

申报员(签名)：王莉

电话：88430724

日期：2009 年 7 月 28 日

中华人民共和国国家质量监督检验检疫总局制[2006.10]

*注：“进口成分”指产品含进口成分的情况，如不含进口成分，则填 0%，若含进口成分，则填进口成分占产品出厂价的百分比。

贸易方式包括一般贸易、进料加工贸易、来料加工贸易、外商投资、易货贸易、补偿贸易、边境贸易、展卖贸易、零售贸易、无偿援助、其他贸易方式等。

单据 1-7：普惠制原产地证明

ORIGINAL

1. Goods consigned from(Exporter's business name, address, country) **ZHEJIANG TAIZHOU DECORATIVE LIGHTING CO., LTD.788 XUEYUAN RD T.Z.E.D.Z. JIAOJIANG TAIZHOU ZHEJIANG CHINA**	Reference No. G0933050120000010 **GENERALIZED SYSTEM OF PREFERENCE** **CERTIFICATE OF ORIGIN** **(Combined declaration and certificate)** **FORM A** Issued in **THE PEOPOE'S REPUBLIC OF CHINA** (Country) See Noted Overleaf
2.Goods consignee to (Consignee's name, address, country) **ABC EXPO-ART GMBH RATHAUSMARKT 50,2009 5 HAMBURG ,GERMANY**	
3.Means of transport and route(as far as known) **FROM NINGBO, CHINA TO HUMBGER, GERMAN BY SEA**	4.For official use

5.Item number	6.Marks and number of Packages	7.Number and kind of packages; description of goods	8.Origin criterion (see Notes overleaf)	9.Gross weight or other quantity	10.Number and date of invoices
1	**ABC TZ0901101 HAMBURG C/ NO.1-2338**	**TWO THOUSAND THREE HUNDRED AND THIRTY EIGHT (2338) CARTONS OF CHRISTMAS LIGHTS ************************	**"P"**	**34248 SETS**	**SYQ2009-021 JUL.20,2009**

11.Certification It is hereby certified, on the basis of control carried out. That the declaration by the exporter is correct. 出入境检验检疫局盖印 **TAIZHOU, ZHEJIANG, JUL. 29** -- Place and date, signature and stamp of certifying authorized	12.Declaration by the exporter he undersigned hereby declares that the above detail and statements are correct that the goods were produce in **CHINA** -- and that they comply with the original requirements specified for those goods in the Generalized System of Preferences for goods exported to **GERMAN** -- (import country) **TAIZHOU, ZHEJIANG, JUL. 28** -- Place and date, signature of authorized signatory

知识链接 1-7

原 产 地 证

原产地证又称为原产地证明书，是由出口国政府有关机构签发的一种证明货物的原产地或制造地的法律文件。也是决定出口产品在进口国受何种关税待遇的重要证明文件。

一、原产地证明作用

(1) 供进口国海关掌握进出口货物的原产地国别，从而采取不同的国别政策，是进口国海关对该进口货物按何种税率征收进口税的依据。

(2) 是对某些国家或某种商品采取控制进口额度和进口数量的依据。

(3) 也是进口国进行贸易统计的依据。

二、原产地证书的种类

1. 一般原产地证

一般原产地证(Certificate of Origin，C/O)是出口国根据一定原产地规则签发的证明货物原产地的证明文书。在我国一般原产地证有以下 4 种形式：

(1) 检验检疫局出具的《中华人民共和国原产地证书》。

(2) 中国国际贸易促进委员会出具的《中华人民共和国原产地证书》。

(3) 出口商签发的《原产地证书》。

(4) 生产厂家出具的《原产地证书》。

其中以第(1)种、第(2)种形式最具有权威性。

2. 普惠制产地证

普惠制产地证(Generalized System of Preference Certificate of Origin)简称 G.S.P 产地证。普遍优惠制是发达国家对来自发展中国家的商品，特别是工业制成品与半制成品(包括某些初级产品)普遍给予单方面的关税减免优惠制度，它的原则是普遍的、非歧视的、非互惠的。

取得普遍优惠制遇后，受惠国必须向给惠国提供政府有关部门签署的用于证明原产地的文件。目前共有 39 个国家给予我国普惠制待遇，分别是欧盟二十七国(德国、英国、荷兰、意大利、法国、西班牙、比利时、瑞典、丹麦、希腊、奥地利、芬兰、葡萄牙、爱尔兰、卢森堡、波兰、捷克、斯洛伐克、匈牙利、斯洛文尼亚、爱沙尼亚、拉脱维亚、立陶宛、塞浦路斯、马耳他、罗马尼亚、保加利亚)、日本、加拿大、瑞士、澳大利亚、挪威、俄罗斯、白俄罗斯、新西兰、土耳其、乌克兰、哈萨克斯坦、列支敦士登公国。

普惠制产地证格式包括格式 A、格式 59 A 和格式 APR，其中格式 A (FORM A)使用范围最广。

3. 输欧盟纺织品产地证

输欧盟纺织品产地证(Certificate of Origin For Texile Products)是专门用于需要配额的纺织类产品，是欧盟进口国海关控制配额的主要依据，我国由商务部签发。

4. 对美国出口的原产地声明书

对美国出口的原产地声明书(Declaration of Country Origin)简称 DCO 产地证，凡出口到美国的纺织品，出口商必须向进口国提供该类原产地声明书，作为进口商清关的单据。

三、普遍优惠制产地证的申领程序

1. 申领的时间

出口商最迟于货物出运前 5 天向出入境检验检疫局办理。

2. 申请单位领证时需要提交的资料

(1)《原产地证明书申请书》一份。

(2)《普惠制原产地证明书(FORM A)》一套。

(3) 正式出口商业发票正本一份，如发票内容不全，另附装箱单。(盖章，不得涂改)

(4) 含有进口成分的产品，必须提交《产品成本明细单》。

(5) 复出口日本的来料加工产品或进料加工产品需提交《从日本进口原料证明书》。

(6) 签证机构需要的其他单据。

四、普惠制原产地证明书申请书的填制说明

(1) 申请单位(盖章)栏：申请原产地证的出口企业并加盖申请单位公章。

(2) 注册号栏：填写申请单位在检验检疫局产地证签证部门注册的注册号。

(3) 证书号栏：企业应根据检验检疫局的编号规则，按顺序编号，不得重号或跳号。

(4) 组织机构代码：填写申请单位的组织机构代码。

(5) 证书种类：填写普惠制原产地证明书。

(6) 发票号码：应填上所附的出口发票的发票号。

(7) 最终目的国/地区：即货物即将运抵的最终目的国。

(8) 中转国/地区：按实际填。

(9) 出运日期：如实准确填写货物离开起运口岸的当天日期。

(10) 贸易方式栏：根据实际情况填，分一般贸易、进料加工贸易、来料加工贸易、外商投资、易货贸易、补偿贸易、边境贸易、展卖贸易、零售贸易、无偿援助、其他贸易方式等。

(11) 商品 FOB 总值栏：根据申报的出口货物出口发票上所列的金额以 FOB 价格填写(以美元计)，如出口货物不是以 FOB 价格成交的，应换算成 FOB 价格。

(12) H.S 编码栏：填写商品 H.S 税目号。

(13) 货物品名称栏：填写商品品名的中英文，并且与发票证书的商品名称一致。

(14) 进口成分：指产品含进口成分的情况，如不含进口成分，则填 0%，若含进口成分，则填进口成分占产品出厂价的百分比。

(15) 生产单位/联系人/电话栏：填写该批出口货物的生产企业全称及联系人和电话。

(16) 数/重量：填写该批出口货物数量或重量。

(17) 单位：指货物的计量单位。

(18) FOB 值：申报出口货物的 FOB 值。

五、普惠制产地证的缮制说明

1. 证书号：普惠制原产地证书标题栏(右上角)，填写检验检疫机构编定的证书号

证书号编定规则说明：以编号 G08333331210001 为例

G-普惠制原产地证明书 08-2008 年 333333121-公司注册号 0001-企业流水号

2. 第 1 栏：出口商名称、地址及所在国(Exporter's Business Name, Address, Country)

信用证项下为受益人，此栏是强制性的，必须填上出口商的全称和详细地址，包括街道及门牌号码等。

3. 第 2 栏：收货人名称、地址、国家(Consignee's Name, Address, Country)

除欧盟 27 国、挪威外，此栏须填上给惠国最终收货人名称，不可填中间转口商的名称，此栏须打上国名。欧盟 27 国、挪威对此栏是非强制性要求，若第 2 栏进口商国家和第 12 栏最终目的国都是欧盟国家，则可以与第 12 栏国家不同，也可以不填详细地址，只填上：To Order。

4. 第 3 栏：运输方式和路线(就所知道而言)(Means of Transport and Route)

为避免运至给惠国的产品在途径第三国时可能进行的再加工和被换包，保证运输的产品就是出口受惠国发运的原产品，所有给惠国(澳大利亚除外)都要求直接运输。若因地理原因和运输的需要不得不转运的，也允许货物途径第三国，但货物必须处于该途径国海关监管之下，未进入第三国市场，未经过当地使用和消费，未经过除对货物进行包装加固、分类挑选等使货物保持良好状态的必要处理外的任何再加工。

此栏填信用证或合同规定的运输方式和路线。若有转运，还应注明转运地。如 FROM XIAMEN TO HAMBURG VIA HONGKONG BY SEA。

5. 第 4 栏：供官方使用(For Official Use)

此栏由签证当局填写，正常情况下此栏空白。特殊情况下，签证当局在此栏加注。例如：货物已出口，签证日期迟于出货日期，签发“后发”证书时，此栏会自动显示“ISSUED RETROSPECTIVELY”。

证书遗失、被盗或者损毁，签发“复本”证书时盖上“DUPLICATE”红色印章，并在此栏注明原证书的编号和签证日期，并声明原发证书作废，其文字是“THIS CERTIFICATE IS IN REPLACEMENT OF CERTIFICATE OF ORIGIN NO.…DATED…WHICH IS CANCELLED”。

6. 第 5 栏：商品项目编号(Item Number)

如同批出口货物有不同种类商品品种，则按不同品种分列“1”、“2”、“3”……，以此类推。单项商品，此栏填“1”。

7. 第 6 栏：标记唛码(Marks and Number of Packages)

填具的唛头应与货物外包装上的唛头及发票的唛头一致；唛头不得出现中国以外的地区和国家制造的字样，也不能出现香港、澳门、台湾原产地字样(例如，MADE IN TAIWAN、HONG KONG PRODUCTS 等)；如货物无唛头应填“N/M”。如唛头为特殊文字、图形等无法输入的字符，则打上(SEE THE ATTACHMENT)，用附页填打所有唛头(附页的纸张要与原

证书一样大小)，在右上角打上证书号，并由申请单位和签证当局授权签字人分别在附页末页的右下角和左下角手签、盖印。附页手签的笔迹、地点、日期均与证书第 11、12 栏相一致。

8. 第 7 栏：品名及包装种类和件数(Number and Kind of Packages; Description of Goods)

包件数量及种类，商品的名称包件数量必须有英文和阿拉伯数字同时表示。

例如，ONE HUNDRED AND FIFTY (150)CARTONS OF WORKING GLOVES。

注意：

(1) 包装必须打具体的包装种类(如 POLYWOVEN BAG、DRUM、PALLET、WOODEN CASE 等)，不能只填写“PACKAGE”。如果没有包装，应填写“NUDE CARGO”(裸装货)，“IN BULK”(散装货)，“HANGING GARMENTS”(挂装)。

(2) 商品名称必须具体填明(具体到能找到相对应的 8 位 HS 编码)，不能笼统填“MACHINE”(机器)、“GARMENT”(服装)等。对一些商品，例如，玩具电扇应注明为“TOYS: ELECTRIC FANS”，不能只列“ELECTRIC FANS”(电扇)。

(3) 商品的商标、牌名(BRAND)及货号(ARTICLE NUMBER)一般可以不填。商品名称等项列完后，应在下一行加上表示结束的符号“****”，以防止加填伪造内容。国外信用证有时要求填写合同、信用证号码等，可加填在此栏空白处。

9. 第 8 栏：原产地标准(Origin Criterion)

此栏用字最少，但却是国外海关审核的核心项目。对含有进口成分的商品，因情况复杂，国外要求严格，极易弄错而造成退证查询，应认真审核、填写，填写该栏原产地标准符号的一般规定说明见表 1-2。

表 1-2 原产地标准及填报代码

填报代码	出口国家	原产地标准
P	所有给惠国家	完全原产地
W+HSCODE	欧盟、挪威、瑞士、日本、列支敦士登公国	产品列入给惠国“加工清单”，并符合其加工条件；产品未列入“加工清单”但产品使用的进口原料和零部件经过充分加工，产品 HS 号不同于原材料或零部件的 HS 号
F	加拿大	有进口成分，但进口成分价值未超过产品出厂价的 40%
W+HSCODE	波兰	有进口成分，但进口成分价值未超过离岸价的 50%
Y+非原产成分价值占该产品离岸价格的百分比	俄罗斯、乌克兰、白俄罗斯、哈萨克斯坦、捷克、斯洛伐克	有进口成分，但进口成分价值未超过离岸价的 50%
(空白)	澳大利亚、新西兰	

10. 第 9 栏：毛重或其他数量(Gross Weight or Other Quantity)

此栏应以商品的正常计量单位填，如“只”、“件”、“双”、“台”、“打”等。以重量计算的则填毛重，只有净重的，填净重亦可，但要标上 N.W.(NET WEIGHT)。

例如，3200 DOZ.或 6270 KGS.。

11. 第 10 栏：发票号码及日期(Number and Date of Invoices)

月份一律用英文(可用缩写)表示，此栏的日期必须按照正式商业发票填具，发票日期不得迟于出货日期。

例如，PHK50016 Apr.6, 2005。

12. 第 11 栏：签证当局的证明(Certification)

此栏填打签证机构的签证地点、日期，例如，HANGZHOU CHINA APR.6, 2005，检验检疫局签证人经审核后在此栏(正本)签名，盖签证印章。

注意：此栏日期不得早于发票日期(第 10 栏)和申报日期(第 12 栏)，而且应早于货物的出运日期(第 3 栏)。

13. 第 12 栏：出口商声明(Declaration by the Exporter)

进口国横线上填写最终进口国，进口国必须与第 3 栏目的港的国别一致。另外，申请单位应授权专人在此栏手签，标上申报地点、日期，并加盖申请单位中英文印章。手签人笔迹必须在检验检疫局注册登记，并保持相对稳定。此栏日期不得早于发票日期(第 10 栏)(最早是同日)。盖章时应避免覆盖进口国名称和手签人姓名。本证书一律不得涂改，证书不得加盖校对章。

步骤五　制作和办理报关单证

业务进展

当货运公司通知配仓成功之后，外贸单证员王莉根据相关信息制作出口货物报关单、报关委托书等报关单证，同时与出境货物换证凭条一起给报关公司，委托其办理报关手续。单据 1-8 是以换证凭条从宁波出入境检验检疫局换取的出境货物通关单、单据 1-9 是出口收汇核销单、单据 1-11 是代理报关委托书。

单据 1-8：出境货物通关单

中华人民共和国出入境检验检疫

出境货物通关单

编号：330500209141111000

<table>
<tr><td colspan="3">1. 发货人
浙江台州灯饰有限公司
***</td><td rowspan="3">5. 标记及号码
ABC
TZ0901101
HAMBURG
C/ NO.1-2338</td></tr>
<tr><td colspan="3">2. 收货人
ABC　EXPO-ART GMBH</td></tr>
<tr><td colspan="2">3. 合同/信用证号
TZ0901101/***</td><td>4. 输往国家或地区
德国</td></tr>
<tr><td colspan="2">6. 运输工具名称及号码
船舶</td><td>7. 发货日期
***</td><td>8. 集装箱规格及数量
4×40'HQ</td></tr>
<tr><td>9. 货物名称及规格
节日灯
***
(以下空白)</td><td>10. H.S.编码
9405300000
***
(以下空白)</td><td>11. 申报总值
*83489.19 美元
***
(以下空白)</td><td>12. 数/重量、包装数量及种类
*23159 千克
*2338 纸箱
(以下空白)</td></tr>
<tr><td colspan="4">13. 证明
上述货物已经检验检疫，请海关予以放行。
本通关单有效期至　二〇〇九年九月二日
签字：　　日期：2009 年 7 月 28 日</td></tr>
<tr><td colspan="4">14. 备注</td></tr>
</table>

单据 1-9：出口收汇核销单

出口收汇核销单
存根

编号：076408715

出口单位：浙江台州灯饰有限公司
单位代码：65975364-8
出口币种总价：USD83,489.19
收汇方式：T/T
预计收款日期：
报关日期：2009-08-02
备注：
此单报关有效期截止到：

（出口单位盖章）

出口收汇核销单

编号：076408715

出口单位：浙江台州灯饰有限公司				
单位代码：65975364-8				
银行签注栏	类 别	币种金额	日 期	盖 章
海关签注栏：				
外汇局签注栏： 年　月　日(盖章)				

（出口单位盖章）

（海关盖章）

出口收汇核销单
出口退税专用

编号：076408715

出口单位：浙江台州灯饰有限公司		
单位代码：65975364-8		
货物名称	数量	币种总价
节日灯	2338 箱	USD83489.19
报关单编号：		
外汇局签注栏： 年　月　日(盖章)		

知识链接 1-8

出口收汇核销单

一、出口收汇核销单的基本操作流程

出口收汇核销单是我国特有的国际商务单据，它是由外汇局制发，出口企业凭以向海关出口报关，通过外汇指定银行办理收汇，向外汇管理部门办理收汇核销、向税务机关办理出口退税申报的有统一编号的凭证。

主要作用在于供国家职能部门实行对贸易项下收汇的跟踪管理，以核销单上显示的出口货物价值为标准，核对是否有匹配的外汇收回，审核贸易的真实性，防止外汇流失。

(1) 出口企业凭有关单证，向外汇管理局网上申请有编号并加盖《国家外汇管理局监制章》的核销单。

(2) 出口企业报关前在网上向报关地海关进行核销单的报关口岸备案，然后凭已填写的核销单、出口报关单和其他有关单据向海关报关。

(3) 海关核准无误后，在核销单“海关签注栏”处加盖“验讫章”，退还出口企业。并对电子口岸上的核销单电子底账进行已用的核注。

(4) 出口企业在持全套结汇单据向银行办理托收或议付时，提供核销单号。银行结汇后，将出口收汇核销专用联交出口企业。

(5) 出口企业持经海关签章的收汇核销单及其他有关文件，到外汇管理局办理核销。

(6) 外汇管理局在核销单上加盖“已核销”章后，将核销单和报关单(出口退税专用)给出口企业。

(7) 出口企业向税务机关申请办理退税手续。税务机关核准后，向出口企业退税。

二、出口收汇核销单的填制

1. 存根部分

(1) 编号：由外汇管理部门预先编印。

(2) 出口单位：填签订并执行合同的出口企业名称，并加盖公章。

(3) 单位代码：企业组织机构代码。

(4) 出口货币总价：按发票金额填写，应为收汇原币金额。

(5) 收汇方式：按实际填写信用证、托收、T/T 等方式中的一种，如远期收汇，还须列明相应的远期收汇天数。

(6) 预计收款日期：根据交易的具体情况填写。该项目一般情况下可不填。

(7) 报关日期：同出口报关单的申报日期。

(8) 备注：可写出合同号，出口发票号等须附加说明的内容，原来的出口商品如发生变更则填写原出口商品核销单的编号等情况。

2. 正文

(1) 编号：已由外汇管理部门预先编印。

(2) 出口单位：单位代码照存根(1)。

(3) 银行签注栏：应由银行填写结算业务的类别，实际收汇金额及收汇日期。现在一般不填。

(4) 海关备注栏：海关加盖报关验讫章。

(5) 外管局备注栏：由外管局填。

3. 出口退税专用

(1) 单位代码：照存根(1)。

(2) 货物名称：按实际品名填写，与发票、报关单一致。

(3) 数量：按外包装数或件数填写，与报关单和发票一致。

(4) 币种总价：按发票上金额币制填写，与左边存根一致。

(5) 报关单编号：按实际情况填写。

(6) 外汇局签注栏：由外管局盖核销章并填日期。

单据 1-10：报关单

中华人民共和国海关出口货物报关单

预录入编号：　　　　　　　　　　海关编号：

出口口岸 北仑海关	备案号	出口日期 2009-08-07	申报日期 2009-08-02

经营单位 浙江台州灯饰有限公司　3311956589	运输方式 江海运输	运输工具名称 TUO HE/144	提运单号 COSU2651
发货单位 浙江台州灯饰有限公司　3311956589	贸易方式 一般贸易	征免性质 一般征税	结汇方式 电汇

许可证号	运抵国（地区） 德国	指运港 汉堡	境内货源地 台州

批准文号 076408715	成交方式 CIF	运费 502/10000/3	保费 502/ 459.19 /3	杂费
合同协议号 TZ0901101	件数 2338	包装种类 纸箱	毛重（公斤） 23195	净重（公斤） 20857

集装箱号 COSU8295677＊4（8）	随附单据 B　330500209141111000	生产厂家

标记唛码及备注
ABC
TZ0901101
HAMBURG
C/NO.1-2338　COSU8295678　COSU8295679　COSU8295680

项号	商品编号	商品名称、规格型号	数量及单位	最终目的国(地区)	单价	总价	币制	征免
1	9405300000	节日灯	34248 套 20857 千克 34248 套	汉堡	2.4378	83489.19	美元	照章征税

税费征收情况

录入员　录入单位	兹声明以上申报无讹并承担法律责任	海关审单批注及放行日期(签章)
报关员		审单　　审价
		征税　　统计
单位地址 浙江台州经济开发区学院路[illegible]号	申报单位(签章) 浙江台州灯饰有限公司 ★ 报关专用章	查验　　放行
邮编 318000　电话 0576-8516009	填制日期 2009.8.2	

知识链接 1-9

报　　关

按照我国《中华人民共和国海关法》的规定，所有进出境内的货物、物品和运输工具都必须通过设有海关的地方入境或出境，并接受海关的监督，只有经过海关查验放行后，货物才能提取或装运出口。

进口货物的收货人或其代理人应当自运输工具申报进境之日起 14 日内向海关申报。第 14 日遇法定节假日的，则顺延至其后的第一个工作日，逾期则按日以进口货物完税价格的 0.5‰征收滞报金。

出口商将出口货物运抵海关监管区后，应于运输工具装货 24 小时以前向海关申报出口货物。对于法定检验范围内的出口商品，出口商应当在报关前向出入境检验检疫机构报检，然后海关凭检验检疫机构签发的检验证单(如出境货物通关单)接受报关。

根据时间的先后顺序和海关管理要求的不同，报关可分为前期报关程序、进出境报关程序和后续报关程序。

一、进出口货物报关流程

1. 前期报关程序

前期报关程序是指进出口货物在实际进出境之前，进出口货物收发货人或其代理人向海关说明进出口货物的情况，申请适用特定的报关程序。

2. 进出境报关程序

进出境报关程序是任何进出口货物通关时都必须履行经过的环节。一般进出口货物的报关只需履行进出境报关程序即可，主要包括程序进出口货物的申报、陪同查验、缴纳税费、提取或装运货物 4 个环节。

3. 后续报关程序

后续报关程序则主要指进出口货物实际进出境以后，进出口货物收发货人或其代理人根据海关管理的要求向海关办理的旨在证明有关进出口货物合法进出口、在境内合规使用并已经完成有关海关监管义务的手续。

二、进出口报关单

1. 报关单的含义

进出口货物报关单是由海关总署规定统一格式和填制规范，由进出口货物收发货人或其代理人填制并向海关提交办理进出口货物申报手续的法律文书，是海关依法监管货物进出口、征收关税及其他税费、编制海关统计及处理其他事务的重要凭证。分为纸质报关单和电子数据报关单。

填报要求：凡不同合同项下的货物，都不能填报在同一份报关单上申报，必须是一份合同对应一份报关单；不同批文的货物、同一合同不同贸易方式的货物以及不同运输方式的货物都应分别填报。

2. 进出口报关单的填制

(1) 预录入编号。指申报单位或预录入单位对该单位填制录入的报关单的编号，用于该单位与海关之间引用其申报后尚未批准放行的报关单。报关单录入凭单的编号规则由申报单位自行决定。预录入报关单及 EDI 报关单的预录入编号由接受申报的海关决定编号规则，计算机自动打印。

(2) 海关编号。指海关接受申报时给予报关单的 18 位顺序编号。海关编号由各直属海关在接受申报时确定，并标识在报关单的每一联上。 海关编号由计算机自动打印，不需填写。

(3) 进口口岸/出口口岸。根据货物实际进出境的口岸，结合《海关口岸代码表》填报相应的口岸海关名称及代码。例如，货物由上海吴淞港出境，出口口岸栏应申报为“吴淞海关”，而非上海口岸。出口转关运输货物应填报货物出境地海关名称及代码。例如，杭州转关到上海浦东机场的空运出口货物，出口货物报关单上应填报“浦东机场(2233)”。

(4) 备案号。指填写进出口企业在海关办理加工贸易合同备案或征、减(免)税审批备案等手续时，海关给予的有关备案审批文件的编号(12 位数，其中第一位是标记代码)。一般贸易时可不填此栏。

(5) 进口日期/出口日期。进口日期是指运载所申报货物的运输工具申报进境的日期，出口日期是指运载所申报货物的运输工具办妥出境手续的日期，即承运船舶开航日期。

本栏目为 8 位数，如“20090808”。出口日期仅供海关打印证明联用，预录入报关单和 EDI 报关单均不用填报。

(6) 申报日期。指填写申请办理报关手续的日期，一般进口货物日期不得早于实际运输工具进境日期；出口货物申报日期不得晚于出口日期。填写方法同进口日期/出口日期。

(7) 经营单位。指对外签订并执行合同的中国境内企业或单位及其 10 位数编码(由海关编制，1～4 位为行政区划，第 5 位为经济区划，第 6 位为企业性质，7～10 位为顺序号)。

① 若对外签订并执行合同的不是同一单位，以执行合同单位为准。

② 对援助、赠送、捐赠的货物，填报直接接受货物的企业名称。

③ 进出口企业之间相互代理进出口，或没有进出口经营权的企业委托有进出口经营权的企业代理进出口的，填报代理方。

④ 外商投资企业委托外贸企业进口投资设备、物品的，填报外商投资企业，同时在标记唛码及备注一栏注明“委托××公司进口”。

(8) 运输方式。分为江海、铁路、汽车、航空、邮政、其他运输(人扛、驮畜、管道、输电网)等。

(9) 运输工具名称。填写载运所申报进出口货物的运输工具的名称或运输工具编号。如属海运，应填报船名及航次(根据配舱回单填写)。一份报关单只允许填报一个运输工具名称。

例如，Vessel：EAST EXPRESS　　Voyage：801E

则运输工具名称栏填：EAST EXPRESS/801E

(10) 提运单号。填写进出口货物运输单证中的提单或运单的编号。一份报关单只允许填写一个提运单号。

(11) 收货单位/发货单位。收货单位是指已知的进口货物在境内的最终消费或使用的单位。包括自行从境外进口货物的单位、委托有进出口经营权单位代理进口货物的单位等。

发货单位是指出口货物在境内的生产或销售单位，若与经营单位不同，则填写具体的发货单位。

(12) 贸易方式。根据实际情况，结合海关规定的《贸易方式代码表》，填报贸易方式的简称或代码。如一般贸易的代码为(0110)。一份报关单只允许填报一种贸易方式。

(13) 征免性质指海关对进出口货物实施征、减、免税管理的性质类别。根据海关核发的《征免税证明》中批注的征免性质填报。一般情况下对应贸易方式一栏，贸易方式若为一般贸易，则本栏为一般征税，其他与贸易方式填报一致。

(14) 结汇方式。根据实际情况，结合《结汇方式代码表》填报相应的结汇方式名称或代码。可填写结汇方式代码表中的代码或结汇方式名称或英文缩写，如信用证或L/C。

(15) 许可证号。凡应申领进出口许可证的货物必须根据许可证如实填报，若无可不填。一份报关单只允许填报一个许可证号。

(16) 运抵国(地区)/起运国。起运国(地区)指进口货物起始发出的国家(地区)；运抵国(地区)指出口货物直接运抵的国家(地区)。

对发生运输中转的货物，如中转地未发生任何商业性交易，则起、抵地不变，如中转地发生商业性交易，则以中转地作为起运/运抵国(地区)填报。

本栏目应按海关规定的《国别(地区)代码表》选择填报相应的起运国(地区)或运抵国(地区)中文名称或代码。

无实际进出境的，本栏目填报“中国”(代码“142”)。

(17) 装货港/指运港。装货港指进口货物在运抵我国关境前的最后一个境外装运港；指运港指出口货物运往境外的最终目的港；最终目的港不可预知的，可按尽可能预知的目的港填报。

本栏目应根据实际情况按海关规定的《港口航线代码表》选择填报相应的港口中文名称或代码。

无实际进出境的，本栏目填报“中国境内”(代码“0142”)。

(18) 境内目的地/境内货源地。境内目的地指已知的进口货物在国内的消费、使用地或最终运抵地；境内货源地指出口货物在国内的产地或原始发货地。

本栏目应根据进口货物的收货单位、出口货物生产厂家或发货单位所属国内地区，并按海关规定的《国内地区代码表》选择填报相应的国内地区名称或代码。

(19) 批准文号。出口货物报关单本栏填报出口收汇核销单编号，进口货物报关单免予填报。

(20) 成交方式。即具体的贸易术语。

(21) 运费。本栏目用于成交价格中不包含运费的进口货物或成交价格中含有运费的出口货物，应填报该份报关单所含全部货物的国际运输费用。可按运费单价、总价或运费率 3 种方式之一填报，同时注明运费标记，并按海关规定的《货币代码表》选择填报相应的币种代码。

运保费合并计算的，运保费填报在本栏目。

运费标记“1”表示运费率，“2”表示每吨货物的运费单价，“3”表示运费总价。

【例 2】

5%的运费率填报为 5/1(费率标记 1 可以省略)。

24 美元的运费单价填报为 502/24/2。

7000 美元的运费总价填报为 502/7000/3。

(22) 保费。本栏目用于成交价格中不包含保险费的进口货物或成交价格中含有保险费的出口货物，应填报该份报关单所含全部货物国际运输的保险费用。可按保险费总价或保险费率两种方式之一填报，同时注明保险费标记，并按海关规定的《货币代码表》选择填报相应的币种代码。

① 运保费合并计算的，运保费填报在运费栏目中。

② 保险费标记“1”表示保险费率，“3”表示保险费总价。

【例 3】

3‰的保险费率填报为 0.3/1，(费率标记 1 可以省略)。

10000 港元保险费总价填报为 110/10000/3。

(23) 杂费。指填报成交价格以外的、应计入完税价格或应从完税价格中扣除的费用，如手续费、佣金、折扣、回扣等。

(24) 合同协议号。指进出口合同号码。

(25) 件数。指填写所申报进出口货物实际外包装的总件数。裸装货和散装货填报为“1”。

(26) 包装种类。指货物的实际外包装种类，如木箱(WOODEN CASE)、纸箱(CTN)、铁桶(IRON DRUM)、裸装(IN NUDE)、散装(IN BULK)。

(27) 毛净重(公斤)。指按实际情况填写进出口货物的总毛重。不足 1 公斤的填报为“1”。

(28) 净重(公斤)。指按实际情况填写进出口货物的总净重。不足 1 公斤的填报为“1”。

(29) 集装箱号。本栏只填一个集装箱号，其余号码写在备注栏。一般 20 尺的集装箱称为一个标准箱，一个 40 尺的箱子可折合为 2 个标准箱。非集装箱货物填报为“0”。

(30) 随附单据。指随报关单一起向海关递交的单据，但本栏只填写海关监管的证件或批文的代码和编号，不能填写合同、发票、箱单、许可证等必备单证。

(31) 用途/生产厂家。用途指进口货物在境内应用的范围；生产厂家填报国内生产该出口货物企业名称，如无法确定可不填。

(32) 标记唛码及备注。填写进出口货物外包装上的标记唛码及其他说明事项。如所申报货物涉及多个集装箱的，在此填写除第一个集装箱外的其余的集装箱号码。

(33) 项号。本栏目分两行填报及打印。

第 1 行打印报关单中的商品排列序号。

第 2 行专用于加工贸易等已备案的货物，填报和打印该项货物在《登记手册》中的项号。

贸易方式为一般贸易，备案号为空时，项号填报一行，填报报关单中的商品序号。

(34) 商品编码。填写该商品的 H.S.编码。

(35) 品名规格型号。填报实际进出口货物的名称及规格的主要项目。第 1 行为货物规范的中文名称，第 2 行为规格型号，必要时可加注原文。

(36) 数量及单位。填写该货物实际进出口的数量及其海关统计的法定计量单位和实际使用的计量单位。分 3 行填报：第 1 行填报海关第一法定计量单位，第 2 行填报海关第二法定计量单位(无则第 2 行留空)，第 3 行填报成交计量单位，成交计量单位与海关法定计量单位一致时，第 3 行留空。

(37) 原产国(地区)/最终目的国(地区)。原产国(地区)指进口货物的生产、开采或加工制造国家(地区)；最终目的国(地区)指已知的出口货物的最终实际消费、使用或进一步加工制造的国家(地区)。

(38) 单价。按合同规定填写实际成交单价。

(39) 总价。按合同规定填写实际成交总价。

(40) 币制。根据实际成交情况按《币制代码表》选择填报相应的货币名称或代码，如“美元(502)”。

(41) 征免。按《征减免税方式代码表》中相应确定的征减免税方式填报。主要征免方式有照章征税、折半征税、全免、特案减免、保证金和保证函等。

(42) 录入员。本栏目用于预录入和 EDI 报关单，打印录入人员的姓名。

(43) 录入单位。本栏目用于预录入和 EDI 报关单，打印录入单位名称。

(44) 申报单位。本栏目指报关单左下方用于填报申报单位有关情况的总栏目。

申报单位指对申报内容的真实性直接向海关负责的企业或单位。自理报关的，应填报进(出)口货物的经营单位名称及代码；委托代理报关的，应填报经海关批准的专业或代理报关企业名称及代码。

本栏目还包括报关单位地址、邮编和电话等分项目，由申报单位的报关员填报。

(45) 填制日期。指报关单的填制日期。预录入和 EDI 报关单由计算机自动打印。

本栏目为 8 位数，顺序为年 4 位，月、日各 2 位。

(46) 税费征收情况。本栏目用于海关批注进出口货物税费征收及减免情况。

(47) 海关审单批注栏。本栏目指供海关内部作业时签注的总栏目，由海关关员手工填写在预录入报关单上。

小贴士

在实务中，外贸单证员一般只在报关委托书上盖章，而不填写详细内容，详细内容由报关员报关时填写。

单据 1-11：代理报关委托书

代理报关委托书

编号：00163907061

我单位现(A 逐票、B长期)委托贵公司代理　　　　等通关事宜。(A.填单申报 B.辅助查验 C.垫缴税款 D.办理海关证明联 E.审批手册 F.核销手册 G.申办减免税手续 H.其他)详见《委托报关协议》。

我单位保证遵守《海关法》和国家有关法规，保证所提供的情况真实、完整、单货相符。无侵犯他人知识产权的行为，否则，愿承担相关法律责任。

本委托书自签字之日起至　　　年　　　月　　　日止。

委托方(盖章)：

法定代表人或其授权签署《代理报关委托书》的人(签字)

年　　月　　日

委托报关协议

为明确委托报关具体事项和各自责任，双方经平等协商签订协议如下：

委托方		被委托方		
主要货物名称		*报关单编码	No.	
HS 编码	□□□□□□□□□□	收到单证日期	年　月　日	
货物总价		收到单证情况	合同□	发票□
进出口日期			装箱清单□	提(运)单□
提单号			加工贸易手册□	许可证件□
贸易方式			其他	
原产地/货源地		报关收费	人民币：　　元	
其他要求：		承诺说明：		
背面所列通用条款是本协议不可分割的一部分，对本协议的签署构成了对背面通用条款的同意。		背面所列通用条款是本协议不可分割的一部分，对本协议的签署构成了对背面通用条款的同意。		
委托方业务签章： 经办人签章： 联系电话： 年　月　日		被委托方业务签章： 经办报关员签章： 联系电话： 年　月　日		

CCBA (白联：海关留存、黄联：被委托方留存、红联：委托方留存)　中国报关协会监制

步骤六　制作投保单和办理保险业务

业务进展

2009 年 8 月 3 日，在完成托运手续确认船期后，外贸单证员王莉制作投保单(单据 1-12)向保险公司办理投保手续。保险单见单据 1-13。

单据 1-12：投保单

PICC 中国人民财产保险股份有限公司 宁波市分公司

PICC Property and Casualty Company Limited, Ningbo Branch

地址：中国宁波市大来街 50 号　　　　电话(TEL)：0574-87196112

ADD：No.50 Dalai Road Ningbo China　　　　传真(FAX)：0574-87199039

邮编(Post Code)：315000

货物运输保险投保单
APPLICATION FORM FOR CARGO TRANSPORTATION INSURANCE

被保险人：

Insured: ZHEJIANG TAIZHOU DECORATIVE LIGHTING CO., LTD.

发票号(INVOICE NO.)　SYQ2009-021

合同号(CONTRACT NO.)　TZ0901101

信用证号(L/C NO.)

发票金额(INVOICE AMOUNT)　USD83489.19　投保加成(PLUS)　10　%

兹有下列物品向中国人民保险公司宁波分公司投保。(INSURANCE IS REQUIRED ON THE FOLLOWING COMMODITIES：)

标　记 MARKS & NOS.	包装及数量 QUANTITY	保险货物项目 DESCRIPTION OF GOODS	保险金额 AMOUNT INSURED
ABC TZ0901101 HAMBURG C/ NO.1-2338	2338 CARTONS	CHRISTMAS LIGHT	USD 91839.00

总保险金额：

TOTAL AMOUNT INSURED: USD NINETY ONE THOUSAND EIGHT HUNDRED AND THIRTY NINE ONLY

启运日期：　装载运输工具：

DATE OF COMMENCEMENT　AUG.07.2009　PER CONVEYANCE:　TUO HE V. 144

自　经　至

FROM　NINGBO　VIA　TO　HAMBURG GERMANY

提单号：　赔款偿付地点：

B/L NO.　COSU2651　CLAIM PAYABLE AT　HAMBURG GERMANY IN USD

投保险别：(PLEASE INDICATE THE CONDITIONS &/OR SPECIAL COVERAGES)

COVERING WPA FOR 110% OF THE TOTAL INVOICE VALUE AS PER OCEAN MARINE CARGO CLAUSES OF THE PICC PROERTY AND CASUALTY COMPANY LIMITED DATED 1/1/1981.

费率　保费

RATE　AS ARRANGED　　PREMIUM　AS ARRANGED

备注：(REMARKS)

须三份保单

请如实告知下列情况：(如“是”在[ ]中打“X”)IF ANY，PLEASE MARK “X”：

1. 货物种类 GOODS　袋装[X] BGA/JUMBO　散装[ ] BULK　冷藏[ ] REEFER　液体[ ] LIQUID　活动物[ ] LIVE ANIMAL　机器/汽车[ ] MACHINE/AUTO　危险品[ ] DANGEROUS CLASS
2. 集装箱种类 CONTAINER　普通[X] ORDIDARY　开顶[ ] OPEN　框架[ ] FRAME　平板[ ] FLAY　冷藏[ ] RAFRIGERATOR
3. 转运工具 BY TRANSIT　海轮[X] SHIP　飞机[ ] PLANE　驳船[ ] BARGE　火车[ ] TRAIN　汽车[ ] TRUCK
4. 船舶资料 PARTICULAR OF SHIP　船籍 RIGISTRY　船龄 AGE

备注：被保险人确认本保险合同条款和内容已经完全了解。

THE ASSURED CONFIRMS HEREWITH THE TERMS AND CONGITIONS THESE INSURANCE CONTRACT FULLY UNDERSTOOD.

投保日期：(DATE)　AUG.3.2009

投保人(签名盖章)APPLICANT'S SIGNATURE

王莉

电话：(TEL)0086-576-88430724

地址：(ADD)788 XUEYUAN RD T.Z.E.D.Z.JIAOJIANG TAIZHOU ZHEJIANG CHINA

本公司自用(FOR OFFICE USE ONLY)

经办人 Made By________　核保人 Checked By________　负责人 In Charge________

单据 1-13：保险单

PICC 中国人民财产保险股份有限公司 宁波分公司

PICC PROPERTY AND CASUALTY COMPANY LIMITED Ningbo Branch

总公司设于北京　　一九四九年创立

Head Office Beijing　　Established in 1949

货物运输保险单 CARGO TRANSPORTATION INSURANCE POLICY

印刷号(Printed Number)　3302900048834　　保险单号(POLICY NO.) PYIE200980722726E00056

合同号(CONTRACT NO.)　TZ0901101

发票号(INVOICE NO.)　SYQ2009-021

信用证号(L/C NO.)

被保险人：(Insured): ZHEJIANG TAIZHOU DECORATIVE LIGHTING CO., LTD.

中国人民财产保险股份有限公司(以下简称本公司)根据被保险人的要求，由被保险人向本公司缴付约定的保险费，按照本保险但承保险别和背面所列条款与下列条款承保下述货物运输保险，特立本保险单。

THIS POLICY OF INSURANCE WITNESSES THAT PICC PROPERTY AND CASUALTY COMPAY LIMITED (HEREIN AFTER CALLED "THE COMPANY")AT THE REQUEST OF THE INSURED AND IN CONSIDERATION OF THE AGREED PREMIUM PAID TO THE COMPANY BY THE INSURED,UNDERTAKES TO INSURED THE UNDERMENTIONED GOODS IN TRANSPORTATION SUBJECT TO THE CONDITIONS OF THIS POLICY AS PER THE CLAUSES PRINTED BELOW.

标　记 MARKS & NOS.	包装及数量 QUANTITY	保险货物项目 DESCRIPTION OF GOODS	保险金额 AMOUNT INSURED
ABC TZ0901101 HAMBURG C/ NO.1-2338	2338 CARTONS	CHRISTMAS LIGHT	USD 91839.00

总保险金额：

TOTAL AMOUNT INSURED: USD NINETY ONE THOUSAND EIGHT HUNDRED AND THIRTY NINE ONLY

保费(PREMIUM) AS ARRANGED 启运日期(DATE OF COMMENCEMENT) AUG.07.2009

装载运输工具(PER CONVEYANCE): TUO HE V. 144

自 FROM NINGBO　经 VIA ________　至 TO HAMBURG

承保险别：

CONDITIONS: COVERING WPA FOR 110% OF THE TOTAL INVOICE VALUE AS PER OCEAN MARINE CARGO CLAUSES OF THE PICC PROERTY AND CASUALTY COMPANY LIMITED DATED 1/1/1981.

所保货物，如发生保险单项下可能引起索赔的损失或损坏，应立即通知本公司下述代理人查勘。如有索赔，应向本公司提交保单正本(本保险单共有 3 份正本)及有关文件。如一份正本已用于索赔，其余正本自动失效。

IN THE EVENT OF LOSS OR DAMAGE WHICH MAY RESULT IN A CLAIM UNDER THIS POLICY,IMMEDIATE NOTICE MUST BE GIVEN TO THE COMPANY'S AGENT AS MENTIONED HEREUNDER.CLAIMS,IF ANY,ONE OF THE ORIGINAL POICY WHICH HAS BEEN ISSUED

IN THREE ORIGINAL TOGETHER WITH THE RELEVENT DOCUMENTS SHALL BE SURRENDERED TO THE COMPANY.IF ONE OF THE ORIGINAL POLICY HAS BEEN ACCOMPLISHED,THE OTHERS TO BE VIOD.

保险人：中国人民财产保险股份有限公司宁波分公司

Underwriter:PICC PROPERTY AND CASUALTY COMPAY LIMITED Ningbo Branch

电话(TEL) ：0574-87196111-80220、80219

传真(FAX) ：0574-87199058

地址(ADD) ：中国宁波大来街 50 号

50#DALAI STREET NINGBO CHINA

赔款偿付地点

CLAIM PAYABLE AT HAMBURG GERMANY IN USD　　授权人签字：张小玲

签单日期(ISSUING DATE) AUG.5.2009　　Authorized Signature

知识链接 1-10

保　险

在国际贸易中，货物经过长途运送和装卸，不可避免地会因自然灾害、意外事故或其他外来因素导致货物受损。为保障收货人在货物受损后获得经济补偿，货主在货物出运前就必须向保险公司办理有关投保事宜，保险公司在接受投保后必须签发承保凭证，即保险单据。

一、海洋货物运输的风险和损失

1. 风险

(1) 自然灾害。是指不以人的意志为转移的自然界力量所引起的灾害，如恶劣气候、雷电、洪水、地震、海啸等。

(2) 意外事故。是指由于偶然的，难以预料的原因造成的事故，如搁浅、触礁、沉没、碰撞、失火、爆炸等。

(3) 一般外来风险。是指除上述原因之外其他造成货物损失的原因，如偷窃、承运人短交货物、钩损、雨淋、串味等。

(4) 特殊外来风险。这一类原因包括战争、罢工、拒收、交货不到等。

2. 损失类型

(1) 全部损失(Total Loss)。全部损失简称全损，指整批或不可分割的一批被保险货物在运输途中全部遭受损失。全部损失又分为实际全损和推定全损。

① 实际全损(Actual Total Loss)。指货物的全部灭失，如焚毁、沉入海底、或已失去原有的性质和用途，如食品变质等。

② 推定全损(Constructive Total Loss)。在全损货物已不可避免地要变成实际全损，或整理修复使货物恢复原状的费用超过恢复后的价值，或货物在中途出险，将货物运至原定目的地的费用超过该保险标的目的地的货价等情况。

(2) 部分损失(Partial Loss)。指不属于实际全损和推定全损的损失，即没有达到全部损失程度的损失。部分损失又分为共同海损和单独海损。

① 共同海损(General Average)。指为了保证同一航程中遇险财产的共同安全和免除危险所作出的有意而又合理的特殊牺牲或支出的特殊费用。目前国际运输中发生的共同海损，都是依照约克安特卫普规则(York-Antwerp Rules)来处理。共同海损的牺牲由船舶、货物与运费三方按比例分摊。

② 单独海损(Particular Average)。指属于特定利益方面的损失，并不涉及其他货主及船方。这种损失是意外发生的，不像共同海损是有意的。同时损失仅指保险标的物本身的毁损，并不包括由此而引起的费用。

二、常见的货物运输保险条款

国际上常用的货物运输保险条款是英国协会条款。中国人民保险公司的保险条款是参照国际通常做法结合我国实际情况拟订的，经过几十年的应用与实践已被广泛使用。

1. 英国伦敦协会货物保险条款

英国伦敦协会货物保险条款(Institute Cargo Clauses，ICC)是在英国劳合社船货保险单(简称 S. G. 保险单)的基础上整理而成的。在国际上，被长期奉为海上保险单的蓝本，尽管许多保险公司有自己的保险条款，但基本上都以 ICC 为母本，内容也与 ICC 基本相同。它包括以下内容：

(1) 协会货物保险条款［Institute Cargo Clause (A)、(B)、(C) (1/1/1982)，ICC (A)、ICC(B)、ICC(C)］。

(2) 协会散装油条款［Institute Bulk Oil Clauses (1/2/1983)］。

(3) 协会货物战争险条款［Institute War Clauses (Cargo)］。

(4) 协会货物罢工险条款［Institute Strike Clauses (Cargo)］。

(5) 恶意损害险条款［Malicious Damage Clauses］。

2. 中国保险条款

中国保险条款(China Insurance Clause，CIC)按运输方式分为海洋、陆上、航空和邮包运输保险条款，其中以海洋运输货物保险条款为主要条款，海洋运输货物保险条款的险别主要包括基本险和附加险，基本险分为平安险、水渍险和一切险。

(1) 基本险。

① 平安险(Free from Particular Average，F.P.A)。平安险的英文意思是“单独海损不赔”。通常适用于低值粗糙的包装货物，如木材、矿砂。主要责任范围如下：

a. 由于自然灾害所导致的货物的全部损失。

b. 由于运输工具遭受意外事故造成货物的全部或部分损失。

c. 在运输工具已经发生意外事故的情况下，货物在此前后又在海上遭受自然灾害所造成的部分损失。

d. 在装卸或转运时由于一件或数件整件货物落海造成的全部或部分损失。

e. 共同海损的牺牲、分摊和救助费用。

② 水渍险(With Particular Average，W.P.A)。水渍险的英文意思是“负责单独海损”，水渍险的承保责任范围除包括上述平安险的各项责任外，保险人还负责被保险货物由于恶劣气候、雷电、海啸、地震、洪水等自然灾害所造成的部分损失。水渍险通常适用于不易损坏或易生锈但不影响使用的货物，如钢管、旧机床旧汽车等。

③ 一切险(All Risks，A.R.)。一切险的责任范围除包括平安险和水渍险的各项保险责任外，还包括被保险货物在运输过程中由于一般外来原因所造成的全部或部分损失。

(2) 附加险。

一般附加险包括：

① 偷窃、提货不着险(Theft, Pilferage & Non-Delivery，T.P.N.D.)。

② 淡水雨淋险(Fresh Water &/or Rain Damage)。

③ 短量险(Shortage)。

④ 混杂、沾污险(Intermixture & Contamination)。

⑤ 渗漏险(Leakage)。

⑥ 碰损、破碎险(Clash & Breakage)。

⑦ 串味险(Taint of Odour)。

⑧ 受潮受热险(Sweat & Heating)。

⑨ 钩损险(Hook Damage)。

⑩ 包装破裂险(Breakage of Packing)。

⑪ 锈损险(Rust)。

特别附加险包括：

① 战争险(War Risks)。

② 罢工险(Strike Risks)。

③ 黄曲霉素险(Aflatoxin)。

④ 交货不到险(Failure to Deliver Clause)。

⑤ 舱面险(On Deck)。

⑥ 进口关税险(Import Duty)。

⑦ 拒收险 (Rejection)。

⑧ 出口货物到中国香港(包括九龙在内)或中国澳门存仓火险责任扩展条款［Fire Risk Extension Clause (or Storage of Cargo at Destination HongKong Including Kowloon or Macao)］。

三、货运投保单的填制

出口商备妥货并确定装运日期和运输工具后(收到经船公司签署的配舱回单后)，填制投保单向保险公司投保。保险公司对此审核无误后，以此为依据出具保险单或其他保险单据，收取保险费。

出口公司在填写投保单时，其内容应按合同或信用证要求仔细、认真填写，不能有错，保险公司根据投保单的内容来缮制和签发保险单。各保险公司的投保单格式不尽相同，但内容基本一致，内容如下：

(1) 被保险人。除非信用证有特别规定，一般应为信用证的受益人或合同的卖方即发货人。

(2) 发票号、合同号、信用证号。按实际填写。

(3) 唛头。填写货物的运输标志。

(4) 包装及数量。一般填写货物的总包装件数和包装种类。

(5) 保险货物项目。即货物的品名或规格，一般按提单的填法，填大类名称或货物的统称，不必详细列明各种规格等细节。

(6) 发票金额、投保加成、保险金额。填写发票金额；投保加成按买卖双方约定填写；保险金额按计算投保加成后的保险金额填写。

(7) 启运日期。填写货物实际出运的日期。

(8) 装载运输工具。海运时填写船名、船次。

(9) 运输路线。即货物装运地、转运地和目的地。

(10) 提单号。填写相关的提单号码。

(11) 赔款偿付地点。赔款偿付地点一般为买方所在地。

(12) 投保险别。按合同规定或信用证条款。

(13) 备注。填写信用证对保险单据的其他特殊要求，包括份数、证明文句等。

(14) 投保日期、投保人签章。投保日期通常不应迟于实际装运日；由具体经办人签字并盖公章。

四、保险单据的分类和缮制

1. 分类

(1) 保险单(Insurance Policy)。又称为大保单，是保险人与被保险人之间订立保险合同的一种正式证明，在我国使用得最为广泛。除正面项目外，背面都印有条款。正面条款即保险项目，背面条款是保险人与被保险人之间的责任条款。因为保险单是保险人出具的，其中不少是格式条款。

(2) 保险凭证(Insurance Certificate)。又称为小保单，是一种简式的保险单据，与保险单有同等的效力。其正面内容与保险单基本相同，只是没有背面条款。目前较少使用。

(3) 预约保险单(Open Policy)。又称为开口保单，是保险人与被保险人预先订立的在特定期限内有效的货物运输保险合同。凡属合同规定的运输货物，在合同有效期内由被保险人在每批货物发运后向保险公司发出“保险声明书”或“装运通知”，保险公司即可自动承保。减少了逐批投保和逐笔签订保单的手续，使保险人防止漏保。我国企业进口时通常采用此种做法。

(4) 保险批单(Endorsement)。是保险公司在保险单开立后，根据投保人的需求，对保险内容补充或变更而出具的一种凭证。批单是保险单的组成部分。

2. 保险单的内容及缮制

(1) 发票号码(Invoice No.)：按实际号码填写。

(2) 保险单号次(Policy No.)：由保险公司编列。

(3) 被保险人(Insured)：又称为保险单的抬头人。

① 托收、T/T 汇款或信用证无特别规定时，被保险人通常填写出口商名称，并由出口商作空白背书，以表示保险权益的转让。

② 如信用证规定被保险人为受益人以外的某公司或某银行，保险单应直接打该公司或银行名称。受益人不背书。

③ 如信用证要求保险单做成“TO ORDER”，应在被保险人栏照打“TO ORDER”并由受益人背书。

④ 如果信用证规定保险单背书给特定方，如 endorsed to order of opening bank，则在此栏填出口商，并在背面背书，注明 claims, if any, payable to order of ×××(特定方)。

(4) 标记(Marks & No.S)：按信用证规定，应与发票、提单相一致，可单独填写，也可填“AS PER INV. NO. ×××”。

(5) 包装及数量(Quantity)：与提单相同，填写总包装件数。

(6) 保险货物项目(Description of Goods)：与提单相同，可填写货物的统称。

(7) 保险金额(Amount Insured)：保险金额简称“保额”，是指保险人对被保险人负担损失补偿或给付约定的最高金额。它是计收保险费的基础。

① 填写小写金额，如“USD200.00”。

② 保险货币应与信用证一致，电汇、托收方式下应与合同货币一致。

③ 保险金额加成百分比应严格按信用证或合同规定掌握。如无具体规定，应按 CIF 或 CIP 价格的 110% 投保。

④ 如果计算出的保险金额有小数，必须采用进一法而不是四舍五入法。例如，发票金额为 USD1507.30，加一成投保，保险金额为 USD1507.30*110%=USD1658.03，则进位后保险金额应为 USD1659.00。

(8) 总保险金额(Total Amount Insured)：把保险金额以大写的形式填入。如“SAY U.S.DOLLARS TWO HUNDRED ONLY”。大小写金额需保持一致。

(9) 保费(Premium)和费率(Rate)：这两栏通常不注明具体数字而分别注明“AS ARRANGED”(按约定)。

(10) 装载运输工具(Per Conveyance S.S)：要与运输单据一致。海运填船名航次，转运时，填“一程船/二程船”，可填“AS PER B/L”；陆运填“BY RAILWAY”或“BY TRAIN: WAGON NO.××”；空运填“BY AIR”；邮包运输填“BY PARCEL POST”。

(11) 开航日期：(Sailing on or about)此栏填写提单的签发日期，或简单填写“AS PER B/L.”

(12) 起讫地点(From…To…)：在 From 之后填写装运港名称，To 之后填写目的港名称，并与运输单据相符；如需转船，应在目的港后加注“W/T at ×××(转船港名称)”，如“From Shantou to London W/T at HongKong”。

(13) 承保险别(Conditions)：应按 L/C(电汇、托收方式下按合同)中有关保险险别的条款填写，注意除险别外还要有保险险别适用的文本及其生效日期。

例如，COVERING ALL RISKS AND WAR RISK AS PER CIC DATED 1/1/1981。

有时在开始处还要加上：FOR 110% INVOICE VALUE。

(14) 保险单的份数：如果信用证无明确规定保险单的份数时，保险公司一般出具一套 3 份正本的保险单。在信用证没有特别规定交几份的情况下，必须向银行提交全套正本。

如果保险单据未注明正本份数，而信用证也没有特别规定，则银行可以接受只提交一份正本的保险单据，但该保险单据必须注明系唯一正本。

(15) 赔款偿付地点(Claim Payable at)：应填地点和币种两项内容。地点按信用证或投保单，一般为目的地；币种应与保险金额一致。

(16) 签发地点和日期：签发日期须早于运输单据的签发日期，才能证明是在装运前办理的投保。

(17) 保险公司签章：经签章后保险单才能生效。

(18) 背书(Endorsement)：按信用证(电汇、托收项下按合同)规定作空白背书或记名背书手续。空白背书是指不指定被背书人，仅出背书人签章；记名背书则是先指定被背书人，然后由背书人签章。

【例 4】单据 1-13 中保险单的背书方式。

空白背书：

ZHEJIANG TAIZHOU DECORATIVE LIGHTING CO., LTD.
赵建民

记名背书：

TO: ABC EXPO-ART GMBH
ZHEJIANG TAIZHOU DECORATIVE LIGHTING CO., LTD.
赵建民

步骤七　提单确认及制作附属单据

业务进展

2009 年 8 月 7 日，在确认货物安全离港后，外贸单证员王莉向进口商发出装运通知(单据 1-15)。2009 年 8 月 8 日，王莉收到货运代理寄来的海运提单(单据 1-14)。在此之前，她已经收到提单确认件并经过了核对。

单据 1-14：海运提单

Shipper Insert Name, Address and Phone
ZHEJIANG TAIZHOU DECORATIVE LIGHTING CO., LTD. 788 XUEYUAN RD T.Z.E.D.Z. JIAOJIANG TAIZHOU ZHEJIANG CHINA
TEL: 0086-576-88430694 FAX: 0086-576-88430724

B/L No. COSU2651

中远集装箱运输有限公司
COSCO CONTAINER LINES
TLX: 33057 COSCO CN
FAX: +86(021) 6545 8984

ORIGINAL

Consignee Insert Name, Address and Phone
TO ORDER

Notify Party Insert Name, Address and Phone
ABC EXPO-ART GMBH
RATHAUSMARKT 50, 20095 HAMBURG, GERMANY
TEL: 0049-40-34103772 FAX: 0049-40-37103773

Port-to-Port or Combined Transport

BILL OF LADING

RECEIVED in external apparent good order and condition except as other wise noted. The total number of packages or units stuffed in the container the description of the goods and the weights shown in this bill of lading are furnished by the merchants, and which the carrier has no reasonable means of checking and is not a part of this bill of lading contract. The carrier has issued the number of Bills of Lading stated below, all of this tenor and date,One if the original Bills of Lading must be surrendered andendorsed or signed against the delivery of the shipment and whereupon any other original Bills of Lading shall be void. The merchants agree to be bound by the terms and conditions of this Bills of Lading as if each had personally signed this Bills of Lading (terms continued on the back hereof, please read carefully).
*Applicable only when document used as a combine transport Bills of Lading...

Combined Transprot* Pre-carriage by	Combined Transport* Place of Receipt
Ocean Vessel Voy. No. TUO HE V. 144	Port of Loading NINGBO
Port of Discharge HAMBURG	Combined Transport* Place of Delivery

Marks & Nos. Container/Seal No.	No. of Containers or Packages	Description of Goods	Gross Weight Kgs	Measurement
ABC TZ0901101 HAMBURG C/ NO.1-2338 CONTAINER NO.: SEAL NO.: COSU8295677 0620941 COSU8295678 0620942 COSU8295679 0620943 COSU8295680 0620944	2338 CARTONS 4×40'FCL	CHRISTMAS LIGHT SHIPPED ON BOARD CY-CY	23195.0 KGS	275.059 M^3
		Description of Contents for Shipper's Use Only (Not part of This B/L Contract)		

Total Number of containers and/or packages (in words) Subject to Clause 7 Limitation: SAY TWO THOUSAND THREE HUNDRED AND THIRTY EIGHT CARTONS ONLY

Freight &Charges	Revenue Tons	rate	per	prepaid	collect
FREIGHT PREPAID					
Declared Value Charge					

Ex. Rate:	Prepaid at	Payable at	Place and date of issue NINGBO, AUG. 7, 2009
	Total Prepaid	No. of Original B(s)/L THREE (3)	Signed for the Carrier COSCO CONTAINER LINES 刘立平

LADEN ON BOARD THE VESSEL TUO HE V. 144
DATE AUG. 7, 2009　BY COSCO CONTAINER LINES

知识链接 1-11

运输单据

运输单据是外贸单证工作中最重要的单据之一，是出口商按规定要求装运货物后，承运人或其代理人签发的一种书面凭证。

根据不同的运输方式，承运人出具不同的运输单据，UCP600 把运输单据分成 7 类：《海运提单》、《不可转让的海运单》、《多式联运单据》、《租船合同提单》、《空运单据》、《公路、铁路或内陆水运运输单据》、《快递收据、邮政收据或投邮证明》，由于在对外贸易中海运所占比重最大，而海运提单是海运中最常用也是最主要的运输单据，故重点介绍海运提单。

一、海运提单

海运提单(Ocean/Marine Bill of Lading)是指承运人或其代理人在收到货物后签发给托运人的一种证件，它体现了承运人与托运人之间的相互关系。它是用以证明海上货物运输合同和货物已由承运人接收或装船，以及承运人保证据以交付货物的单证。

1. 海运提单的作用

(1) 提单是承运人或其代理人出具的货物收据，证明已按提单的记载收到托运人的货物。

(2) 提单是代表货物所有权的凭证。

(3) 提单是承运人和托运人双方订立的运输契约的证明。

2. 海运提单的种类

(1) 根据货物是否已经装船分为以下种类。

已装船提单：是指承运人将货物装上指定船舶后才签发的提单，其特点是提单上必须以文字表明货物已经装某船上，并载有装船日期。

备运提单：又称为收货待运提单，是指承运人已收到托运货物，在等待装运期间所签发的提单。

(2) 根据提单上有无对货物外表状况的不良批注分为以下种类。

清洁提单：是货物在装船时表面状况良好，承运人对货物表面状况未加“货物残缺或包装破损”等不良批注的提单。如果信用证没有特别规定，所提交的提单必须是清洁的。

不清洁提单：是指承运人在提单上对货物表面状况有包装不良或存在缺陷等批注的提单。

(3) 根据提单收货人抬头的不同分为以下种类。

记名提单：是指在提单上的收货人栏内填明特定收货人名称的提单。

不记名提单：是指在提单上的收货人栏没有指明任何收货人的提单。

指示提单：是指在提单的收货人栏填写“凭指定”(TO ORDER)或“凭某某人指定”(TO ORDER OF ×××)字样的提单。这种提单经过背书可以转让。在收货人栏内只填写“凭指定”(TO ORDER)的提单又称为空白抬头提单。

(4) 按提单签发时间不同可分为以下种类。

过期提单：是指出口商取得提单后未能及时到银行或过了银行规定的结汇期限而未议付而形成过期提单，习惯上称滞期提单。按照 UCP600 规定，凡超过装运日期 21 天后提交的单据即为过期提单，但在任何情况下都不得迟于信用证的截止日。如信用证有效期或信用证规定的交单期早于此期限，则以有效期或规定的交单期为最后期限。一般银行不接受过期提单，但过期提单并非无效提单，提单持有人仍然可持凭要求承运人交付货物。

倒签提单：是指在货物装船完毕后，承运人或其代理人应托运人的要求，由承运人或其代理人签发提单，但提单上的签发日期早于该批货物实际装船完毕的日期，以符合信用证装运期的规定。这种倒填日期签发的提单为倒签提单。表面上倒签提单使得签发日期与信用证规定的装运期相吻合，方便了结汇，但它改变不了实际开航日期和抵达日期的真实情况，一旦这种倒签日期预先没有征得收货人同意而被发现，后果是严重的。承运人的这种倒签提单行为虽然在托运人的正式请求下进行，但也要承担由此而带来的风险和责任。

预借提单：因信用证装运日期和交单期都已到期，而货物因故尚未装船或已开始装船尚未完毕，在这种情况下，托运人为了交单结汇向承运人或承运人代理人提出预先签发已装船提单，这种行为称为预借，借得的提单称为预借提单。预借提单必然是倒签提单，承运人承担的风险比倒签提单更在。按照有关国家的规定，承运人签发预借提单将丧失享受责任限制和免责的权利。

(5) 按运输方式的不同可以分为以下种类。

直达提单：是指轮船中途不经过换船而直接驶往目的港卸货所签发的提单，凡信用证规定不准转船者，必须使用这种提单。

转船提单：是指从装运港装货的轮船，不直接驶往目的港，而需要在中途换装另外船舶所签发的提单。

联运提单：是指经过海运和其他运输方式组成联合运输时由第一程承运人所签发的包括全程运输的提单。联运提单虽包括全程运输，但签发联运提单的承运人一般只承担他负责运输的一段航程内的责任。

(6) 电放提单的定义、形式和运用性。

定义：在货物装船完毕，承运人或其代理人已经签发了提单并已经交给了托运人或还没有交给托运人，应托运人的要求，承运人或其代理人收回正本提单，而以电传、传真、电子文件、电报的形式通知其在卸货港代理将货物交给提单收货人或托运人指定收货人。这种操作称为电放，这种提单称为电放提单。

形式：

① 承运人或其代理人在每张提单上加盖“电放”(SURRENDERED)或(TELEX RELEASE ORIGINAL B/L)字样图章，将盖章后的提单发送给卸货港代理凭以放货。

② 承运人或其代理人收回正本提单后出具并发送专门的“电放电文”给其卸货港代理凭以放货。

适用性：

① 对于不记名提单或收货人名称地址不详细的提单，承运人或其代理人一般不接受电放。

② 对于运费未结清的提单，一般承运人也不接受电放。

③ 如果提单份数不齐全，承运人也不接受电放。

3. 海运提单的内容及缮制

海运提单由于不同国家，不同的船公司而有所不同，但其内容和项目基本一致，主要包括以下内容。

(1) 托运人(SHIPPER)：即发货人，电汇和托收方式下一般为外贸合同出口商的名称和地址，信用证方式下为信用证受益人。除非信用证另有规定，银行亦接受以信用证受益人以外的一方为托运人的海运提单，此种提单称为第三者提单(Third Party B/L)，如以货运代理机构作为托运人。

(2) 收货人(Consignee)：收货人也称为提单抬头，包括记名抬头、不记名抬头和指示抬头3种类型。按合同或信用证规定填写。(见订舱委托书的收货人一栏填法)

(3) 被通知人(Notify Party)：电汇和托收下一般填写进口商的名称和地址，信用证方式下按信用证规定填写。因承运人凭该栏提供的内容通知其办理提货，故一定要有详细的名称和地址。

(4) 前程运输(Pre-Carriage by)：此栏为"多式联运" 方式而设，不能作为转船提单时打明第一程海轮名称的栏目，单式海运不必填注。

(5) 收货地点(Place of Receipt)：此栏为"多式联运"方式而设，单式海运不必填注。

(6) 船名船次(Vessel)：如货物需要转运，填写第二程船的船名；如货物不需要转运，填写第一程船的船名。

(7) 装运港(Port of Loading)。

① 应严格按信用证规定填写，装运港之前或之后有行政区的，如 Xingang/Tianjin，应照加。

② 一些国外开来的信用证笼统规定装运港名称，仅规定为"中国港口"(Chinese ports, Shipment from China to…)。

这种规定对受益人来说比较灵活，如果需要由附近其他港口装运时，可以由受益人自行选择。制单时应根据实际情况填写具体港口名称。

③ 如信用证同时列明几个装运港(地)，提单只填写实际装运的那一个港口名称。

(8) 卸货港(Port of Discharge)：填写卸货港(目的港)名称。

(9) 交货地点(Place of Delivery)：填写最终目的地名称。如果货物的目的地就是目的港的话，空白该栏。

(10) 唛头(Marks)、集装箱号(Container NO.)、封志号(Seal NO.)：电汇和托收根据合同中有关运输标志的规定填写。信用证结算的应按信用证的规定填写。如果没有相关规定，则可由出口商自行设计，如出口货物外包装上没有运输运输标志，则可填写：N/M。

集装箱的箱号、封志号按实际填写。

(11) 包装种类与件数(NO.& Kind of Packages)：单位件数与包装都要与实际货物相符，并在大写合计数内填写英文大写文字数目，若有两种以上不同包装单位，应分别填写，再合计。散装货，只填"IN BULK"，大写栏可留空不填。

(12) 商品名称(Description of Goods)：按信用证规定，并与发票等单据一致，若货物品名较多，可用总称。

(13) 毛重和体积(GW & Mear)：若信用证无特别规定，则只填总毛重和总体积。

(14) 运费支付(Freight & Charges)：一般只填运费的支付情况，按 CFR 或 CIF 条件达成的交易，应填运费预付(FREIGHT PREPAID)，若以 FOB 术语成交的出口交易，除非发货人代为支付运费，应填运费到付(FREIGHT COLLECT)。

(15) 签发地点与日期(Place and Date of Issue)：提单的签发地点应按装运地点填列，日期为装船完毕日期，由船公司按实际装运日期填列。提单日期应不迟于信用证规定的最迟装运日。

(16) 签署：提单须表明承运人名称并由承运人或其具名代理人、船长或其具名代理人签署。承运人、船长或代理人的任何签字须标明其承运人、船长或代理人的身份。代理人签字必须标明其系代表承运人还是船长签字。

(17) 提单签发份数(NO.S of Original B/L)：信用证方式下按信用证规定，可以是一份，也可是两份、三份。

(18) 提单号码(B/L NO.)：在提单右上角，主要是为便于联系工作和核查。一般按装货单上的关单号填写，货装上船后，该关单号就是提单号。

4. 提单的使用

(1) 提单的确认。货物已经交付上船，在船开之前货代把提单确认件传真给发货人，发货人根据提单上显示的内容与自己实际出货情况校对包括数量、重量体积、品名、唛头、运费条件、买卖双方的名称等。如需修改请及时告诉货代作修改。修改后，货代会再传真给发货人修改件。直至完全准确，然后签发正本提单。

(2) 提单的背书。提单背书的目的是转让收货权，所以当提单原先的收货人为指示收货人时，无论是记名指示还是不记名指示，都要通过背书来转让收货权。背书形式有两种：空白背书和记名背书。空白背书是指不指定被背书人，仅由背书人签章，记名背书则是先指定被背书人，然后由背书人签章。

【例 5】单据 1-14 海运提单中的收货人是 TO ORDER，则提单应由托运人背书。

空白背书：

ZHEJIANG TAIZHOU DECORATIVE LIGHTING CO., LTD.
赵建民

记名背书：

Delivered to ABC EXPO-ART GMBH
ZHEJIANG TAIZHOU DECORATIVE LIGHTING CO., LTD.
赵建民

二、不可转让的海运单

不可转让的海运单(Non-Negotiable Sea Waybill)起源于欧洲。因欧洲各国距离近，常出现货到单未到的现象，为了能及时提货，即出现了此种提单，它只能做成记名式抬头，收货人凭船方的提货通知提货，故不是物权凭证，使用较少。

单据 1-15：装运通知

ZHEJIANG TAIZHOU DECORATIVELIGHTING CO., LTD.

788 XUEYUAN R0AD T.Z.E.D.Z.JIAOJIANG TAIZHOU ZHEJIANG CHINA

TEL: 0086-576-88430694 FAX: 0086-576-88430724

SHIPPING ADVICE

TO: ABC EXPO-ART GMBH ISSUE
RATHAUSMARKT 50, 20095 HAMBURG,GERMANY

DATE: AUG.07,2009
S/C NO.: TZ0901101

DEAR SIRS:

WE HEREBY INFORM YOU THAT THE FOLLOWING MENTIONED GOODS HAVE BEEN SHIPPED.THE DETAILS OF THE SHIPMENT ARE STATED BELOW:

INVOICE NUMBER:	SYQ2009-021
B/L NUMBER:	COSU2651
OCEAN VESSEL :	TUO HE V.144
PORT OF LOADING:	NINGBO
PORT OF DESTINATION:	HAMBURG
DATE OF DEPARTURE:	AUG.07,2009
COMMODITY:	CHRISTMAS LIGHT
AMOUNT:	USD83489.19
NUMBER OF CARTON:	2338 CARTONS
GROSS WEIGHT:	23195.0KGS
NET WEIGHT:	20857.0KGS
SHIPPING MARKS:	ABC TZ0901101 HAMBURG C/ NO.1-2338

浙江台州灯饰有限公司
ZHEJIANG TAIZHOU DECORATIVE LIGHTING CO., LTD.
赵建民

知识链接 1-2

装运通知

一、装运通知概述

装运通知(Shipping Advice)是卖方应买方的要求，在出口货物装船完毕后，及时通过传真方式或其他方式，向买方或进口商指定的保险公司、报关公司发出的关于货物已装船的详细通知，以便进口商及时办理保险、申请进口许可和安排接收货物及办理清关等事宜。

没有特别规定时，装运通知应发给进口商(信用证下，发给开证人)。

在 FOB、CFR 价格条件成交出口贸易合同下，发货人在货物装船完毕后向收货人发出装运通知则作为合同的一项要件。如货物的丢失、损害是由于发货人在货物装船完毕后没有向收货人发出装船通知，致使收货人未能及时投保，则该货物的丢失、损害由发货人负责赔偿。因此，买方为防止因卖方的疏忽而未及时接到装运通知，经常会在信用证中订明：受益人必须在规定时间内以电传、电报或其他方式将装运情况通知收货人或开证申请人，并凭该电传或电报的副本结汇，此时的电传或电报副本就成为议付或结汇的单据之一。若卖方未及时通知而使买方漏保或没有及时安排接运工具，则货物由此而产生的所有损失，都应由卖方负责。

二、装运通知的缮制

装运通知没有固定的格式，它可以由各出口企业自行制定。

根据装运通知的功能，其内容应该包括出口公司名称，信用证号码，发票号，提单号，船名航次，装运港，目的港，装运日期，预计到达日期，商品的品名、数量、重量、发票金额等。另外，还应有装运通知的发送日期。

有些进口国规定，保险必须在进口国本国投保。此时这些国家的进口商往往与保险人签订有预保险合同，要求我国出口企业在货物装运后直接向进口国的保险人发出装运通知，以便由保险人承保其进口商品的货运保险。此时，装运通知还应包括保险人名称和预保险合同号。

步骤八　交单收汇

业务进展

根据本合同的支付方式，出口商在装运后，把海运提单传真给进口商，等进口商把 70% 合同金额电汇到出口商银行账户之后，才把包括海运提单在内的所有单据寄给进口商。

小贴士

如果是前 T/T 的结算方式，出口商在装运前已收到进口商电汇的全部合同金额。在装运之后，就直接把包括海运提单在内的所有单据寄给进口商，或指示船公司把提单电放给出口商。如果是后 T/T 的结算方式，出口商在装运后就把包括海运提单在内的所有单据寄给进口商，等进口商收到货物之后的一段时间内采用电汇方式把合同款项付给出口商。

步骤九 善后工作

业务进展

由于此业务是委托报关公司代为报关的，外贸单证员王莉要及时催促报关公司退回出口货物报关单(收汇核销联)、出口货物报关单(出口退税专用联)、出口收汇核销单等相关单据。等收到这些单据后，王莉复印副本存档后，把正本单据移交财务部门办理出口收汇核销和退税手续。

顺利收汇后，外贸单证员王莉进行单据归档工作。对于此票业务，王莉归档的单据有合同、商业发票、装箱单、订舱委托书、报检单、保险单、产地证、出口收汇核销单、报关单、提单、装运通知等。

知识链接 1-13

外贸单证管理

对外贸易单证是外贸业务活动的重要资料，是商品流通的原始凭证，它反映了整个商品流转过程，是业务档案的主要组成部分，具有重要的分析参考价值。因此，加强单证管理是一项非常重要的工作。

一、外贸单证管理的意义

1. 为完成履约提供保证

通过对单证的缮制交付、登记整理、统计分析，可以使有关人员做到心中有数，可以顺利组织货源、衔接生产出运，保证安全及时收汇。

2. 为统计分析提供原始资料，提高外贸工作管理水平

检查分析外贸企业各项业务工作质量和效率，可从单证资料中提取数据来分析，从而促进外贸企业经营和管理的改善。

3. 为查询和处理业务差错事故提供资料

出口单证是出口业务活动的重要凭证。有时货物已出运，单据已交银行，外汇也收妥，但事后由于各种因素，往往需要查阅这些单证的留底。如客户对品质、数量的索赔，运输纠纷起诉，进口清关对单证内容提出异议，中间商对佣金事项的查询，开证行提出单证不符，拒绝付款等。诸如此类的情形一经发生，就要查阅相关单证，寻根究底。

二、外贸单证管理的要求

1. 建立完备的单证档案管理制度

每套单证应有一套副本留存档案备查。出口单证副本归档方法，可分为分散归档和集中

归档两种。分散归档是由各分管环节各自将本环节缮制的副本单据分类归档。例如，提单由办理运输环节按运输日期归档；商业发票按发票顺序号码分别由制单环节归档。集中归档，是交单后将全套单据副本集中进行保管。一般来说，业务量大，部门多、分工细的单位适宜于分散归档。业务量大，工作线条比较简单的单位适宜于集中归档。

2. 提高单证工作的质量和效率

(1) 培训单证人员。国际贸易日新月异的发展，政策及管理的变化会对单证工作提出新的要求和新的方法。因此通过培训单证人员，使其掌握最新知识和操作技能，适应业务需要。

(2) 分析单证工作。结合对外履约情况，客户发展等方面的考察，应经常分析单证工作，研究如何进一步提高质量和效率，为企业的目标实现发挥更大作用。

(3) 考核单证工作。单证工作的考核是提高单证质量和工作效率方法，也是培养单证工作人员，使其不断增长业务知识，提高技术水平的有力措施。

① 考核单证工作质量。可记录统计单证制作中的差错点，结合所处理的单据数量，算出差错率，以此对单证员进行考核。

② 考核单证工作的速度。通过工作流程中的相关记录，统计工作时间，不断降低时间占用量，提高单证工作效率，加快流转，及时出运，早日结汇。

③ 考核单证人员的团队精神。通过考核单证人员的服务态度、工作主动性、合作精神、在工作中所提建议的数量等方面，提高单证工作的水平。

回顾与迁移

(1) 合同 1-1 的贸易术语是 CIF，如果合同其他条款不变，而贸易术语采用了 FOB 或者 CFR，外贸单证员的工作步骤会有什么变化？

(2) 合同 1-1 采用的是汇付方式下的电汇结算方式，除了汇付方式外，你还了解哪些非信用证结算方式？如果换成这些结算方式，会跟目前合同的制单跟有什么不同吗？

(3) 设定模拟公司(每人都做，人人参与)。

① 自行设定一个外贸公司，单据的制作都是以这个公司为基础。

设定公司名称(中英文)、公司地址、联系方式、网站等信息。

② 设定自己的身份，自己模拟一份合同，参照前面的学习过程反复练习制单工作。

知识链接 1-4

托　　收

除了电汇外，非信用证结算主要还有托收方式。

一、托收的定义及当事人

1. 托收的定义

托收(Collection)是指债权人(出口人)出具汇票委托银行向债务人(进口人)收取货款的一种支付方式。国际贸易结算中所使用的托收方式一般都通过银行办理，所以又称为银行托收。

银行托收的基本做法是：由出口人根据发票金额开出以进口人为付款人的汇票，向出口地银行提出托收申请，委托出口地银行(托收行)通过它在进口地的分行或往来银行(代理行)代向进口人收取货款。

2. 托收的当事人

托收方式的当事人主要如下。

(1) 委托人(Principal)：它是指委托银行办理托收业务的客户，通常是出口人。

(2) 托收银行(Remitting Bank)：它是指接受委托人的委托，办理托收业务的银行。

(3) 代收银行(Collecting Bank)：它是指接受托收行的委托向付款人收取票款的进口地银行。代收银行通常是托收银行的国外分行或代理行。

(4) 付款人(Payer)：它通常是指买卖合同的进口人。

在托收业务中，有时还可能涉及另外两个当事人：

一是提示行(Presenting Bank)，是指向付款人做出提示汇票和单据的银行。提示银行可以是代收银行委托与付款人有往来账户关系的银行，也可以由代收银行自己兼任提示银行。

二是需要时的代理(Customer's Representative in Case of Need)，即委托人指定的在付款地代为照料货物存仓、转售、运回等事宜的代理人。

二、托收的种类

托收可根据所使用的汇票的不同，分为光票托收和跟单托收。国际贸易中货款的收取大多采用跟单托收。在跟单托收情况下，根据交单条件的不同，又可分为付款交单和承兑交单两种。

1. 付款交单

付款交单(Documents against Payment，D/P)是指出口人的交单是以进口人的付款为条件。即出口人发货后，取得装运单据，委托银行办理托收，并在托收委托书中指示银行，只有在进口人付清货款后，才能把装运单据交给进口人。

按付款时间的不同，付款交单又可分为即期付款交单和远期付款交单两种。

(1) 即期付款交单(D/P at Sight)。由出口人通过银行向进口人提示汇票和货运单据，进口人于见票时即须付款，在付清货款后领取货运单据。

(2) 远期付款交单(D/P after Sight)。由出口人通过银行向进口人提示汇票和货运单据，进口人即在汇票上承兑，并于汇票到期日由代收银行再次向其提示时经付款后向代收银行取得单据。在汇票到期付款前，汇票和货运单据由代收行掌握。

2. 承兑交单

承兑交单(Documents against Acceptance，D/A)是指出口人的交单以进口人在汇票上承兑为条件。即出口人在装运货物后开具远期汇票，连同货运单据，通过银行向进口人提示，进口人承兑汇票后，代收银行即将货运单据交给进口人，在汇票到期时，方履行付款义务。承兑交单方式只适用于远期汇票的托收。由于承兑交单是进口人只要在汇票上承兑之后，即可取得货运单据，凭以提取货物。也就是说，出口人已交出了物权凭证，其收款的保障依赖进口人的信用，一旦进口人到期不付款，出口人便会遭到货物与货款全部落空的损失。因此，出口人对接受这种方式，一般采用很慎重的态度。

三、跟单托收方式下的资金融通

1. 托收出口押汇

出口托收押汇是指托收行以出口商开出的汇票和全套单据为抵押，向出口商垫付货款的有追索权的融资方式。它的前提是贸易采用托收结算方式。它与出口信用证押汇的主要区别是，它没有银行的信用保证，能否收回货款完全取决于进口商的资信，因而风险较大，押汇利率也较高。

2. 凭信托收据借单

信托收据就是指进口人借单时提供一种书面信用担保文件，用来表示愿意以代收行的受托人身份为提货、报关 、存仓、保险、出售并承认货物所有权仍属银行。货物售出后所得的货款，应于汇票到期时交银行。这是代收行自己向进口人提供的信用便利，而与出口人无关。因此，如代收行借了单据后，汇票到期不能收到货款，则代收行应对委托人负全部责任。但如是出口人指示代收行借单，即由出口人主动授权银行凭信托收据借给进口人，即所谓付款交单凭信托收据借单(D/P・T/R)，那么进口人在承兑汇票后可以凭信托收据先行借单提货。日后如果进口人在汇票到期时拒付，则与银行无关，应由出口人自己承担风险。

四、在托收结算方式下的出口制单

选择托收结算方式时，出口商装运货物后，应及时将有关托收单据交托收行办理托收。交单时制作好托收申请书(目前银行用的是客户交单委托书来代替托收申请书的职能，客户交单委托书格式见学习情境二)并连同其他单据一起到银行办理托收。托收交单较灵活，单据种类、内容、交单时间由出口商根据合同和进口商情况决定。在进口商对单据无特殊要求的情况下，一般只需提供汇票连同其他单据(一般只提供商业发票、装箱单和提单)。有的进口商还要求提供原产地证书、商检证书或其他一些有关系的单据，对于这些特殊要求，出口企业在签订合同时应根据实际情况而确定，如果一旦在合同中确定，就需照章提供。所以与前面的电汇相比，外贸单证员的制单工作主要是增加了汇票的制作(见学习情境二托收项下的汇票制作)。

值得注意的是，按照《托收统一规则》，银行在托收业务中，只提供服务，不提供信用。托收行没有审核单据的义务，只是根据委托人的指示和国际商务托收统一规则办理。当发生进口人拒绝付款赎单的情况后，除非事先取得托收银行同意，代收银行也无代为提货、办理进口手续和存仓保管的义务。

所以，托收方式与汇付方式一样，也属于商业信用，对于出口人来说存在很大风险，但对于进口人来说极为有利。

学习情境二　信用证结算方式下的出口制单

学习目标

(1) 熟练阅读外贸合同。
(2) 根据合同审核信用证，若信用证中存在问题条款，能针对问题条款提出修改意见。
(3) 熟悉信用证结算方式下出口单证工作的基本流程。
(4) 根据信用证条款和/或合同条款准确填制商业发票和装箱单。
(5) 正确填制订舱委托书和办理订舱手续。
(6) 正确填制出境货物报检单和办理报检手续。
(7) 根据信用证要求取得或出具相关检验证书。
(8) 制作和申领原产地证。
(9) 准确填制报关单和报关委托书，熟悉报关流程。
(10) 准确填制投保单并办理投保。
(11) 根据信用证和/或合同要求，准确制作附属单据。
(12) 根据信用证和合同要求，准确填制汇票。
(13) 审核各种结汇单据。
(14) 根据信用证和合同条款办理交单，处理有问题的单据。
(15) 对各类单证进行合理归档。

业务背景

出口机电行业是台州外向型经济发展的第一引擎。据台州海关统计，2010 年台州市累计实现出口总值 139.6 亿美元，其中机电产品出口 79.3 亿美元，占出口总额的 56.8%。

浙江盛大机电有限公司位于台州温岭，是一家专业生产和出口空压机、电焊机等机电产品的公司。

黄菲是该公司单证储运部的一名员工，日常工作内容包括在进出口业务的不同环节从事审核信用证、制作单据、办理单据、审核单据、交接单据和单据归档，所在岗位即通常所说的“单证员”，这个岗位是协调外贸跟单员、外贸业务员工作的关键岗位，是保证外贸业务顺利履行的重要岗位。

2009 年 10 月 18 日，越南 HUALON 公司的经理 LAM KIET HOA 在参观浙江盛大机电有限公司的工厂和样品间之后，对其中几款产品产生兴趣，并和经理张文龙(Owen)展开了深度磋商。谈判进行得非常顺利，并于当天下午签订了一份销售合同(合同 2-1)。

合同 2-1

ZHEJIANG SHENGDA ELECTRO–MACHINERYCO., LTD.

HE GUO AIR COMPRESSOR INDUSTRIAL ZONE, WENLING CITY, ZHEJIANG PROVINCE, CHINA

TEL: 86- 576 – 86402208 FAX: 86-576 – 86402288

正 本
(ORIGINAL)

SALES CONTRACT

S/C No.: SD091109

Date: Oct.18, 2009

The Buyer: HUALON CO., LTD
331 NGUYEN CONG TRU ST., DIST.01, HOCHIMINH CITY, VIETNAM
TEL: 84-8-38223848/38212528 FAX: 84-8-38241648

The Seller agrees to sell and the Buyer agrees to buy the under-mentioned goods on the terms and conditions stated below:

Marks&Nos.	Name of Commodity & Specifications	Quantity	Unit Price	Amount
HUA SD091109 HOCHIMINH C/NO.:1-UP	WELDING MACHINE 0.1 BX6 – B – 200 AL 0.2 BX6 – B – 250 AL	 400 PCS 200 PCS	**CIF HOCHIMINH** USD 44.00 USD 48.00	USD17,600.00 USD9,600.00
		600 PCS		USD 27,200.00
Total Amount In Words : SAY U.S. DOLLARS TWENTY SEVEN THOUSAND TWO HUNDRED ONLY.				

Packing: One PC per export standard carton

Terms of Shipment: To be effected on or before Nov.30, 2009 from Ningbo, China to Hochiminh city port, Vietnam with partial shipment permitted and transshipment prohibited. After loading is completed, the Seller shall notify the Buyer by fax of the contract number, name of commodity, quantity, name of the carrying vessel and date of shipment.

Insurance: To be effected by the seller for 110% of the invoice value covering All Risks as per CIC of PICC dated 01/01/1981.

Terms of Payment: The buyer should open through a bank acceptable to the seller an irrevocable letter of credit payable at sight for 100% of the contract value to reach the seller not later than Oct.30, 2009.

Claim:

Any claim by the Buyers regarding the cargo shall be supported by survey report issued by a surveyor approved by the Seller and lodged within 45 days after the arrival of the cargo at the port of destination. The Seller will not consider claims in respect of matters within responsibility of insurance company o r shipping company.

Force Majeure:

In case of Force Majeure, the Seller shall not be responsible for late delivery or non-delivery of the goods but shall notify the Buyer by fax. The Seller shall deliver to the Buyer by registered mail, if so requested by the buyer, a certificate issued by the China Council for the Promotion of International Trade or any competent authorities.

Arbitration:

All disputes in connection with this Contract or the execution thereof shall be settled through friendly negotiations between two parties. In case no settlement can be reached through negotiation, the case in dispute shall then be submitted for arbitration in the country of defendant in accordance with the arbitration regulations of the arbitration organization of the defendant country. The decision made by the arbitration organization shall be taken as final and binding upon both parties. The arbitration expenses shall be borne by the losing party unless otherwise awarded by the arbitration organization. (If in China, the arbitration shall be conducted by the China International Economic and Trade Arbitration Commission of the China Council for the Promotion of International Trade)

This contract is made in two original copies and becomes valid after being signed (sealed) by both parties, one copy to be held by each party.

The Seller: ZHEJIANG SHENGDA
ELECTRO – MACHINERY CO.,LTD
Signature: 张文龙

The Buyer: HUALON CO., LTD
Signature: LAM KIET HOA

知识链接 2-1

信　用　证

信用证是国际贸易支付中被广泛使用的一种重要的支付方式。信用证业务的理论性、专业性和操作性都极强，信用证单据是国际贸易单证中专业性最强，要求最严格，难度最大的一种。上述业务所使用的支付方式即信用证支付方式。

一、信用证的概念及本质

国际商会对信用证(Letter of Credit，L/C)的一般定义为：跟单信用证是银行有条件的付款承诺；具体地说，信用证是开证银行根据申请人的要求和指示、向受益人开立的、在一定期限内凭规定的符合信用证条款的单据、即期或在一个可以确定的将来日期承付一定金额的书面承诺。

信用证支付方式属于银行信用，开证银行对于受益人承担“第一性的付款责任”。这体现在以下两个方面：

(1) 开证行首先承担支付信用证款项的责任。受益人(卖方)首先去找开证行收取款项，而不是买方(信用证开征申请人)。

(2) 开证行履行支付承诺以“受益人提交的单据符合信用证规定”为前提，而不是以买方的意愿和能力为条件。换言之，从理论和法律层面讲，只要受益人提交的单据完全符合信用证的规定，即使此时买方不愿意支付款项，或者买方已无能力(如破产倒闭)了，开证银行也要如约支付款项。

二、信用证惯例

《跟单信用证统一惯例》(Uniform Customs and Practice for Documentary Credits，UCP)是在长期的贸易实践中发展起来，由国际商会 ICC 加以成文化，旨在确保在世界范围内将信用证作为可靠支付工具的一套国际惯例。虽然不是国际公约，也不是信用证方面的成文法，但实际上已成为国际贸易中被世界各国广泛接受的一套规则。

为了适应国际贸易、保险、运输和银行等各行业的发展，《跟单信用证统一惯例》自颁布实施后经过了 6 次修订，目前最新的版本是 UCP600，于 2007 年 7 月 1 日正式启用。具体文件见附录一。

三、信用证的特点

(1) 开证银行负第一性付款责任。开证银行承担第一性的付款责任，只要规定的单据被提交给开证银行或指定银行，并且构成相符交单，则开证银行必须承付。

(2) 信用证是一项自足文件(与买卖合同相分离的独立文件)。UCP600 第四条(1)款规定：就其性质而言，信用证与可能作为其开立基础的买卖合同或其他合同是相互独立的交易，即使信用证中含有对此类合同的任何援引，银行也与该合同无关，且不受其约束。信用证虽然是基于买卖合同、买方向开证行提交的开证申请书和担保协议开立的，但是这些文件是相互独立的，每个文件只能约束相关当事人。

(3) 信用证业务是纯单据业务。UCP600 第五条明确规定：银行处理的是单据，而不是单据可能涉及的货物、服务或履约行为。信用证受益人要确保收款就一定要提供与信用证相符的单据，开证行拒付只能以单据上的不符点为由。如果进口商付款后发现货物有缺陷，可凭单据向有关责任方提出损害赔偿要求，而与银行无关。

四、信用证的当事人

1. 开证申请人

开证申请人(Applicant)是指向开证银行申请开立信用证的人，一般是进口人，又称为开证人(Opener)。

2. 开证银行

开证银行(Opening Bank、Issuing Bank)是指接受开证申请人的委托，开立信用证的银行，它承担按信用证规定条件保证付款的责任。

3. 通知银行

通知银行(Advising Bank)是指受开证行的委托，将信用证转交出口人的银行，它只证明信用证的真实性，不承担其他义务。

4. 受益人

受益人(Beneficiary)是指信用证上所指定的有权使用该证的人，一般为出口人。

5. 议付银行

议付银行(Negotiating Bank)是指根据开证行的授权买入或贴现受益人交来的符合信用证规定的汇票及/或单据的银行。

6. 付款银行或代付行

付款银行或代付行(Paying Bank)是指一般由开证行兼任，也可以是开证行所指定的银行——根据开证行授权进行信用证项下付款或承兑并支付受益人出具的汇票的银行。付款行通常是汇票的受票人。

7. 保兑行

保兑行(Confirming Bank)是指应开证行或受益人的申请在信用证上加批保证兑付的银行，它和开证行处于相同的地位，即对于汇票(有时无汇票)承担不可撤销的付款责任。

8. 偿付行

偿付行(Reimbursement Bank)是指又称为清算银行(Clearing Bank)：接受开证银行在信用证中的委托，代开证行对有关代付行或议付行偿还垫款的银行。

9. 承兑行

承兑行(Accepting Bank)可以是开证行本身，也可以是通知行或其他指定的银行。是对承兑信用证项下的汇票，经审单确认与信用证规定相符时，在汇票证明签字承诺到期付款的银行。

10. 转让行

转让行(Transferring Bank)应受益人(在转让信用证时又称为第一受益人)的委托，将可转让信用证转让给信用证的受让人(即第二受益人)的银行。一般由通知行或议付行、付款行或保兑行兼任。

11. 受让人

受让人(Transferee)又称为第二受益人(Second Beneficiary)：接受第一受益人转让，有权使用该信用证的人。

五、信用证的收付程序

信用证的收付程序随信用证类型的不同而有所差异，就其基本流程而言，大体要经过如下几个环节：

(1) 进、出口双方签订买卖合同，在合同支付条款中规定进口商以信用证方式支付货款等。

(2) 进口商向进口地银行(开证行)提出申请(依照合同填写规定和要求，填写开证申请书)，并交纳押金或提供其他保证，申请开立信用证。

(3) 进口地银行(开证行)根据申请书内容，将信用证开抵出口地银行(通知行)。

(4) 出口地银行(通知行)核对印鉴无误后，向出口商通知信用证。

(5) 出口商审核信用证。

(6) 出口商按信用证规定装运货物，开出汇票，并备齐信用证项下单据，提交出口地银行(议付行)。

(7) 出口地银行(议付行)按信用证条款审核单据无误后，按照汇票金额扣除利息，把货款垫付给出口人。

(8) 出口地银行(议付行)缮制交单面函，将单据寄交进口地银行(开证行)，请求偿付。

(9) 进口地银行(开证行)审核单据无误后，向出口地银行(议付行)付款，通知进口人付款赎单。

(10) 进口商向进口地银行(开证行)付款，取得单据(付款赎单)。

业务进展

2009 年 10 月 29 日，浙江盛大机电有限公司收到中国工商银行台州分行国际业务部发来的信用证通知书(单据 2-1)，获悉 HUALON 公司已通过越南东亚银行开立了信用证(单据 2-2)。

单据 2-1：信用证通知书

ADVICE OF LETTER OF CREDIT
信用证通知书

INDUSTRIAL AND COMMERCIAL BANK OF CHINA LIMITED TAIZHOU CITY BRANCH609, SHIFU ROAD, JIAOJIANG, TAIZHOU, ZHEJIANG CHINA
TEL:0576-88588271 FAX: 0576-88588279
SWIFT BIC: ICBKCNBJZJP
WWW.ZJ.ICBC.COM.CN

TO(致): DATE(日期) : 29.OCTOBER 2009
浙江盛大机电有限公司

Our Ref No.(我行通知编号)	: **AV081030903579**	**(PLEASE ALWAYS QUOTE)**
L/C NO 信用证号	: **001LC01093010006**	
DATE OF ISSUE(开证日)	: **28. OCTOBER 2009**	
ISSUER(开证方)	: **DONGA BANK DIST 01 BRANCH HOCHI MINH CITY, VIET NAM**	
L/C AMOUNT(信用证金额)	: **EUR 27,200.00**	
EXPIRY DATE(效期)	: **1. DECEMBER 2009**	
LATEST SHIPMENT DATE(最迟装运期)	: **20. NOVEMBER 2009**	
CHARGE(未付费用)	: **CNY200.00**	

DEAR SIRS, 敬启者：

WE HAVE PLEASURE IN ADVISING YOU THAT WE HAVE RECEIVED FROM THE A/M BANK A LETTER OF CREDIT, CONTENTS OF WHICH ARE AS PER ATTACHED SHEETS. THIS ADVICE AND THE ATTACHD SHEETS MUST ACCOMPANY THE RELATIVE DOCUMENTS WHEN PRESENTED FOR NEGOTIATION.
兹通知贵司，我行收自上述银行信用证一份，现随附通知，贵司交单时，请将本通知书及信用证一并提示。

PLEASE NOTE THAT THIS ADVICE DOES NOT CONSTITUTE OUR CONFIRMATION OF THE ABOVE L/C NOR DOES IT CONVEY ANY ENGAGEMENT OR OBLIGATION ON OUR PART.
本通知书不构成我行对此信用证之保兑及其他任何责任。

THIS L/C CONSISTS OF 3 SHEET(S), INCLUDING THE COVERING LETTER AND ATTACHMENT(S).本信用证连同面函及附件共 3 纸。

IF YOU FIND ANY TERMS AND CONDITIONS IN THE L/C WHICH YOU ARE UNABLE TO COMPLY WITH AND OR ANY ERROR(S), IT IS SUGGESTED THAT YOU CONTACT APPLICANT DIRECTLY FOR NECESSARY AMENDANT(S), SO AS TO AVOID ANY DIFFICULTIES WHICH MAY ARISE WHEN DOCUMENTS ARE PRESENTED.

如本信用证中有无法办到的条款及/或错误，请直接与开证申请人联系进行必要的修改，以排除交单时可能发生的问题。

THIS L/C IS ADVISED SUBJECT TO THE APPLICABLE UCP RULES (ISSUED BY THE ICC) AS STIPULATED IN THE CREDIT.
本信用证之通知系遵循信用证中提及的国际商会跟单信用证统一惯例。

IF YOU HAVE ANY FURTHER QUERIES, PLEASE DON'T HESITATE TO CONTACT US ON THE ABOVE MENTIONED NUMBER.
如果贵司有任何疑问，请按上述业务编号与我行联系。

THIS IS A COMPUTER-GENERATED LETTER, NO SIGNATURE REQUIRED.

单据 2-2：信用证

Own BIC/TID	: II :	ICBKCNBJZJP BIC identified as : INDUSTRIAL AND COMMERCIAL BANK OF CHINA TAIZHOU CITY BRANCH 609, SHIFU ROAD, 318000 TAIZHOU, ZHEJIANG, CHINA
SWIFT Message Type	: MT:	700 ISSUE OF DOCUMENTARY CREDIT
Correspondents BIC/TID	: IO :	EACBVNVXXXX BIC RESOLVED TO DIFFERENT DEPARTMENT EACBVNVX DONGA BANK DIST 04 BRANCH 154-156-158 NGUYEN TAT THANH STREET DIST 04 HO CHI MINH CITY, VIETNAM
Sequence of Total	: 27 :	1/1
Form of Doc.Credit	: 40A:	IRREVOCABLE
Doc.Credit Number	: 20 :	001LC01093010006
Date of Issue	: 31C:	091028
Applicable Rules	: 40E:	UCP LATEST VERSION
Date and Place of Expiry	: 31D:	091201 IN VIETNAM
Initiating Institution	: 51D:	DONGA BANK, DIST 01 BRANCH 56-58 NGUYEN CONG TRU DIST 01, HOCHIMINH CITY, VIETNAM
Applicant	: 50 :	HUALON CO., LTD. 341 NGUYEN CONG TRU ST., DIST 01, HOCHIMINH CITY, VIETNAM TEL/FAX: 84-8-38223848/38241648
Beneficiary	: 59 :	ZHEJIANG SHENDA ELECTRO-MACHINERY CO., LTD HE GUO AIR COMPRESSOR INDUSTRIAL ZONE, WENLING CITY, ZHEJIANG PROVINCE, CHINA
Currency Code, Amount	: 32B:	EUR 27,200.00
Maximum Credit Amount	: 39B:	NOT EXCEEDING
Available with…By…	: 41D:	ANY BANK IN CHINA BY NEGOTIATION
Drafts at…	: 42C:	AT 30 DAYS AFTER SIGHT FOR 100 PCT OF INVOICE VALUE
Drawee	: 42D:	HUALON CO., LTD.
Partial Shipments	: 43P:	NOT ALLOWED
Transshipment	: 43T:	NOT ALLOWED
Place of Taking in Charge/Dispatch From/Place of Receipt	: 44A:	NINGBO, CHINA
Port of Loading/Airport of Departure	: 44E:	NINGBO, CHIN A
Port of Discharge/Airport of Destination	: 44F:	HOCHIMINH CITY PORT, VIETNAM
Place of Final Destination/For Transportation To/Place of Delivery	: 44B:	HOCHIMINH CITY PORT, VIETNAM
Latest Date of Shipment	: 44C:	091120
Description of Goods and/or	: 45A:	600 PCS OF WELDING MACHINE

续

Services	(200 PCS OF BX6 – B – 200 AL AT USD 44.00 PER PC AND 400 PCS OF BX6 – B – 250 AL AT USD 48.00 PER PC) CIF HOCHIMINH CITY PORT (INCOTERMS 2000)AS PER S/C NO. SD091109, DATED OCT.18, 2009. SHIPPING MARKS：HUA SD091109 HOCHIMINH C/NO.:1-UP

Documents Required : 46A：

+ ORIGINAL SIGNED COMMERCIAL INVOICE IN QUADRUPLICATE MADE OUT IN THE NAME OF APPLICANT INDICATING THE ORIGIN OF THE GOODS SHIPPED.
+ 2/3 OF ORIGINAL CLEAN SHIPPED ON BOARD MARINE B/L, MADE OUT TO ORDER OF DONGA BANK, DIST 01 BR, MARKED FREIGHT PREPAID AND NOTIFY APPLICANT.
+ FULL SET 3/3 OF MARINE INSURANCE POLICY / CERTIFICATE ENDORSED IN BLANK FOR 120PCT OF INVOICE VALUE IN THE SAME CURRENCY OF DRAFT, COVERING ALL RISKS AS PER CIC CLAUSES, SHOWING: CLAIM PAYABLE AT HOCHIMINH CITY VIETNAM.
+ PACKING LIST IN TRIPLICATE.
+ ORIGINAL AND COPY OF QUALITY INSPECTION CERTIFICATE ISSUED AND SIGNED BY THE APPLICANT.
+ ONE ORIGINAL(S) AND TWO COPY(S) CERTIFICATE OF ORIGIN ISSUED BY CHINA COUNCIL FOR THE PROMOTION OF INTERNATIONAL TRADE (CCPIT) ATTESTING THAT THE GOODS ARE OF CHINA ORIGIN.
+ COPY OF BENEFICIARY'S FAX SENT TO APPLICANT (FAX NUMBER 0084-8-38241648) WITHIN 2 WORKING DAYS AFTER SHIPMENT DATE, SHOWING SHIPMENT DATE AND PLACE, DISCHARGE PORT OR PLACE, NAME, AGE AND NATIONALITY OF THE VESSEL, VALUE OF THE GOODS, DESCRIPTION OF THE GOODS, TYPE OF PACKAGING, DETAILS OF TRANSHIPMENT IF ANY, GROSS AND NET WEIGHT OF THE GOODS.
+ BENEFICIARY'S CERTIFICATE STATING THAT ONE COPY OF INVOICE, OF PACKING LIST, OF INSURANCE POLICY / CERTIFICATE AND 1/3 ORIGINAL B/L HAVE BEEN SENT DIRECTLY TO THE APPLICANT IMMEDIATELY AFTER SHIPMENT DATE

Additional Conditions : 47A：

+ ALL DOCUMENT MUST BE SHOWN IN ENGLISH
+ ALL DOCS MUST INDICATE THIS L/C NO. AND L/C DATE

Charges	: 71B：	ALL BANKING CHARGES INCLUDING OPENING FEE ARE FOR THE BENEFICIARY'S ACCOUNT
Period for Presentation	: 48：	DOCUMENTS MUST BE PRESENTED FOR NEGOTIATION WITHIN 07 DAYS FROM THE DATE OF SHIPMENT BUT WITHIN THE VALIDITY OF THE CREDIT
Confirmation Instructions	: 49：	WITHOUT

Inst to Paying/Accepting/Negotiating Bank：78：

+ A DISCREPANCY FEE OF USD 44.00 OR EQUIVALENT WILL BE DEDUCTED FROM THE PROCEEDS OF ANY DRAWING IF DOCS PRESENTED WITH DISCREPANCIES.
+ DOCS INCLUDING DRAFT(S) TO BE DESPATCHED TO APPLICANT BANK 56-58 NGUYEN CONG TRU ST., HOCHIMINH CITY, VIETNAM IN ONE LOT BY TNT / DHL
+ ON RECEIPT OF DOCS ALONG WITH DRAFT(S) STRICTLY COMPLYING WITH THE TERMS AND CONDITIONS OF THE CREDIT, THE PROCEEDS WILL BE REMITTED AS INSTRUCTED.

工作任务

假设你是单证员黄菲，请完成以下工作：

(1) 收到信用证之后，读懂来证内容，填写《信用证分析单》，并根据合同分析审核信用证，找出问题条款。

(2) 必要时，向外贸业务员提出改证意见，业务员拟写改证函，要求买方联系开证行进行相应修改。

(3) 收到信用证修改书之后，审核分析修改书内容。

(4) 根据给定的合同、信用证(和信用证修改书)以及其他相关信息，在托运、报检、报关、投保、结算等出口业务环节，制作及申领本业务所需的全套单据。

(5) 做好单据归档工作。

工作内容

步骤一　信用证审核和修改

小贴士

《信用证分析单》是一种把信用证的内容用表格形式进行业务分析的工作单。

填写《信用证分析单》是单证员系统了解信用证内容的一种有效方法。

对于外贸企业来说，单证员填写分析单，将信用证中内容，如开证人、开证行、开证日期、受益人、汇票要求及期限、单据种类及份数、商品描述、包装、运输条款、起运地、目的地、分批、转船、装运期、信用证有效期及其他条款和事项等分门别类地列成表格进行分析，便于分发有关部门，以备用相关人员备货、出运、收证、制单、统计所用，可以加速信用证在出口企业内部的流转。单证员缮制分析单虽然较为费时，但很有意义。

分析单是信用证在出口企业内部流转的方法之一，另还有信用证原本的流转和信用证复印本的流转方法。信用证原本的流转不便于有关部门人员的同时查阅和使用并易于丢失；信用证复印本的流转虽然方便，但涉及有关部门人员所需的项目在查阅上不够醒目和清楚，而分析单的流转在应用上较为便利。

业务进展

黄菲首先熟悉编号为 SD091109 的合同条款；收到信用证之后，仔细阅读信用证条款；并着手填写《信用证分析单》(单据 2-3)，在填写过程中对信用证的信息进行分析、归纳。

单据 2-3：信用证分析单

信用证分析单

1. 信用证文本格式　□ 信开　□ 电开　☑ SWIFT
2. 信用证号码　001LC01093010006
3. 开证日　2009 年 10 月 28 日
4. 到期日　2009 年 12 月 1 日
5. 到期地点　VIETNAM
6. 兑付方式　□ 付款　□ 承兑　☑ 议付
7. 兑付银行　中国的任何银行
8. 信用证金额　NOT EXCEEDING 27,200.00
9. 金额允许增减幅度　/
10. 交单期　装运日后 7 天内，且在信用证的有效期内
11. 开证申请人　HUA LON CO.,LTD.
12. 受益人　ZHEJIANG SHENDA ELECTRO-MACHINERY CO., LTD
13. 开证银行　DONGA BANK　DIST 01 BRANCH
14. 通知银行　INDUSTRIAL AND COMMERCIAL BANK OF CHINA，TAIZHOU BRANCH
15. 货物名称　600 PCS OF WELDING MACHINE((200 PCS OF BX6–B–200 AL AND 400 PCS OF BX6 – B – 250 AL
16. 价格/交货/贸易术语　CIF HOCHIMINH　CITY PORT(INCOTERMS 2000)
17. 最迟装运日　2009.11.20
18. 装运港　Ningbo, China
19. 目的港　Hochiminh city port, Vietnam
20. 分批装运　□ 允许　☑ 不允许
21. 转运　□ 允许　☑ 不允许
22. 运输标志　HUA/ SD091109/ HOCHIMINH/ C/NO.:1-UP
23. 运输方式　☑ 海运　□ 空运　□ 陆运
24. 应向银行提交的单据及具体份数

名称	汇票	发票	装箱单	重量单	尺码单	海运提单	空运提单	货物承运收据	原产地证明	保险单
份数	1 式 2 联	4 份	3 份	/	/	2/3 正本	/	/	1 正 2 副	全套 3 份

名称	检验证书	装船通知	寄单证明	受益人证明	承运人/船公司证明	其他单据
份数	1 份正本+1 份副本	1 份	/	1 份	/	/

25. 单据要求

(1) 汇票
- 金额　发票金额
- 付款期限　见票后 30 天
- 付款人(受票人)　HUALON CO.,LTD

(2) 发票
- 种类　商业发票
- 出具人　/
- 特殊条款　经过签署，以开证申请人为抬头，注明货物原产地

续

(3) 提单
种类　清洁已装船提单
出具人　/
特殊条款　2/3 正本提单，以 DONGA BANK, DIST 01 BR 为抬头，空白背书，标明"运费已付"，被通知方为开证申请人
(4) 包装单据(装箱单/重量单/尺码单)
种类　包装单
出具人　/
特殊条款　/
(5) 原产地证明
种类　原产地证书
出具人　CCPIT
特殊条款　说明货物原产于中国
(6) 检验证书
种类　品质检验证书
出具人　开证申请人
特殊条款　经签署
(7) 保险单
种类　海运保险单或凭证
出具人　/
特殊条款　全套 3/3，　空白背书，按发票金额的 120%投保一切险，显示赔偿偿付地点在 HOCHIMINH CITY VIETNAM
(8) 装船通知
种类　传真副本
出具人　受益人
特殊条款　装船后两个工作日内受益人向开证申请人发出传真，通知装运细节，如装运日期，装运地点，卸货港口或地点，包装类型，转运信息(有的话)，货物毛重和净重
(9) 寄单证明
种类　/
出具人　/
特殊条款　/
(10) 受益人证明
种类　受益人证明
出具人　受益人
特殊条款　申明一份商业发票、装箱单、保险单副本以及 1/3 正本提单已于是装运日后立即寄开 证申请人
(11) 承运人/船公司证明
种类　/
出具人　/
特殊条款　/
(12) 其他单据
种类　/
出具人　/
特殊条款　/
26. 特别条款
(1) 所有单据用英文显示
(2) 所有单据须注明信用证号码
(3) /
27. 银行费用
(1) 所有银行费用包括开证费用均由受益人承担
(2)
(3)

知识链接 2-2

跟单信用证的开证形式与内容

一、信用证的开证形式

按照开立的手段来分，信用证有信开和电开两种不同形式。

1. 信开信用证

信开信用证(Mail Credit)是指开证行用书信格式缮制并通过邮寄方式送达通知行的信用证。

信开信用证是传统的信用证开立形式。信开信用证一般一式两份或两份以上，开证行用函寄方式与其在出口地的代理银行联系，要求该行通知信用证给受益人(出口商)。

2. 电开信用证

电开信用证是指用电讯方式开立和通知的信用证。电开信用证的具体方式还可以进一步分为电报方式、电传方式和 SWFT 方式。

(1) 电报和电传方式下，开证行将信用证内容以加注密押的电报或电传通知出口商所在地的通知行，并且有简电本和全电本两种情况。

简电本(Brief Cable)即将信用证金额、有效期等主要内容用电文预先通知出口商，目的是使出口商早日备货。但由于内容不完整，简电本不是有效的信用证，在简电本后一般都注有“随寄证实书”字样。证实书则是随后寄来的信开信用证。

全电本(Full Cable)是以电文形式开出的完整的信用证。开证行一般会在电文中注明“This is an operative instrument no airmail confirmation to follow.”后面不注有“随寄证实书”字样。这样的信用证是有效的，可以凭以交单议付。

(2) SWIFT 方式是根据“环球同业银行金融电讯协会”(Society for Worldwide Interbank Financial Telecommunication S.C.，S.W.I.F.T.)提供的标准电文格式——MT700 和 MT701 来开立跟单信用证。

二、信用证的内容

信用证作为银行开立给受益人的有条件的付款承诺文件，虽然有不同的形式、格式，各银行惯用的文字语句也有很多差别，但根据 UCP600，其基本内容主要包括以下几个方面。

1. 信用证本身的说明

(1) 跟单信用证的类型。说明可否撤销、转让；是否经另一家银行保兑等。例如：

Irrevocable 不可撤销。在 SWIFT 信用证中，通常显示在 Form of Doc.Credit 40A 一栏。

Transferable 可转让。是否可转让，在 SWIFT 信用证中，应关注 Form of Doc.Credit 40A。

Confirmed 保兑。是否对信用证加具保兑，在 SWIFT 信用证中，应关注 Confirmation Instructions 49 一栏。

(2) 信用证号码 Doc.Credit Number。

(3) 开证日期 Date of Issue。

(4) 到期日和到期地点 Date and Place of Expiry。

(5) 兑付 Availability with…by…。

这一栏是信用证必须记载的，即信用证必须明确规定兑付方式和兑付银行。“with”后规定兑付银行，“by”后规定兑付方式。信用证兑付方式有以下 4 种：①即期付款 by sight payment，指定银行见单即付；②延期付款 by deferred payment，指定银行承担延期付款责任和到期付款；③承兑付款 by acceptance，即指定银行承兑由受益人出具的汇票并到期付款；④议付 by negotiation，即指定银行买入汇票和/或单据，向受益人预付资金，可分为限制性议付(指定议付银行：available with bank of china by negotiation)和自由议付(规定任何银行都可以办理：available with any bank by negotiation)。

2. 信用证的当事人

(1) 开证申请人：Applicant。

(2) 受益人(卖方)：Beneficiary。

(3) 开证行：Opening Bank, Issuing Bank。

(4) 通知行：Advising Bank。

(5) 议付行：Negotiating Bank。

(6) 付款行：Paying Bank。

(7) 偿付行：Reimburing Bank。

(8) 保兑行：Confirming Bank。

3. 信用证的金额、币种

记载信用证的金额、币别(Amount and Currency)代号、增减百分率。

4. 信用证的汇票条款

汇票的金额、到期日。例如：Draft at 30 days after sight for full invoice value。

汇票受票人 Drawee。

汇票出票人 Drawer。

5. 信用证的货物条款

信用证的货物条款(Description of Goods)内容一般包括货物名称、规格、数量、包装、单价以及参考号码(如合同号码 S/C No.、订单号码 Order No.、形式发票号码 Proforma Invoice No.等)。

【例 1】DESCRIPTION OF GOODS: 100% COTTON APRON AS PER S/C NO. AH107

ART.NO.	QUANTITY	UNIT PRICE
49394(014)	2000PIECES	USD1.00
49395(014)	2000PIECES	USD1.00
49396(014)	3500PIECES	USD1.25
49397(015)	4000PIECES	USD1.25

CIF SINGAPORE

货物说明：纯棉围裙，合同号 AH107……

【例 2】 DESCRIPTION OF GOODS: COVERING SHIPMENT OF: 4 ITEMS OF CHINESE CERAMIC DINNERWARE INCLUDING: HX1115 200SETS, HX2012 300SETS, HX4055 500SETS AND HX4510 250SETS
DETAILS IN ACCORDANCE WITH SALES CONFIRMATION NO AHHX0121 DATED APR. 15, 2001
CIF TORONTO CANADA

货物说明：包含 4 种中国陶瓷餐具，即 HX1115 号 200 套、HX2012 号 300 套、HX4055 号 500 套和 HX4510 号 250 套；细节与 2001 年 4 月 15 日所签合同第 AHHX0121 一致，CIF 多伦多，加拿大。

6. 信用证的运输条款

包括装运地和目的地、最迟装运日期、可否分批装运或转运。例如：

Partial Shipments	：43P：ALLOWED
Transshipment	：43T：NOT ALLOWED
Place of Taking in Charge/ Dispatch From/Place of Receipt	：44A：NINGBO, CHINA
Port of Loading/Airport of Departure	：44E：NINGBO, CHINA：
Port of Discharge/Airport of Destination	：44F：HOCHIMINH CITY PORT, VIETNAM
Place of Final Destination/For Transportation To/Place of Delivery	：44B：HOCHIMINH CITY PORT, VIETNAM
Latest Date of Shipment	：44C：2009.11.25

7. 信用证的单据条款

信用证对单据的要求一般主要集中列在“Documents Required”项下，但有时也会在信用证的其他地方出现，例如在“Additional Conditions”或“Special Conditions”中体现，常见的有要求单据显示信用证号码、日期和开证银行等，又如对单据提交的时间的规定体现在交单期限“Period For presentation”上。

单据条款说明要求受益人向银行提交的单据的种类、份数、内容要求等，基本单据包括：商业发票 Commercial Invoice、运输单据(常见的有提单 Bill of Loading)、装箱单/重量单/尺码单 Packing List/Weight List/Measurement List 和保险单或凭证 Insurance Policy or Certificate；其他单据有检验证书、产地证、受益人证明、装船通知副本等。

8. 信用证的其他规定

(1) 附加条款或特别条款 Additional Conditions or Special Conditions。

(2) 银行费用的说明 Charges，即明确银行费用由申请人抑或受益人承担。

(3) 对议付行寄单方式、议付背书和索偿方法的指示 Inst/Paying/Accept/Negotiate Bank。

9. 开证行的保证

通常说明根据 UCP600 开立，以及开证行保证付款的承诺，但电开信用证可以省略。

常见的条款有：

We hereby engage with drawers that draft(s) drawn and negotiated on presentation and that draft(s) accepted within the terms of this credit will be duly honored at maturity. 我行兹对出票人保证：凡按本证条款开具及议付的汇票，一经提交即予承兑；凡依本证条款承兑的汇票，到期即予支付。

We hereby undertake to honor all drafts drawn in accordance with terms of this credit.凡按本信用证所列条款开具并提示的汇票，我行保证承兑。

10. 惯例适用条款

【例 3】SWIFT 信用证中条款 Applicable Rules　: 40E:　UCP LATEST VERSION 适用 UCP 最新版本。

【例 4】This credit is subject to the Uniform Customs and Practice for Documentary Credit (2007 Revision), International Chamber of Commerce publication No.600.本证根据国际商会第 600 号出版物《跟单信用证统一惯例》(2007 年修订)办理。

11. 有权签字人的签名或密押

信开本中的开证行签字 Signature，电开本中的密押 Test Key。

全面准确地理解信用证内容，是审核和修改信用证的前提，更是正确缮制信用证项下单据的前提。

小贴士

信用证是重要的国际贸易结算方式。信用证结算以单证相符为条件，单据的准确程度决定了货款能否顺利收回。但权威的调查结果显示，全球范围内 60%～70%的单据在首次交单时存在不符点。出现上述问题的原因主要在于以下几个方面：

(1) 企业收到信用证后审核不严，对信用证中的含糊之处或自相矛盾的条款、和合同规定不相符或与实际操作有冲突的条款、甚至带有风险的软条款未能及时修改。

(2) 对国际惯例的把握不够细致和准确，对国际商会在信用证方面的最新观点不够了解。

(3) 受业务范围的局限，仅对某地区某客户的信用证条款比较熟悉，但一旦收到其他类型的信用证，制单审单时往往力不从心。

审证的重要性毋庸置疑，上述统计分析也很好地说明了单证员在提高审证能力方面应当努力的方向。

那么，受益人审核信用证的主要依据有哪些？

业务进展

黄菲根据编号为 SD091109 的合同审核编号为 001LC01093010006 的信用证，并结合经验判断，找出如下问题条款。

(1) 信用证到期日(2009 年 12 月 1 日)太早。

点评：鉴于合同规定的最晚装运日期是 2009 年 11 月 30 日，可能造成受益人无法及时交单。

(2) 信用证到期地点规定在越南。

点评：信用证到期地点一般为信用证所指定的交单银行的所在地的国家，以便于受益人交单，避免迟交单。

(3) 受益人名称错误。

点评：

① 如果信用证把受益人的名称写错了，无论如何都必须修改，如果不改，将给受益人造成以下难题：其一，缮制的单据容易出现不符点。有些单据的签署和背书都需要加盖受益人的单位印章，打字可以按照信用证错误信息，单位印章无法随便炮制。其二，结汇款项无法入账。付款凭证上的名称按照信用证错误信息填制的话，就会与银行户头上的“客户名称”不一致，无法顺利入账。

② 如果信用证中受益人的地址错了，只要其国家的名称没有错，就可以不用修改。UCP600 第十四条(10)款有相关规定：当受益人和申请人的地址出现在任何规定的单据上，它们无须与信用证中或在其他规定的单据中所载明的地址相同，但必须在信用证中分别提到的地址的同一国家之内。通讯联系细节(电传、电话、电子邮件及类似联系细节)作为受益人和申请人地址的一部分所作的规定，将不被置理。当申请人的地址和通信联系细节作为收货人或通知人的细节出现在运输单据上时，它们必须与信用证中所规定的相一致。

(4) 信用证货币名称错误。

点评：合同总金额为 USD27,200.00，货币为美元，信用证上显示 EUR，欧元。

(5) 汇票的付款期限。

点评：合同的支付条款规定，买方开立不可撤销即期付款信用证(The buyer should open through a bank acceptable to the seller an irrevocable letter of credit payable at sight…)，而信用证规定汇票的付款期限为见票后 30 天(30 days after sight)，与合同规定不符，将影响受益人的经济利益。

(6) 汇票受票人为开证申请人。

点评：信用证条款上显示汇票受票人为开证申请人 HUALON CO.,LTD.。UCP600 第六条(3)款规定：信用证不得开成凭以申请人为付款人的汇票兑用。即期付款信用证项下，如果要求汇票，则汇票受票人(付款人)是指定的付款行；在承兑信用证项下，汇票受票人是指定的承兑行；在议付信用证项下，如果要求汇票，则汇票受票人是开证行或除议付行以外的其他银行，如有时候可以保兑行作为受票人。

(7) 分批装运不允许。

点评：合同装运条款中规定允许分批装运，信用证条款规定不允许，与合同不相符。

(8) 最迟装运日与合同不符。

点评：合同装运条款中规定最迟装运日为 2009 年 11 月 30 日，信用证条款规定最迟装运日为 2009 年月 11 月 25 日，与合同不相符。容易造成受益人无法在规定期限内完成装运。

(9) 货物描述与合同不符。

点评：合同中规定 BX6-B-200 AL 400 件，BX6-B-250 AL 200 件，信用证刚好相反，与合同规定不符。

(10) 提交 2/3 提单以及受益人证明中的 1/3 正本提单寄开证申请人不妥当。

点评：受益人证明条款中规定“1/3 正本提单直接寄开证申请人”，无法保证出口商在收款之前掌握货权，是软条款。应当把需提交银行的提单份数改为 3/3，1/3 正本提单改为一份提单副本。

(11) 保险加成和合同规定不符。

点评：信用证中保险单据条款中规定“保险金额按发票金额的 120% 计算”，而合同中规定“卖方投保时按商业发票的 110%投保”，与合同不一致。

(12) 由开证申请人出具质量检测证书是软条款。

点评：信用证中单据条款中规定“ORIGINAL AND COPY OF QUALITY INSPECTION CERTIFICATE ISSUED AND SIGNED BY THE APPLICANT”，即由开证申请人出具并签署的质量检测证书正本和副本各一份，由于这样的规定，开证申请人如果以产品质量不合格为由拒绝出具质量检测合格证书，受益人则无法顺利交单议付，所以对受益人存在一定的潜在风险。这种类型的条款俗称“软条款”(Soft Clause)。

(13) 开证费用不应由受益人负担。

点评：信用证 71B 规定“ALL BANKING CHARGES INCLUDING OPENING FEE ARE FOR THE BENEFICIARY’S ACCOUNT”，即所有银行费用包括开证费用都由受益人承担，根据贸易惯例，出口方银行费用由受益人承担，进口方银行费用由开证申请人承担，因此开证费用不应由受益人负担。

(14) 交单期太短。

点评：信用证条款 48 规定“DOCUMENTS MUST BE PRESENTED FOR NEGOTIATION WITHIN 07 DAYS FROM THE DATE OF SHIPMENT BUT WITHIN THE VALIDITY OF THE CREDIT”，即受益人应当在装运日后 7 天并且在信用证有效期内交单议付。这个条款比较常见的规定是装运日后 15 天并且在信用证有效期内交单议付。

知识链接 2-3

信用证审核(审证)

一、审核信用证的意义

信用证支付方式对于出口商来讲，其最大的优越性在于，只要出口商提交的单据完全符合信用证的规定，就可以获得开证行的付款。因此，在执行出口合同的过程中，认真细致地对国外开来的信用证进行审核就成为关系到出口商是否能够安全及时收取货款的关键一环。只有仔细审证，才能及早发现信用证中存在的问题，以便通知开证申请人办理修改信用证手续；同时出口方在制单时，严格按信用证条款，才能确保提交的单据做到“单证相符”、“单单相符”，以便顺利收汇。

信用证的审核是一项原则性和技术性都很强的工作。

二、信用证审核的依据

出口商审核信用证时的主要依据是国内的有关政策和规定，交易双方成交的合同、国际商会的第 600 号出版物，即 UCP600 以及实际业务操作中出现的具体情况。

三、信用证的审核内容

审核信用证是银行和出口企业共同承担的任务，但银行和出口企业对信用证的审核却各有侧重：其中银行着重审核开证行的政治背景、资信能力、付款责任和索汇路线等方面的内容，它的审核与买卖合同无关，如通知行只负责核对信用证的真实性，对其传递的完整性负责，而不审核信用证的具体内容；而出口企业则是以货物买卖合同为依据，将信用证条款与合同条款逐项逐句进行对照，审核信用证内容与买卖合同条款是否一致，以及信用证条款(合同未涉及)的合理性和可操作性。

1. 受益人审核信用证的要点

(1) 检查信用证的付款保证是否有效。应注意有下列情况之一的，就不是一项有效的付款保证或该项付款保证是存在问题的：

① 信用证明确表明是可以撤销的。此信用证由于无须通知受益人或未经受益人同意可以随时撤销或变更，应该说对受益人是没有付款保证的，对于此类信用证，一般不予接受；信用证中如没有表明该信用证是否可以撤销，按照UCP600的规定，应理解是不可以撤销的。

② 应该保兑的信用证未按要求由有关银行进行保兑。

③ 有条件的生效的信用证，如“待获得进口许可证后才能生效”。

④ 信用证密押不符。

⑤ 信用证简电或预先通知。

⑥ 由开证人直接寄送的信用证。

⑦ 由开证人提供的开立信用证申请书。

(2) 检查信用证的付款时间是否与有关合同规定相一致。应特别注意下列情况：

① 信用证中规定有关款项须在向银行交单后若干天内或见票后若干天内付款等情况。对此，应检查此类付款时间是否符合合同规定或公司的要求。

② 信用证在国外到期。规定信用证国外到期，有关单据必须寄送国外，由于无法掌握单据到达国外银行所需的时间且容易延误或丢失，有一定的风险，通常要求在国内交单/付款。在来不及修改的情况下，必须提前一个邮程(邮程的长短应根据地区远近而定)以最快方式寄送。

(3) 检查信用证受益人和开证人的名称和地址是否完整和准确。受益人应特别注意信用证上的受益人名称和地址应与其印就好的文件上的名称和地址内容相一致。但如果受益人的名称不正确，将会给今后的收汇带来不便。还要检查开证人的名称和地址写法是不是也完全正确。

(4) 检查装运期限的有关规定是否符合要求。若运输单据日期与信用证规定装期不符，将构成不符点，银行有权不付款。检查信用证规定的装期应注意以下几点：

① 能否在信用证规定的装期内备妥有关货物并按期出运；如来证收到时离装期太近，无法按期装运，应及时与客户联系修改。

② 实际装期与信用证效期。信用证有效期一般应与装运期有一定的合理间隔(10～15天)，以便受益人在装运货物后，有充足的时间办理制单结汇手续。若有效期与装运期为同一天，即“双到期”，此时如能提前安排装运，在有效期前完成制单结汇，是完全可以接受的。

③ 装运期不能使用“迅速、立即、尽快”及类似语句，一旦使用，银行将不予以理会。

④ 信用证中规定了分批出运的时间和数量，应注意能否办到，否则，任何一批未按期出运，以后各期即告失效。

(5) 检查交单期限，确认能否在信用证规定的交单期交单。如来证中规定向银行交单的日期不得迟于提单日期后若干天，如果过了限期或单据不齐有错漏，银行有权不付款。交单期通常按下列原则处理：

① 信用证有规定的，应按信用证规定的交单期向银行交单。

② 信用证没有规定的，向银行交单的日期不得迟于提单日期后 21 天。

应充分考虑办理下列事宜对交单期的影响：生产及包装所需的时间，内陆运输或集港运输所需时间，进行必要的检验如法定商检或客检所需的时间，申领出口许可证/FA、产地证所需的时间，报关查验所需的时间，船期安排情况、申领检验证明书所需的时间，制造、整理、审核信用证规定的文件所需的时间及单据送交银行所需的时间。

信用证有效期或交单期如遇收单银行的法定假日，则可顺延，而装运期则不能；若装运期前有 TO、UNTILL、TILL、FROM，则所述日期应包括在内，而 AFTER 则不包括，上半月一般是指 1～15 日，下半月一般是指 16 日至该月最后一天，“于”或“约”则是指在该日期之前 5 天至该日期之后 5 天在内的共计 11 天。

(6) 检查信用证的通知方式是否安全可靠。信用证一般是通过受益人所在国家或地区的通知/保兑行通知给受益人的。这种方式的信用证通知比较安全；如果不是这样寄交的，遇到下列情况之一的应特别注意：

① 信用证是直接从海外寄来的，那么应该小心查明它的来历。

② 信用证是从本地某个地址寄出，要求把货运单据寄往海外，但并不了解指定的银行。对于上述情况，应该首先通过银行调查核实。

(7) 检查信用证的金额、币制是否符合合同规定。主要检查内容有：

① 信用证金额和币制是否正确。

② 如果合同中规定货物数量可以有一定幅度的增减，那么信用证也应相应规定在支付金额时允许有一定幅度。

(8) 检查货物描述是否与合同规定相一致。审核信用证中货物的名称、货号、规格、数量、包装、合同号码、订单号码、货物单价(包括贸易术语)等内容与合同是否一致。检查货物数量规定时应注意以下几点：

① 除非信用证规定数量不得有增减，否则，在付款金额不超过信用证金额的情况下，货物数量可以容许有 5%的增减。

② 特别注意的是以上提到的货物数量可以有 5%增减的规定一般适用于大宗货物，对于以包装单位或以个体为计算单位的货物不适用。

(9) 对运输条款的审核。

① 起运港(地)与目的港(地)是否与合同相符。

② 关于货物是否允许分批装运和转运的规定。

除信用证另有规定外，货物是允许分批装运的。

除信用证另有规定外，货物是允许转运的。

特别注意：如信用证中规定了每一批货物出运的确切时间，则必须按此照办，如不能办到，必须修改。

如贸易两国之间无直达船，信用证必须允许转运；若信用证“允许分批装运”，但卖方交货时一船即可装完，没有分批装运，此时银行不能拒绝议付交单，而如果信用证规定“分期装运”，银行就可以拒绝议付。

③ 关于运输工具和运输路线的审核：按照惯例，买方不能对船舶进行限制。而一般信奉伊斯兰教的阿拉伯国家都限制使用以色列船只，规定船舶不能停靠以色列港口，不悬挂以色列国旗；其他国家对于运输路线，一般没有限制，只要合理即可接受。

(10) 检查银行费用条款。银行费用包括开证费、通知费、保兑费、议付费、修改费、邮费及电报费等。关于银行费用承担问题，进出口方可在谈判期间明确下来，如果事先未商定，一般进口方银行的费用由开证申请人承担，出口银行的费用由受益人承担，或者是开证行所在国以外的费用由出口商负担。

(11) 检查信用证规定的单据条款是否合理。单据条款作为信用证的一个重要部分，是受益人交单和银行审单的依据，对买卖双方都很重要。因此需要仔细审核信用证的单据条款，包括对单据名称、数量以及具体内容的规定是否和合同相符，特别要注意如下一些软条款(陷阱条款)：

① 商业发票经买方复签生效 Countersigned by Buyer。

② 1/3 正本提单直接寄给买方，如果接受此条款，受益人将随时面临货、款两空的危险。

③ 将客检证书作为议付文件的条款。接受此条款，受益人正常处理信用证业务的主动权很大程度上掌握在对方手里，影响安全收汇。

还要审核单据条款中是否包含与信用证其他信息相矛盾的地方。例如，明明是空运，却要求提供海运提单；明明价格条款是 FOB，保险应由买方办理，而信用证中却要求提供保险单。

(12) 对信用证空白处、边缘处加注的文字、缮写或橡皮戳记加注字句的审核。信用证空白处、边缘处加注的字句，往往是对信用证内容的重要补充或新的修改，因此不能大意，必须要认真对待。

(13) 检查信用证是否受 UCP600 约束。明确信用证受国际商会丛刊第 600 号“跟单信用证统一惯例解释通则”的约束，可以在具体处理信用证业务中，对于信用证的有关规定有一个公认的解释和理解，避免因对某一规定的不同理解产生的争议。

2. 银行审核信用证的主要范围

(1) 从政策上审核。包括开证行所在国是否与我国有往来关系，对我国政治态度如何，开证行的政治背景，该行对我国是否持友好态度，信用证中是否有歧视性内容等。如将中国(P.R.O.C.)误为中华民国(R.O.C.)；出口人发制品，要求提供动物检验证明等。

(2) 对开证行的经营作风和资信情况进行审查。审核信用证的金额是否与开证行的资信状况相称，如是保兑信用证，对保兑行的资信情况也要审查。一般地，银行开立信用证的最高金额是其总资产的 15/10000，超出此金额则信用证付款就没有保证，而对世界排名前五百位的大银行一般则无金额控制。资信状况较好的银行有：J P CHASE MORGIN BANK(原美国大通银行)、花旗银行、日本东京三菱银行、住友三井银行、英国巴克莱银行、米兰银行等。

(3) 索汇路线是否合理。如果索汇路线和索汇方法迂回曲折，就会影响到收汇时间甚至不能安全收汇。如某银行开立的美元信用证，由美国之外的分行偿付或付款，这样收汇速度就较慢，对卖方不利。一般就需要提请修改，而信用证如果是韩国银行所开，一般则得不到修改。

(4) 对信用证性质和开证行付款责任的审查。信用证的付款责任取决于信用证的种类，不能接受来证上有“可撤销”字样的信用证。对有些信用证，尤其是意大利的来证，虽然注明“不可撤销”，但同时注明“THIS L/C WILL BE EFFECTIVE UPON IMPORT LICENCE/SAMPLE ARRIVING...(以领到进口许可证/样品后通知时方能生效)”或“UNDER SEPARATE COVER(另函详)”等限制性的条款，只能在接到生效通知书或信用证详细条款后才能使用。

(5) 如信用证是来自与我国签有支付协定的国家，要审查信用证的内容是否与支付协定的规定相符，如古巴、俄罗斯、朝鲜、伊朗、伊拉克等国家开来的信用证。

(6) 审核信用证的印鉴、密押是否相符。凡是信开信用证都须审核印鉴是否相符，电开信用证须核对密押是否正确，但对于通过 SWIFT 开立的信用证，则无须核对密押。

(7) 审核信用证的有效期和到期地点。有效期和到期地点直接关系到我国出口商和银行能否及时交单和索汇，因此信用证有效期应与合同的运输问题相协调，有效期一般要比装运期晚 15 天左右。另外，因银行和出口商通常难以准确地控制寄单所需时间，这样容易发生交单延误，故一般不能接受在国外开证行所在地到期的信用证。目前随着邮递业务的发展，寄单时间一般都能控制，所以在开证行所在地到期的信用证也可以接受，但要注意交单时必须要提前一个邮程的时间，如港澳 2～3 天、欧美 5～7 天等。

(8) 审核信用证条款之间是否相互矛盾。信用证条款应前后一致，不能相互矛盾，采用 CFR、CPT、FOB 等术语的情况下，就不能同时还要求卖方提供保险单；CIF 术语情况下，疏漏对保险单的要求；空运方式要求投保海运险等，都是错误的。

业务进展

单证员黄菲向外贸业务员提出如下修改意见：

(1) 信用证有效期和交单地点应该改为“2009 年 12 月 15 日”和“中国”。

(2) 信用证受益人名称“SHENDA”错误，应该改为“SHENGDA”。

(3) 信用证货币错误，“EUR”应该改为“USD”。

(4) 信用证中的汇票的付款期限“AT 30 DAYS AFTER SIGHT”应改为“AT SIGHT”。

(5) 信用证中汇票受票人“HUALON CO.,LTD.”，应改为“DONGA BANK, DIST O1 BRANCH”。

(6) 信用证中分批装运条款“NOT ALLOWED”，应改为“ALLOWED”。

(7) 信用证中最迟装运日“091120”，应改为“091130”。

(8) 信用证中货物描述“200 PCS OF BX6-B-200 AL AT USD 44.00 PER PC AND 400 PCS OF BX6-B-250 AL AT USD 48.00 PER PC”，应该改为“400 PCS OF BX6-B-200 AL AT USD 44.00 PER PC AND 200 PCS OF BX6-B-250 AL AT USD 44.00 PER PC”。

(9) 信用证中单据条款的规定“2/3 提单”、“受益人证明中的 1/3 提单正本寄开证申请人”，应该分别改为“3/3 提单”、“一份提单副本”。

(10) 信用证中对保险金额的规定“FOR 120PCT OF INVOICE VALUE”，应改为“FOR 110 PCT OF INVOICE VALUE”。

(11) 信用证中对单据条款的规定“ORIGINAL AND COPY OF QUALITY INSPECTION CERTIFICATE ISSUED AND SIGNED BY THE APPLICANT”，应删除，并增加“ORIGINAL AND COPY OF QUALITY INSPECTION CERTIFICATE ISSUED AND SIGNED BY THE BENEFICIARY”，或者...BY CHINA ENTRY-EXIT INSPECTION AND QUARANTINE BUREAU”。

(12) 开证费用不应由受益人负担，“ALL BANKING CHARGES INCLUDING OPENING FEE ARE FOR THE BENEFICIARY’S ACCOUNT”应改为“ALL BANKING CHARGES OUTSIDE VIETNAM ARE FOR THE BENEFICIARY’S ACCOUNT”。

(13) 信用证中交单期“WITHIN 07 DAYS FROM THE DATE OF SHIPMENT”，应改为“WITHIN 15 DAYS FROM THE DATE OF SHIPMENT”。

知识链接 2-4

改 证

一、改证的常见情形

1. 开证错误

因信用证条款与外贸合同条款不一致或存在软条款等开证错误，要求修改信用证。

2. 受益人要求展期

受益人由于货源不足、生产事故、运输脱节、社会动乱、开证申请人未能在合同规定期限内把信用证开到等原因无法如期装运要求展期，展期涉及装运期和信用证截止日。

3. 开证申请人要求增加商品数量和金额

由于信用证项下的商品在开证申请人所在国很畅销，为了能够获得更多的货源，与受益人协商后，开证申请人向开证行提出增加商品数量和金额的改证申请。

二、改证的原则

对于审证后发现的信用证问题条款，受益人应遵循“利己不损人”的原则进行。即受益人改证既不影响开证申请人正常利益，又能维护自己的合法利益。具体来讲，有以下 5 种常见的处理原则：

(1) 对我方有利但又不影响对方利益的问题条款，一般不改。

(2) 对我方有利但会严重影响对方利益的问题条款，一定要改。

(3) 对我方不利但在不增加或基本不增加成本的情况下可以完成的问题条款，可以不改。

(4) 对我方不利又要在增加较大成本的情况下可以完成的问题条款，若对方愿意承担成本，则不改；否则，要改。

(5) 对我方不利且若不改会严重影响安全收汇的问题条款，则坚决要改。

三、改证操作与 UCP600

1. 信用证与 UCP600

(1) UCP600 第九条(2)款规定，通知行通知信用证或其修改的行为表示其已确信信用证或修改的表面真实性，而且其通知准确地反映了其收到的信用证或修改的条款。

(2) UCP600 第九条(3)款规定，通知行可以通过另一银行(“第二通知行”)向受益人通知信用证及修改。第二通知行通知信用证或修改的行为表明其已确信收到的通知的表面真实性，并且其通知准确地反映了收到的信用证或修改的条款。

(3) UCP600 第九条(4)款规定，经由通知行或第二通知行通知信用证的银行必须经由同一银行通知其后的任何修改。

(4) UCP600 第九条(5)款规定，如一银行被要求通知信用证或修改但其决定不予修改，则应毫不延误地告知自其处收到信用证、修改或通知的银行。

(5) UCP600 第九条(6)款规定，如一银行被要求通知信用证或修改但其不能确信信用证、修改或通知的表面真实性，则应毫不延误地通知看似从其处收到指示的银行。如果通知行或第二通知行决定仍然通知信用证或修改，则应告知受益人或第二通知行其不能确信信用证、修改或通知的表面真实性。

(6) UCP600 第十条(4)款规定，通知修改的银行应将任何接受或拒绝的通知转告发出修改的银行。

2. 开证行、保兑行改证责任与 UCP600

UCP600 第十条(2)款规定，开证行发出修改之时起，即不可撤销地受其约束。保兑行可将其保兑扩展至修改，并自通知该修改之时，即不可撤销地受其约束。但是，保兑行可以选择将修改通知受益人而不对其加具保兑。若然如此，其必须毫不延误地将此告知开证行，并在其给受益人的通知中告知受益人。

3. 改证生效与 UCP600

(1) UCP600 第十条(1)款规定，除第三十八条另有规定者外，未经开证行、保兑行(如有的话)及受益人同意，信用证既不得修改，也不得撤销。

(2) UCP600 第十条(3)款规定，在受益人告知通知修改的银行其接受该修改之前，原信用证(或含有先前被接受的修改的信用证)的条款对受益人仍然有效。受益人应提供接受或拒绝修改的通知。如果受益人未能给予通知，当交单与信用证以及尚未表示接受的修改的要求一致时，即视为受益人已做出接受修改的通知，并且从此时起，该信用证被修改。

(3) UCP600 第十条(5)款规定，对同一修改的内容不允许部分接受，部分接受将被视为拒绝修改的通知。

(4) UCP600 第十条(6)款规定，修改中关于“除非受益人在某一时间内拒绝修改否则修改生效”的规定应被不予理会。

四、改证流程

(1) 受益人给开证申请人发改证函，协商改证事宜。

(2) 协商一致后，开证申请人填写改证申请书，向开证行提出改证申请。

(3) 开证行同意后，向信用证的原通知行发信用证修改书，即 MT707。

(4) 原通知行(信用证修改通知必须经过原证的通知行通知给受益人)向受益人发信用证修改通知和信用证修改书。

小贴士

改证注意事项如下：

(1) 凡是需要修改的内容，应做到一次性向对方提出，避免多次修改信用证，既节省时间又避免增加双方的手续和费用。

(2) 对于不可撤销信用证中任何条款的修改，都必须取得当事人的同意后才能生效。

(3) 收到信用证修改后，应及时检查修改内容是否符合要求，并分情况表示接受或重新提出修改。同一修改书的内容，要么全部接受，要么全部拒绝，对修改书的部分接受是无效的。

(4) 有关信用证修改必须通过原信用证通知行才真实，有效；通过买方直接寄送的修改申请书或修改书复印件不是有效的修改。

(5) 明确修改费用由谁承担。一般按照责任归属来确定修改费用由谁承担。

业务进展

2009 年 10 月 30 日，浙江盛大机电有限公司的外贸业务员采纳了单证员黄菲的改证建议，向越南 HUALON 公司发出改证函，次日，HUALON 公司同意改证要求，向开证行 DONGA BANKT 提出改证申请。

2009 年 11 月 2 日，中国工商银行台州分行联系浙江盛大机电有限公司的外贸单证员黄菲，通知其东亚银行的信用证修改书(单据 2-4)已到。

单据 2-4：信用证修改书

MT 707		AMENDMENT OF A DOCUMENTARY CREDIT
SENDER		DONGA BANK-DIST 01 BRANCH
RECEIVER		INDUSTRIAL AND COMMERCIAL BANK OF CHINA LIMITED TAIZHOU CITY BRANCH
SENDER'S REFERENCE	20	: DONGA BANK
RECEIVER'S REFERENCE	21	: NON
NUMBER OF AMENDMENT	26E	: 01
DATE OF AMENDMENT	30	: 091102
BENEFICIARY(BEFORE THIS AMENDMENT)	59	: ZHEJIANG SHENGDA ELECTRO-MACHINERY CO.,LTD. HE GUO AIR COMPRESSOR INDUSTRIAL ZONE,WENLING CITY, ZHEJIANG PROVINCE, CHINA
NEW DATE AND PLACE OF EXPIRY	31E	: DATE 2009.12.15 PLACE IN CHINA
NEW DOC. CREDIT AMOUNT AFTER AMENDMENT	34B	: CURRENCY USD AMOUNT 27,200.00
LOADING ON BOARD/ DISPATCH/ TAKING IN CHARGE AT/ FROM	44A	: NINGBO PORT CHINA
NARRATIVE	79	:

++ UNDER FIELD 42 C

AMEND "AT 30 DAYS AFTER SIGHT" TO "AT SIGHT FOR 100 PCT OF INVOICE VALUE"

++ UNDER FIELD 42D

AMEND "HUALON CO., LTD." TO "DONGA BANK, DIST 01 BRANCH"

++ UNDER FIELD 43P

AMEND "NOT ALLOWED" TO "ALLOWED"

++ UNDER FIELD 44C

AMEND " 091120" TO "091130"

++ UNDER FIELD 45A

AMEND "400 PCS" TO "200 PCS"

AMEND "200 PCS" TO "400 PCS"

++ UNDER FIELD 46A

AMEND "2/3" TO "3/3"

AMEND "1/3 ORIGINAL B/L" TO "ONE COPY OF B/L"

AMEND "FOR 120PCT OF INVOICE VALUE" TO "FOR 110PCT OF INVOICE VALUE"

DELETE THE CLAUSE "ORIGINAL AND COPY OF QUALITY INSPECTION CERTIFICATE ISSUED AND SIGNED BY THE APPLICANT", AND ADD THE CLAUSE "ORIGINAL AND COPY OF QUALITY INSPECTION CERTIFICATE ISSUED AND SIGNED BY THE BENEFICIARY"

++ UNDER FIELD 71B

AMEND "ALL BANKING CHARGES INCLUDING OPENING FEE ARE FOR THE BENEFICIARY'S ACCOUNT" TO "ALL BANKING CHARGES OUTSIDE VIETNAM ARE FOR THE BENEFICIARY'S ACCOUNT"

++ UNDER FIELD 48

AMEND "WITHIN 07 DAYS FROM THE DATE OF SHIPMENT" TO "WITHIN 15 DAYS FROM THE DATE OF SHIPMENT"

ALL OTHER TERMS AND CONDITIONS REMAIN UNCHANGED

小贴士

信用证经过修改之后，信用证的修改和原证构成有效的信用证整体。

业务进展

黄菲审核信用证修改书，发现其内容已基本按照所提意见进行修改，于是向业务员建议接受修改书。

在接受改证后，信用证修改书的内容替代了原信用证对应条款并使其失效，成为原信用证的组成部分。为了方便学习，现将修改书内容替代原信用证相应条款，产生一份新的信用证(见单据 2-5，实际业务中并不存在)。

单据 2-5：信用证

Own BIC/TID	：II:	ICBKCNBJZJP BIC identified as: INDUSTRIAL AND COMMERCIAL BANK OF CHINA TAIZHOU CITY BRANCH 609, SHIFU ROAD, 318000 TAIZHOU, ZHEJIANG, CHINA
SWIFT Message Type	：MT:	700 ISSUE OF DOCUMENTARY CREDIT
Correspondents BIC/TID	：IO ：	EACBVNVXXXX BIC RESOLVED TO DIFFERENT DEPARTMENT EACBVNVX DONGA BANK DIST.04 BRANCH 154-156-158 NGUYEN TAT THANH STREET DIST 4. HO CHI MINH CITY, VIETNAM
Sequence of Total	：27 ：	1/1
Form of Doc.Credit	：40A:	IRREVOCABLE
Doc.Credit Number	：20 ：	001LC01093010006
Date of Issue	：31C:	2009.10.28
Applicable Rules	：40E:	UCP LATEST VERSION
Date and Place of Expiry	：31D:	2009.12.15　IN CHINA
Initiating Institution	：51D:	DONGA BANK-DIST 01 BRANCH 56-58 NGUYEN CONG TRU DIST 01, HOCHIMINH CITY, VIETNAM
Applicant	：50 ：	HUALON CO.,LTD 331 NGUYEN CONG TRU ST., DIST 01, HOCHIMINH CITY, VIETNAM TEL/FAX：84-8-38223848/38241648
Beneficiary	：59 ：	ZHEJIANG SHENGDA ELECTRO-MACHINERY CO.,LTD HE GUO AIR COMPRESSOR INDUSTRIAL ZONE, WENLING CITY, ZHEJIANG PROVINCE, CHINA
Currency Code, Amount	：32B:	USD 27,200.00
Maximum Credit Amount	：39B:	NOT EXCEEDING
Available with…By…	：41D:	ANY BANK BY NEGOTIATION
Drafts at…	：42C:	SIGHT FOR 100 PCT OF INVOICE VALUE
Drawee	：42D:	DONGA BANK, DIST 01 BRANCH
Partial Shipments	：43P:	ALLOWED
Transshipment	：43T:	NOT ALLOWED
Place of Taking in Charge/Dispatch From/Place of Receipt	：44A:	NINGBO, CHINA
Port of　Loading/Airport of Departure	：44E:	NINGBO, CHIN A:
Port of Discharge/Airport of Destination	：44F:	HOCHIMINH CITY PORT, VIETNAM
Place of Final Destination/For Transportation To/Place of Delivery	：44B:	HOCHIMINH CITY PORT, VIETNAM

续

Latest Date of Shipment : 44C: 2009.11.30

Description of Goods and/or Services : 45A: 600 PCS OF WELDING MACHINE (400 PCS OF BX6– B–200 AL AT USD 44.00 PER PC AND 200 PCS OF BX6–B–250 AL AT USD 48.00 PER PC)
CIF HOCHIMINH (INCOTERMS 2000)
AS PER S/C NO. SD091109, DATED OCT. 18, 2009
SHIPPING MARKS: HUA
SD091109
HOCHIMINH
C/NO.:1-UP

Documents Required : 46A:

+ ORIGINAL SIGNED COMMERCIAL INVOICE IN QUADRUPLICATE MADE OUT IN THE NAME OF APPLICANT INDICATING THE ORIGIN OF THE GOODS SHIPPED.
+ 3/3 OF ORIGINAL CLEAN SHIPPED ON BOARD MARINE B/L, MADE OUT TO ORDER OF DONGA BANK, DIST 01 BR, MARKED FREIGHT PREPAID AND NOTIFY APPLICANT.
+ FULL SET 3/3 OF MARINE INSURANCE POLICY / CERTIFICATE ENDORSED IN BLANK FOR 110PCT OF INVOICE VALUE IN THE SAME CURRENCY OF DRAFT, COVERING ALL RISKS AS PER CIC CLAUSES, SHOWING: CLAIM PAYABLE AT HOCHIMINH CITY VIETNAM.
+ PACKING LIST IN TRIPLICATE.
+ ORIGINAL AND COPY OF QUALITY INSPECTION CERTIFICATE ISSUED AND SIGNED BY THE BENEFICIARY.
+ ONE ORIGINAL(S) AND TWO COPY(S) CERTIFICATE OF ORIGIN ISSUED BY CHINA COUNCIL FOR THE PROMOTION OF INTERNATIONAL TRADE (CCPIT) ATTESTING THAT THE GOODS ARE OF CHINA ORIGIN.
+ COPY OF BENEFICIARY'S FAX SENT TO APPLICANT (FAX NUMBER 0084-8-38241648) WITHIN 2 WORKING DAYS AFTER SHIPMENT DATE, SHOWING SHIPMENT DATE AND PLACE, DISCHARGE PORT OR PLACE, NAME, AGE AND NATIONALITY OF THE VESSEL, VALUE OF THE GOODS, DESCRIPTION OF THE GOODS, TYPE OF PACKAGING, DETAILS OF TRANSHIPMENT IF ANY, GROSS AND NET WEIGHT OF THE GOODS
+ BENEFICIARY'S CERTIFICATE STATING THAT ONE COPY OF INVOICE, OF PACKING LIST, OF INSURANCE POLICY / CERTIFICATE AND ONE COPY OF B/L HAVE BEEN SENT DIRECTLY TO THE APPLICANT IMMEDIATELY AFTER SHIPMENT DATE

Additional Conditions : 47A:

+ ALL DOCUMENT MUST BE SHOWN IN ENGLISH
+ ALL DOCS MUST INDICATE THIS L/C NO. AND L/C DATE

Charges : 71B: ALL BANKING CHARGES OUTSIDE VIETNAM ARE FOR THE BENEFICIARY'S ACCOUNT

Period for Presentation : 48 : DOCUMENTS MUST BE PRESENTED FOR NEGOTIATION WITHIN 15 DAYS FROM THE DATE OF SHIPMENT BUT WITHIN THE VALIDITY OF THE CREDIT

Confirmation Instructions : 49 : WITHOUT

Inst to Paying/Accepting/Negotiating Bank : 78 :

+ A DISCREPANCY FEE OF USD 44.00 OR EQUIVALENT WILL BE DEDUCTED FROM THE PROCEEDS OF ANY DRAWING IF DOCS PRESENTED WITH DISCREPANCIES.
+ DOCS INCLUDING DRAFT(S) TO BE DESPATCHED TO APPLICANT BANK 56-58 NGUYEN CONG TRUST., HOCHIMINH CITY, VIETNAM IN ONE LOT BY TNT/DHL
+ ON RECEIPT OF DOCS ALONG WITH DRAFT(S) STRICTLY COMPLYING WITH THE TERMS AND CONDITIONS OF THE CREDIT, THE PROCEEDS WILL BE REMITTED AS INSTRUCTED.

在学习情境一中，我们已经完成了一笔以 TT 为结算方式的出口业务下的单证工作，对工作流程有个大致的了解。除了要进行信用证审核和修改(必要时)，信用证结算方式下单证工作流程与其相比，有哪些区别，你将如何安排你的工作，可否制作一个制单方案(计划)，来指导你的工作？

以下步骤仅作参考，实际工作中顺序可能有所变化。

步骤二　制作商业发票和包装单据

业务进展

2009 年 10 月 12 日，外贸单证员黄菲致电生产车间，获得 S/C No.:SD091109 项下电焊机的货物的实际出运信息(表 2-1)。

表 2-1　出运信息

品名	货号	包装件数	净重	毛重	总净重	总毛重	包装规格(CM)	体积(CBM)
电焊机	BX6-B-200AL	400箱	23kgs	24kgs	9200kgs	9600kgs	40×32×31	15.872
电焊机	BX6-B-250AL	200箱	25kgs	26kgs	5000kgs	5200kgs	45×32×31	8.928

黄菲根据信用证、合同内容缮制商业发票(单据 2-6)。

单据 2-6：商业发票

ZHEJIANG SHENGDA ELECTRO-MACHINERY CO., LTD
HE GUO AIR COMPRESSOR INDUSTRIAL ZONE, WEN LING CITY, ZHE JIANG PROVINCE, CHINA
TEL : 86-576-86402208 FAX: 86-576-86402288

COMMERCIAL INVOICE

TO: HUALON CO., LTD
331 NGUYEN CONG TRU ST., DIST 01,
HOCHIMINH CITY, VIETNAM
TEL: 84-8-38223848/38212528 FAX: 84-8-38241648

INVOICE NO.: ZJSD091118
DATE: Nov.12, 2009
CONTRACT NO.: SD091109
DATE: Oct.18 , 2009

FROM NINGBO, CHINA **TO** HOCHIMINH CITY PORT, VIETNAM

Marks & Nos.	Description of Goods	Quantity	Unit Price	Amount
HUA	WELDING MACHINE		CIF HOCHIMINH CITY	
SD091109			PORT(INCOTERMS 2000)	
HOCHIMINH	BX6-B-200AL	400PCS	USD 44.00	USD 17,600.00
C/NO.:1-600	BX6-B-250AL	200 PCS	USD 48.00	USD 9,600.00
	AS PER S/C NO. SD091109,			
	DATED OCT.18, 2009.			
	TOTAL:	600PCS		USD 27,200.00

SAY TOTAL: SAY US DOLLARS TWENTY SEVEN THOUSAND TWO HUNDRED ONLY.

L/C NO.:001LC01093010006
L/C DATE: Oct.28, 2009
ORIGIN OF THE GOODS:TAIZHOU, CHINA

ZHEJIANG SHENGDA ELECTRO-MACHINERY CO., LTD.
张文龙

小贴士

商业发票是同一笔生意项下全套单据中其他单据信息的重要依据和来源，几乎发票上所填写的全部内容都可以一次甚至数次“复制”、“粘贴”到其他单据中去。因此，为了达到事半功倍的效果，在填制商业发票时，务必要谨慎小心地在每一个栏目中认真填写正确的文字和数据，以免谬误的延续，影响安全收汇以及其他环节的顺利进行。

商业发票，乃至所有的对外单据，基本上都是使用英文填写，而且一般使用大写字母填写，这是一种国际上习惯性做法。

商业发票的根本目的在于：要分别让买方和进出口国相关部门的当事人清楚该笔生意究竟“买卖的是些什么，数量有多少，单价、总额各值几何”等，为了达到这个目的，发票的基本内容要尽量填写完备。

知识链接 2-5

信用证结算方式下，发票的基本填制要素及操作注意事项

一、发票名称

根据国际标准银行实务(ISBP681)的规定：①如果信用证只要求“Invoice”，受益人除了不能出具“临时发票”(Provisional Invoice)和 “形式发票”(Proforma Invoice)以外，可以任意出具商业发票、发票和海关发票(Customs Invoice)或者领事发票(Consular Invoice)等；②当信用证要求提交商业发票(Commercial Invoice)时，受益人可以出具“Commercial Invoice”，也可以是“Invoice”。

二、出票人

一般为信用证的受益人。根据 UCP600 规定，商业发票必须由受益人出具(第三十八条可转让信用证规定者除外)。对可转让信用证，在第一受益人换单条件下，第二受益人可出具自己为出票人的发票。如果信用证已被转让，银行也可接受由第二受益人出具的发票。出票人信息要与信用证上受益人的名称、地址等完全一致，同时要注意与其他单据上显示的出口商的名称，地址的一致性。

发票的出票人有两种表示方式：一是发票的信头直接显示受益人名称；二是由受益人在发票上进行签署。在实务中，如果发票的出票人是受益人下属的某个部门(如 ABC Co.Ltd., Export Dept.)，根据国际商会专家小组的意见，这是不允许的。

三、抬头人

“抬头”或“抬头人”在国际贸易单据中一般是指“公文、信函中对方的名称”。信用证支付方式下，商业发票的“抬头人”一般是指信用证申请人。UCP600 第一八条(1)②规定，发票必须出具成以申请人为抬头，但信用证规定发票抬头是开证申请人以外的另一方，则应

照办。需要注意的是，发票抬头和提单抬头之间没有必然的一致性，不应对照填写。

四、发票的出票日期

虽然按照 UCP600 第十四条(9)款规定，如无相反规定，银行可以接受出单日早于信用证开证日期的单据，但有很多信用证都明确规定“Any documents prior to the date of issuance of the letter of credit are not acceptable”。

因此，信用证支付方式下，商业发票的日期，一般比较安全可靠的出票日期规定在“信用证的开立日期之后——装运日期(提单日期)”期间。同时，任何信用证项下的单据(包括商业发票)的出票日期(Invoice Date/Issuing Date)都不得晚于信用证的交单期限(Expiry Date for Presenting Documents)和信用证的有效期(Expiry Date)。

五、货物描述及其相关事项

货物描述是发票的中心内容，主要包括品名、数量、单价与总金额、贸易术语等内容。UCP600 第十八条(3)款规定：商业发票上的货物、服务或履约行为的描述必须与信用证中显示的内容相符。填制商业发票时，商业发票上的货物描述必须与信用证中的一致，但不要求如镜像般一致。具体地说就是，商业发票里必须涵盖信用证条款中“45A”项下的全部内容，这些内容既可以在商业发票上一次性地写完，也可以分开填写，在发票中的若干处显示，但一定要保证把全部发票内容综合起来查看时，信用证条款中 45A 项下的全部内容都涵括在内。

1. 品名

UCP600 并不强求发票的品名仅限于信用证所规定的内容，发票除注明与信用证描述相符者外，在不会破坏或不符合信用证要求的情况下，允许添加其他描述。

ISBP681 规定：发票不得表明信用证未规定的货物(包括样品、广告材料等)，即使注明免费也不允许。

2. 数量

UCP600 第三十条以及 ISBP681-66 段对信用证项下出运货物数量的增减幅度做了明确规定。归纳起来，对于填制数量这一栏信息时，应注意以下几点：

(1) 信用证规定的货物数量前有“约”、“大约”等类似用语时，允许数量有不超过 10%的增减幅度。如信用证规定“approximately 50 M/T”，出货数量可控制在 45～55M/T。

(2) 信用证未以包装单位件数或货物自身件数的方式规定货物数量时，货物数量允许有 5%的增减幅度，只要总支取金额不超过信用证金额。换言之，货物数量以包装单位或个体件数计算时，没有±5%幅度的增减。

(3) 信用证如果规定货物数量不得超额或减少时，没有±5%幅度，包括数量前使用“not exceeding”、“up to”、“maximum”、“to the extent of”、“not less than”等词语。

3. 单价

发票中显示的单价必须与信用证中的一致(参见 UCP600 第十八条(1)③对发票的规定)。发票必须显示信用证要求的折扣或扣减，发票还可显示信用证未规定的预付款或折扣等的扣减项(参见 ISBP681-60 段)。

4. 总金额

发票金额一般不应超过信用证金额。

如信用证的总金额是按含佣金价计算的，则商业发票上的总金额也应按含佣金价计算，不需要扣除佣金；如信用证单价为佣金价，但总金额已扣除佣金的，即使信用证没有规定扣减，发票总金额也应是扣除佣金后的货物总值。

【例 5】信用证显示 USD21/DOZ CIFC5 KOBE，数量 500DOZ，信用证总金额是 USD9975.00，制作发票时，应写成：

	USD10500.00
Less Commission	525.00
Total	USD9975.00

在实务中，有时信用证规定货物数量可以有增减，而信用证的金额未规定相应的增减，例如，信用证规定货物数量时，包含了 10%的数量溢短装条款，但信用证金额为 USD10000.00，未规定浮动，实际出运货物数量为合同的 110%，货款总金额为 USD11000.00。对于这种情况，一万美元的货款可以采用信用证方式收取，发票金额显示正常支取的信用证金额 USD10000.00，同时注明“The outstanding balance of USD1000.00 will be settled by T/T”或“The outstanding balance of USD1 000.00 will be settled on collection basis”，即部分采用信用证方式支付(金额不超过信用证金额)，部分采用其他付款方式支付。

5. 贸易术语

贸易术语通常被写进信用证的货物描述，被视作货物描述的一部分。无论它在信用证内被写进货物描述还是别处，它都必须被写进商业发票内。如果商业发票未列明信用证规定的贸易术语，便构成不符，银行有权拒绝接受单据。

如果信用证中的货物描述提供了贸易术语的出处，则发票必须表明该出处。例如，信用证条款规定“CIF Singapore Incoterms 2000”，那么发票必须表明该出处，如果只是显示“CIF Singapore Incoterms”，则不满足信用证的要求。

如果合同或信用证规定发票必须显示货物成本、运费和保险费的细目，则发票应分别列明，这时须注意有关金额与其他单据相一致。

【例 6】信用证中的发票条款：SIGNED COMMERCIAL INVOICE IN 3 ORIGINALS AND 3 COPIES INDICATING CIF ISTANBLU VALUE OF THE GOODS ALSO INDICATING FOB VALUE，INSURANCE AND FREIGHT CHARGES SEPARATELY。

制作发票时按如下操作：

FOB VALUE: USD××××

INSURANCE CHARGES: USD××××

FREIGHT CHARGES: USD××××

TOTAL CIF ISTANBULE VALUE OF THE GOODS: USD××××

费用和成本必须包含在信用证和发票中标明的贸易术语所显示的金额内，不允许任何超出该金额的费用和成本。

【例 7】信用证金额 USD50000.00，采用 CFR 术语，CFR HK。

INVOICE

……		
100PCS	USD420.00	USD42 000.00
PLUS FREIGHT CHARGES		USD7 500.00
HADLING CHARGES		USD500.00
CFR HK		USD50 000.00

INVOICE

……		
100PCS	USD420.00	USD42 000.00
PLUS FREIGHT CHARGES		USD7 500.00
CFR HK		USD49500.00
PLUS:HADLING CHARGES		USD500.00
TOTAL INVOICE VALUE		USD50 000.00

左侧的发票内容是正确的，右侧的则有问题，且不被接受。

6. 唛头

装运唛头是为了便于辨识货物而制作的。如果信用证规定了具体唛头，而且带有“唛头仅限于……(Mark is restricted to…)”或“只有这样的唛头才能接受(Only such mark is acceptable)”或“唛头应包括……(Mark should include…)”等类似语句时，则唛头中的每一个字母、数字、排列顺序、位置、图形和特殊标注等都应按信用证规定的原样显示在发票上。

如果信用证规定的唛头用英文表示图形，如“In Diamond”或“In Triangle”等，则发票应将菱形或三角形等具体图形表示出来。

如果信用证中没有规定唛头，则发票既可以显示具体唛头，也可以用“No Mark”或“N/M”来表示无唛头。

六、声明和证明

有的信用证上要求在发票上加注各种有关出口原产地(宣称产品来自发展中国家，以便海关给予优惠税率)、费用金额(运费、保险费等)、特定号码(如配额许可证号码等)等声明文句，一般将这些内容填制在发票商品栏下的空白处或者大写金额下方。大致有以下几种：

(1) 注明特定号码。如信用证号码、配额许可证号码等。

【例 8】本业务根据信用证 46A 商业发票条款“ORIGINAL SIGNED COMMERCIAL INVOICE IN QUADRUPLICATE MADE OUT IN THE NAME OF APPLICANT INDICATING THE ORIGIN OF THE GOODS SHIPPED ”和 47A 条款“ALL DOCS MUST SHOW L/C NO. AND L/C DATE”。

填写时，当在 TOTAL AMOUNT 栏目下方填写：

L/C NO.:001LC01093010006

L/C DATE:Oct.28, 2009

ORIGIN OF THE GOODS: TAIZHOU,CHINA

(2) 运费、保险费等。

(3) 缮打证明句。

【例 9】假如信用证规定“COMMERCIAL INVOICE IN 5 FOLD, ALL DULY SIGNED AND DECLARING THAT ALL GOODS HAVE BEEN PACKED IN SEAWORTHY PACKING AND MARKET SEPARATELY FOR EACH ‘BELLAFLORA BRANCH’”，那么，商业发票上必须填写“WE HEREBY DELCARE THAT ALL GOODS HAVE BEEN PACKED IN SEAWORTHY PACKING AND MARKET SEPARATELY FOR EACH ‘BELLAFLORA BRANCH’”。

又如澳大利亚来证要求加注原料来源证明句，有些国家来证要求加注非以色列证明句或关于产地说明等。

七、出票人签字

UCP600 第十八条(1)④规定：商业发票无须签署。

如果信用证对于发票签字没有特别规定，用于对外收汇的商业发票不需要签署(但用于报关、退税等国内管理环节的发票，必须签署)。当信用证要求“Signed invoice”，这时发票就需要签署；而要求“Manually signed invoice”时，该发票必须是手签。

如果发票上有证明的字句(We certify that…)，此类发票必须签署。

但是，如果信用证规定需要签署时就必须签署，而且只能由信用证规定的受益人签字，除非信用证另有规定。如本业务信用证 56A 条款规定“ORIGINAL SIGNED COMMERCIAL INVOICE IN QUADRUPLICATE”，则根据该信用证出具的发票必须要有签字。有些信用证还会明确规定需要手签“MANUALLY SIGNED COMMERCIAL INVOICE”，或者“ALL DOCUMENTS MUST BE MANUALLY SIGNED”等。

八、正本和副本及其份数

UCP600 第十七条“正本单据及副本”规定如下。

(1) 每一种单据须至少提交一份正本。

……

(4) 如果信用证要求提交单据的副本，提交正本或副本均被点评。

(5) 如果信用证使用诸如“一式两份”(IN DUPLICATE)、“两份”(IN TWO CPIES)等用语要求提交多分单据，则提交至少一份正本，其余使用副本即可满足要求，除非单据本身另有说明。

例如，信用证规定“INVOICE IN 4 COPIES”，则提交至少一份正本发票，其余用副本发票即可满足要求。

信用证规定“4 ORIGINAL(S) SIGNED COMMERCIAL INVOICE”，则提交 4 份正本发票。

ISBP681 对于正副本的描述有：盖有“正本”(ORIGINAL)印章的单据被当作正本单据处理。

如果以影印、自动或电脑处理或复写方法制作的发票，作为正本者，应在发票上注明“正本”(ORIGINAL)字样，并由出单人签字。

单据的多份正本可标注为“正本”(ORIGINAL)、“第二联”(DUPLICATE)、“第三联”(TRIPLICATE)、“第一正本”(FIRST ORIGINAL)、“第二正本”(SECOND ORIGINAL)等。上述任一标注均不使其丧失正本地位。

提交单据的正本数量必须至少为信用证或 UCP600 要求的数量，或当单据自身表明了已出具的正本数量时，至少为该单据表明的数量。

业务进展

2009 年 11 月 12 日，王菲查阅信用证条款 46A 对装箱单的规定“PACING LIST IN TRIPLICATE”以及 47A 的规定“ALL DOCS MUST SHOW L/C NO. AND L/C DATE”，然后根据信用证、货物出运信息和商业发票，缮制装箱单(单据 2-7)。

单据 2-7：装箱单

ZHEJIANG SHENGDA ELECTRO-MACHINERY CO., LTD
HE GUO AIR COMPRESSOR INDUSTRIAL ZONE, WEN LING CITY, ZHE JIANG PROVINCE, CHINA
TEL : 86-576-86402208 FAX： 86-576-86402288

PACKING LIST

TO: HUALON CO., LTD
331 NGUYEN CONG TRU ST., DIST 01,
HOCHIMINH ITY, VIETNAM
TEL: 84-8-38223848/38212528 FAX: 84-8-38241648

INVOICE NO.: ZJSD091118
DATE: Nov.12 , 2009
CONTRACT NO.: SD091109
DATE: Oct.18 , 2009

FROM NINGBO, CHINA **TO** HOCHIMINH CITY PORT, VIETNAM

Marks & Nos.	Description of Goods	Quantity	Package	G.W	N.W	MEAS.
HUA SD091109 HOCHIMINH C/NO.:1-600	WELDING MACHINE BX6-B-200AL BX6-B-250AL	 400pcs 200pcs	 400CTNS 200CTNS	 9600kgs 5200KGS	 9200kgs 5000kgs	 15.872 M^3 8.928 M^3
	TOTAL:	600PCS	600 CTNS	14800KGS	14200KGS	24.8 M^3

SAY TOTAL : SIX HUNDRED CARTONS ONLY.

L/C NO.: 001LC01093010006
L/C DATE: Oct.28, 2009

ZHEJIANG SHENGDA ELECTRO-MACHINERY CO., LTD.

张文龙

知识链接 2-6

信用证结算方式下，包装单据的基本填制要素及操作注意事项

一、包装单据的名称

单据可以使用信用证要求的名称或相似名称，或无名称。例如，根据 ISBP681 第 41 条的规定，信用证要求“装箱单”、“装箱记录”、“装箱和重量单”或者无名称的载有装箱细节的单据也可以。UCP600 则规定：“只要包装单据内容符合信用证的要求，能反映所规定的单据功能，不要求名称与信用证一字不差”。

尽管 ISBP681 和 UCP600 对于单据的名称作了较为宽松的规定，但实务中还是以严谨为宜，尽可能确保单据名称与信用证要求的名称完全一致。

二、包装单据的内容

如果信用证条款只要求提供装箱单，没有其他特殊规定，那么只要提供一般装箱单，将货物的包装情况作一般简要说明即可。

如果信用证单据条款中要求“Detailed packing list(详细装箱单)”，那么就需要提供详细的装箱内容，如描述每件包装的具体细节。如果信用证规定包装单上要列明内包装情况 (Inner Packing)：每件装一胶袋、每打装一盒、每 20 打装一纸箱，则须在包装单据上注明“Packing: each piece in a poly bag, one dozen in a cardboard box and then 20 dozen in a carton”。

包装单据有关内容要与发票的内容一致。

三、包装单据的签署

如果信用证没有特别规定，装箱单、重量单可以不签署，也可以盖章签署。但当包装单据冠以“……证明”或含有证明文句时，则应该签署。

四、包装单据的份数

关于包装单的出单份数，ISBP681 第 42 条规定，如果信用证要求装箱单和重量单各一份，受益人既可以分别提交一份装箱单和一份重量单(皆为正本)，也可以提交两份合并的装箱和重量单正本，只要该单据同时表明了装箱和重量细节。

五、制作注意事项

(1) 如信用证或合同规定要出“neutral packing list”即中性(包装)装箱单的话，单据上不可以显示出口制单方的名称、地址(即上无信头部分且下无公司印章)，同时不可显示产地。

(2) 如果信用证规定要出具的重量单名称为“Certificate of Weight(重量证明)”的，以加注“We certify that the weights are true and correct”的证明句为好。

(3) 货物描述，可以与信用证中的货描一致，也可以使用货物统称，但不得与信用证规定的货物描述相抵触。

(4) 装箱单据一般不应显示货物的单、总价，因为进口商把商品转售给第三者时只要交付包装单和货物，不愿泄露其购买成本。

(5) 为了符合信用证不接受联合单据的要求，可以利用装箱单分别冠以重量单、尺码单等不同名称的方法，一次缮制，按照信用证规定的份数分别提供给银行。

(6) 必须与全套其他单据相关联，如显示发票号码、合同号码等。

步骤三　制作订舱委托书和办理订舱手续

业务进展

这笔业务中，信用证 001LC01093010006 要求最晚装运日期是 2009 年 11 月 30 日。信用证的期限以及交单期限分别为：2009 年 12 月 15 日和装运后 15 天内。

黄菲向生产车间确认该批货物大约能在 11 月 20 日完成生产和包装。整批货物总体积是 24.8 M^3，总毛重是 14800KGS，可以装一个 20′货柜。

在工厂备货的同时，黄菲根据信用证要求以及生产车间提供的出货信息，向各家货运代理公司询价。黄菲最终选择委托德讯国际货运代理有限公司代为订舱，并于 2009 年 11 月 12 日，缮制出口货物订舱委托书(单据 2-8)，指示货代订 2009 年 11 月 29 日船期，船名为 CSCL EUROPE，航次为 0069W，1 个 20 英尺集装箱整箱。

单据 2-8：出口货物订舱委托书

出口货物订舱委托书

2009 年 11 月 12 日

发货人	ZHEJIANG SHENGDA ELECTRO-MACHINERY CO.,LTD HE GUO AIR COMPRESSOR INDUSTRIAL ZONE,WENLING CITY, ZHEJIANG PROVINCE, CHINA TEL: 86-576-86402208 FAX: 86-576-86402288	信用证号	001LC01093010006
		合同号	SD091109
		运输方式	BY SEA
收货人	TO ORDER OF DONGA BANK，DIST O1 BR	装运口岸	NINGBO
		目的港	HOCHIMINH CITY PORT, VIETNAM
		可否转运	ALLOWED
		可否分批	NOT ALLOWED
被通知人	HUALON CO., LTD 331 NGUYEN CONG TRU ST., DIST 01, HOCHIMINH CITY, VIETNAM TEL: 84-8-38223848/38212528 FAX: 84-8-38241648	装运期限	ON OR BEFORE NOV. 30,2009
		运费支付方式	PREPAID
		集装箱种类	20'GP
		集装箱数量	1
		提单份数	3

唛头	货名	总件数	总毛重	总尺码
HUA SD091109 HOCHIMINH C/NO.:1-600	Welding machine	600 CTNS	14800 KGS	24.8 M^3

注意事项：
订 2009 年 11 月 29 日船期，1 个 20'GP FCL，门到门
提单上要显示以下内容：
(1) L/C NO.:001LC01093010006
L/C DATE:Oct.28, 2009
提单上须标明“FREIGHT PREPAID”

受托人	委托人 ZHEJIANG SHENGDA ELECTRO-MACHINERY CO.,LTD.
电话　　　　传真 联系人	电话：0576–86402208　传真：0576-86402288 联系人：黄菲

知识链接 2-7

信用证结算方式下，订舱委托书的基本填制要素及操作注意事项

一、发货人(托运人)

信用证结算方式下，一般应该按照信用证中的受益人的名称和地址填写“发货人”这一栏。

二、收货人

信用证结算方式下，填制“收货人”这一栏时，主要应当根据信用证 46A 对提单的要求来填制。

本业务中，信用证 001LC01093010006 规定：“ORIGINAL FULL SET(3/3) OF CLEAN SHIPPED ON BOARD MARINE B/L SHOWING L/C NO., MADE OUT TO ORDER OF DONGA BANK, DIST 01 BR, MARKED FREIGHT PREPAID AND NOTIFY APPLICANT”。

因此，应当在“收货人”这一栏填写“TO ORDER OF DONGA BANK, DIST 01 BR”。

三、通知人

应当严格按照信用证对提单的规定填制，根据上述 L/C 内容，本业务此栏应按照信用证的“Applicant”的名称、地址以及电话、传真来填写。

四、运费

本业务中，根据 L/C 对提单的要求，要在提单上注明运费预付“MARKED FREIGHT PREPAID”。

五、有关单据及其号码

与 T/T 结算方式下制单不同的是，本业务中，要填写信用证号码。

六、注意事项

出口货物订舱委托书是托运人向承运人发出的书面托付文件，是承运人凭以填制运输单据相关内容的重要依据。承运人对于运输单据上的货物名称、数量、重量、体积、装运港、目的港、装运时间等信息的把握都以订舱委托书为依据，如果订舱委托书本身内容出了差错，所引起的后果由托运人自负。因此填制订舱委托书时必须准确、完整，容不得半点错误或遗漏。

注意：信用证结算方式下，单证员一定要将信用证中规定的关于提单的特别条款准确无误、简洁明了地陈述在订舱委托书上。但不宜将信用证副本附上交给托运人来办理订舱，因为信用证内容往往涉及卖方的商业秘密。如果订舱委托书格式性栏目中没有列明，托运人应当备注在注意事项栏目。

例如，本业务中，L/C 条款 46A 要求在提单上标注运费预付，附加条款 47A 中要求“ALL

DOCS MUST SHOW L/C NO. AND L/C DATE”，即 L/C 要求在单据(包括提单)上列明信用证号码和开立日期。因此，在填制订舱委托书时就应该把“要求提单上标明运费预付”和 L/C 号码、日期备注在注意事项栏目，以便船公司填制提单时包含这些信息。

托运人对于运输方面有特殊要求的，应当尽可能事先明白无误地陈述在注意事项栏内，不能仅限于“口头吩咐”，以免误会或遗忘，最终导致误事。

单证员填写、审查订舱委托书之后，在向货代公司提交之前，往往加盖托运单人单位印章，货代公司接受委托，加盖印章后，委托书具有法律效力。

步骤四　商品检验

业务进展

电焊机(H.S.CODE：8515390000)的监管条件代码为 ABO，ABO 分别代表入境货物通关单、出境货物通关单和自动进口许可证，可知电焊机属于法定检验的商品范围，出境须取得报关地出入境检验检疫局出具的“出境货物通关单”，即出入境检验检疫局对货物进行检验并认定“合格”后，海关才能凭以办理通关放行手续。

2009 年 11 月 20 日，货物全部生产完毕，浙江盛大机电有限公司向台州市出入境检验检疫局申请出口检验。申报出口商品检验时，黄菲通过九城软件包或榕基软件登录电子报检系统，填写出境货物报检单(单据 2-9)，并随附外销合同、商业发票、装箱单等单据向台州出入境检验检疫局办理报检。

单据 2-9：报检单

中华人民共和国出入境检验检疫

出境货物报检单

报检单位(加盖公章)：浙江盛大机电有限公司　　　　*编号：330500209141112

报检单位登记号：3305600309　联系人：黄菲　电话：0576-86402208　报检日期：2009 年 11 月 20 日

<table>
<tr><td rowspan="2">发货人</td><td>(中文)</td><td colspan="4">浙江盛大机电有限公司</td></tr>
<tr><td>(外文)</td><td colspan="4">ZHEJIANG SHENGDA ELECTRO – MACHINERY CO.,LTD</td></tr>
<tr><td rowspan="2">收货人</td><td>(中文)</td><td colspan="4"></td></tr>
<tr><td>(外文)</td><td colspan="4">HUALON CO., LTD</td></tr>
</table>

货物名称(中/外文)	H.S.编码	产地	数/重量	货物总值	包装种类及数量
电焊机	8515390000	台州温岭	600 台	27200.00 美元	600 箱

<table>
<tr><td>运输工具名称号码</td><td>船舶</td><td>贸易方式</td><td>一般贸易</td><td>货物存放地点</td><td>浙江省温岭市荷国空压机工业园区盛大公司</td></tr>
<tr><td>合同号</td><td>SD091109</td><td>信用证号</td><td>001LC01093010006</td><td>用途</td><td>其他</td></tr>
<tr><td>发货日期</td><td>2009.11.29</td><td>输往国家(地区)</td><td>越南</td><td>许可证/审批号</td><td>无</td></tr>
<tr><td>启运地</td><td>宁波口岸</td><td>到达口岸</td><td>胡志明市港</td><td>生产单位注册号</td><td>*******</td></tr>
<tr><td>集装箱规格、数量及号码</td><td colspan="5">1×20′GP</td></tr>
</table>

<table>
<tr><td>合同、信用证订立的检验检疫条款或特殊要求</td><td>标记及号码</td><td colspan="2">随附单据(划“√”或补填)</td></tr>
<tr><td></td><td>HUA
SD091109
HOCHIMINH
C/NO.:1-600</td><td>☑合同
☑信用证
☑发票
☐换证凭单
☑装箱单
☑厂检单</td><td>☑包装性能结果单
☐许可/审批文件
☐报检委托书
☐
☐
☐</td></tr>
</table>

<table>
<tr><td colspan="4">需要证单名称(划“√”或补填)</td><td colspan="2">*检验检疫费</td></tr>
<tr><td>☐品质证书</td><td>__正__副</td><td>☐植物检疫证书</td><td>__正__副</td><td rowspan="2">总金额
(人民币元)</td><td rowspan="2"></td></tr>
<tr><td>☐重量证书</td><td>__正__副</td><td>☐熏蒸/消毒证书</td><td>__正__副</td></tr>
<tr><td>☐数量证书</td><td>__正__副</td><td>☑出境货物换证凭单</td><td>1 正 2 副</td><td rowspan="2">计费人</td><td rowspan="2"></td></tr>
<tr><td>☐兽医卫生证书</td><td>__正__副</td><td>☐通关单</td><td>__正__副</td></tr>
<tr><td>☐健康证书</td><td>__正__副</td><td>☐</td><td></td><td rowspan="3">收费人</td><td rowspan="3"></td></tr>
<tr><td>☐卫生证书</td><td>__正__副</td><td>☐</td><td></td></tr>
<tr><td>☐动物卫生证书</td><td>__正__副</td><td>☐</td><td></td></tr>
</table>

<table>
<tr><td rowspan="3">报检人郑重声明：
1. 本人被授权报检。
2. 上列填写内容正确属实，货物无伪造或冒用他人的厂名、标志、认证标志，并承担货物质量责任。
签名：黄菲</td><td colspan="2">领 取 证 单</td></tr>
<tr><td>日期</td><td></td></tr>
<tr><td>签名</td><td></td></tr>
</table>

注：有“*”号栏由出入境检验检疫机关填写　　　　◆ 国家出入境检验检疫局制

小贴士

信用证结算方式下，出境货物报检单的填制同学习情境一。但要注意，如果信用证或买卖合同中关于检验检疫的某些专门要求，则应当据实填写在“合同、信用证订立的检验检疫条款或特殊要求”这一栏，以免误事，如要求出具什么检验项目的证书，证书上加列什么具体的文字批注(如信用证号码、日期)等；如果没有要求，则不用填写此栏。

出入境检验检疫机构受理并收取检验检疫费后，对出口货物实施必要的检验、检疫等。

出口货物经检验合格后，由于这批出境货物产地和报关地不一致，台州市出入境检验检疫局根据报检单上的相关要求，向浙江盛大机电有限公司出具出境货物换证凭条(单据 2-10)。

单据 2-10：出境货物换证凭条

出境货物换证凭条

转单号	330500209104563T			**报检号**	**330500209141112**
报检单位	浙江盛大机电有限公司				
品　名	电焊机				
合同号	SD0901109			**HS 编码**	94053000
数(重)量	600 台	**包装件数**	600 箱	**金　额**	27,200.00 美元

评定意见:

贵单位报检的该批货物，经我局检验检疫，已合格。请执此单到宁波局本部办理出境验证业务，本单有效期截止于 2010 年 01 月 23 日。

台州局本部 **2009 年 11 月 23 日**

业务进展

根据信用证单据条款 46a 对质检证书的规定：ORIGINAL AND COPY OF QUALITY INSPECTION CERTIFICATE ISSUED AND SIGNED BY THE BENEFICIARY，以及浙江盛大机电有限公司质量控制部 QC 的品质检测结果，黄菲填制质量检验证书(单据 2-11)。

单据 2-11：检验证书

ZHEJIANG SHENGDA ELECTRO-MACHINERYCO., LTD.

HE GUO AIR COMPRESSOR INDUSTRIAL ZONE, WEN LING CITY, ZHE JIANG PROVINCE, CHINA

TEL : 86-576-86402208 FAX: 86-576-86402288

INSPECTION CERTIFICATE

TO: HUALON CO., LTD
331 NGUYEN CONG TRU ST., Dist.01,
HOCHIMINH CITY, VIETNAM
TEL: 84-38223848/38212528 FAX: 84-8-38241648

INVOICE NO.: ZJSD091118
CONTRACT NO.: SD091109
DATE: Nov.22 , 2009

L/C NUMBER: 001LC01093010006
L/C DATE: OCT.28, 2009
COMMODITY: WELDING MACHINE
SHIPPING MARKS: HUA
SD091109
HOCHIMINH
C/NO.:1-600
QUANTITY: 600PCS
NUMBER AND TYPE OF PACKAGES: 600CTNS
RESULTS OF INSPECTION:

Materials and equipment are conforming to the international norms and they are of good quality and strictly inspected before shipment.

ZHEJIANG SHENGDA ELECTRO-MACHINERY CO.,LTD

张文龙

知识链接 2-8

商品检验证书

一、概述

商品检验证书(Inspection Certificate)是由有权检验部门对各种进出口商品进行检验之后所出具的公证鉴定，用来证明货物已经经过检测，并说明商品品质、数量及其他检测情况的证明文件。

二、商品检验证书的作用

(1) 出口商证明其所交付货物的品质、重量、数量、包装及卫生条件等是否符合合同规定的依据。

(2) 信用证结算方式下，出口商凭以交单结汇和银行凭以押汇或付款的一种依据。

(3) 出口国和进口国海关验放的有效证件。

(4) 出口商交货后至进口商收货，货物的品质和数量出现问题时，用以明确责任归属的依据。是买方对品质、数量、重量、包装等提出异议、拒收货物、要求赔偿的凭证。也是卖方理赔的依据。

三、商品检验证书的种类

商品检验证书可以由政府机关、检验公司、公证行、公正鉴定人、认可的实验室和出口商自行签发。常见的检验证书如下：

(1) 品质/数量证书(Certificate of Quality/Quantity)：用以证明商品的规格、质量、数量等情况，证明商品符合出口销售合约的规定或符合各种标准，可由出口商或委托的检验机构出具。

(2) 合格证书(Certificate of Conformity)：用以证明产品已经过检查和核实，确认符合进口国规定的技术标准，可由认可的或卖方双方约定的鉴定机构签发。

(3) 检验报告(Test Report)：由检验公司(如 SGS)、公证行、公正鉴定人和认可的实验室等出具的详细说明送检样品品质状况的文件。

(4) 其他：检验检疫机构出具的其他检验证书等。

四、商品检验证书的基本填制要素及操作注意事项

鉴于多数商品检验证书都是由其他有检验鉴定资质的机构出具的，信用证结算方式下，受益人在准备商品检验证书时，应当注意信用证对于检验证书签发机构的规定，及时准备样品送检或配合各机构的检验工作，还应将信用证对检验的要求(如标准等)告知相关机构，以便能在信用证规定的交单期限内提交符合信用证规定的检验证书。

以下内容主要介绍出口商自行签发的检验证书的填制注意事项。

(1) 证书日期。可以晚于装运日期，但如果信用明确要求装运前检验证书，则证书日期应该是装运日之前或当天，一般不得晚于交单日期。为了避免不必要的纠纷，证书日期最好不迟于运输单据的日期，但也并非越早越好，以略早于运输单据日期为佳。

(2) 商品检验证书内容必须与发票或其他单据的记载保持一致，并符合信用证的规定。

(3) 要确保商品检验证书中没有关于货物品质、包装等内容的不利陈述。

(4) 参考号码。按信用证条款规定填制，如信用证规定要显示信用证号码等。

(5) 签署。由 ISBP681 第 37 条“即使信用证没有要求，汇票、证明和声明自身的性质决定其必须有签字。运输单据和保险必须根据 UCP600 的规定予以签署”可知，商品检验证书必须要签字。签字可以是手签，也可以是盖章、打印等方法。但如果信用证对签署方式有规定，则应当照办。

步骤五　出口货物原产地认证

业务进展

根据信用证单据条款要求“ONE ORIGINAL(S) AND TWO COPY(S) CERTIFICATE OF ORIGIN ISSUED BY CHINA COUNCIL FOR THE PROMOTION OF INTERNATIONAL TRADE (CCPIT) ATTESTING THAT THE GOODS ARE OF CHINA ORIGIN”，2009 年 11 月 22 日，浙江盛大机电有限公司外贸单证员黄菲填制了一般原产地证明书申请书(单据 2-12)和一般原产地证明 C/O(单据 2-13)，并随附商业发票、装箱单各一份，至台州市贸促会申领和办理一般原产地证。

单据 2-12：一般原产地证明书申请书

一般原产地证明书/加工装配证明书
申请书

申请单位注册号：3326A2078　　　　　　　　　证书号：CCPIT 104431502

申请人郑重声明：

本人被授权代表本企业签署申请书。

本申请书和填制的《中华人民共和国出口货物原产地证明书》内容正确，真实无误。所列货物完全符合《中华人民共和国出口货物原产地规则》规定的原产地判定标准，并如实标注了原产国标记。对不符合中国原产地标准的货物，本人将按规定申领《加工装配证明书》。如有弄虚作假或实际货物与提交的文件不符，本人愿接受有关法律、法规的惩处并承担法律责任。现将有关情况申报如下：

企业名称	浙江盛大机电有限公司		发票号码	ZJSD091118	
商品名称(中英文)	电焊机(WELDING MACHINE)		H.S. 编码(六位数)	851539	
商品 FOB 总值(以美元计)	26750.00 美元		最终目的国/地区	越南	
拟出运日期	2009 年 11 月 29 日		转口国/地区	***	
贸易方式和企业性质(请在适用处划“√”)					
一般贸易		灵活贸易		其他贸易	
中资企业	外资企业	中资企业	外资企业	中资企业	外资企业
√					
包装数量或毛重或其他数量	600 箱		是否含有进口成分：是(　)否(√)		
证书种类(划“√”)	一般原产地	√	加工装配证		
该批货物实际生产企业	浙江盛大机电有限公司				

现提交中国出口货物商业发票副本一本，《中华人民共和国货物原产地证明书/加工装配证明书》一正三副，以及其他附件___**___份，请予审核签证。

申请单位盖章：

申领人(签名)：黄菲

电话：0576-86402208

日期：2009 年 11 月 22 日

注：1. 灵活贸易包括：来料加工，补偿贸易、进料加工贸易。
2. 外资企业指所有含有外资的企业。
3. 其他贸易指一般贸易和灵活贸易以外的贸易，如展卖、易货、租赁等贸易方式。

如有更改/重发C.O证书，请填写更改/重发申请单

单据 2-13：一般原产地证书

ORIGINAL

1. Exporter ZHEJIANG SHENGDA ELECTRO –MACHINERY CO.,LTD HE GUO AIR COMPRESSOR INDUSTRIAL ZONE,WENLING CITY, ZHEJIANG PROVINCE , CHINA	Certificate No. **CCPIT 104431502** **CERTIFICATE OF ORIGIN** **OF** THE PEOPLE'S REPUBLIC OF CHINA
2. Consignee HUALON CO., LTD 331 NGUYEN CONG TRU ST., Dist.01, HOCHIMINH CITY, VIETNAM TEL: 84-8-38223848/38212528 FAX: 84-8-38241648	
3. Means of transport and route SHIPPED FROM NINGBO, CHINA TO HOCHIMINH CITY PORT, VIETNAM BY SEA VIETNAM	5. For certifying authority use only
4. Country / region of destination	

6.Marks and numbers	7. Number and kind of packages; description of goods	8.H.S.Code	9.Quantity	10.Number and date of invoices
HUA SD091109 HOCHIMINH C/NO.:1-600	SIX HUNDRED (600) CARTONS OF WELDING MACHINE * * * * * * * * * * * * * * * * * L/C NO. 001LC01093010006 L/C DATE: OCT.28, 2009	851539	600PCS	NOV.12, 2009 ZJSD091118

11. Declaration by the exporter The undersigned hereby declares that the above details and statements are correct, that all the goods were produced in China and that they comply with the Rules of Origin of the People's Republic of China. ZHEJIANG SHENGDA ELECTRO-MACHINERY CO., LTD. TAIZHOU NOV.25 2009 黄菲 -- Place and date, signature and stamp of authorized signatory	12. Certification It is hereby certified that the declaration by the exporter is correct. TAIZHOU NOV.25 2009 -- Place and date, signature and stamp of certifying authority

知识链接 2-9

一、一般原产地证的申领程序

1. 申领的时间

出口商最迟于货物装运前 3 天向签证机构(中国国际贸易促进委员会或出入境检验检疫局)申请一般原产地证明。

2. 申请单位申请时需要提交的资料

(1)《中华人民共和国出口货物原产地证明书/加工装配证明书申请书一般原产地证明书申请书》一份，申请书需盖申请单位公章。

(2)《中华人民共和国出口货物原产地证明书》一套(一式四份)，证书需签字、盖章，签字人员应是取得产地证申领资格的人员。

(3) 出口货物商业发票一份，发票需盖章，并应注明包装、数量、毛重，否则还需另附装箱单。

(4) 签证机构认为必要的其他证明文件(如合同、信用证；含有进口成分的产品，必须提交《含进口成分商品成本明细单》)。

出口商可委托货运代理公司代理申领原产地证，代理公司人员申领产地证明，必须向签证机构额外提交以下文件：

(1) 代理公司的介绍信。

(2) 被代理企业的委托书或出口企业与代理公司间的货物进出口委托书。

二、一般原产地证明书申请书的填制说明

一般原产地证明书申请书是申请单位向中国贸促会及其分会、支会(或出入境检验检疫局)办理一般原产地证明书/加工装配证明书签证时需填写的专用申请表。申请单位应如实、准确填写《申请书》中的各项内容，并核实所填内容是否真实、完整、正确。

(1) 申请单位注册号：填写出口商在签证机构(贸促会)的注册号。

(2) 证书号：将预先从贸促会购领来的原产地证书的号码填写在此处。

(3) 企业名称：填写出口商名称。

(4) 发票号码：填写随附发票的号码。

(5) 商品名称(中英文)：填写商品品名的中英文，并且与发票证书的商品名称一致。

(6) H.S.编码(6 位数)：一般填写。

(7) 商品 FOB 总值：如果申报出口货物不是以 FOB 价格成交的，应换算成 FOB 价格。例如，以 CIF 价格成交的，则 FOB 总值=CIF 总值-海运费-保险费。

(8) 最终目的国/地区：产品拟出口的最终目的国/地区名称。

(9) 拟出运日期：根据订舱反馈，填写货物装船日期(年、月、日)。

(10) 转口国/地区：如果货物买卖不是在生产国和消费国之间直接进行，而是通过第三国转手进行，则此处填写实际转口国名称；若无，则用“***”表示。

(11) 贸易方式和企业性质：贸易方式分为“一般贸易”、“灵活贸易(包括来料加工，补偿贸易、进料加工贸易)”、“其他贸易(指一般贸易和灵活贸易以外的贸易，如展卖、易货、租赁等贸易方式)”。

企业性质分为“中资企业”和“外资企业”。此处出口商根据实际情况在相应位置打“√”。

(12) 包装数量、毛重或其他数量：3 项任选其一填写均可。

(13) 是否含有进口成分：全部国产，选“否”；含有进口成分，选“是”。

(14) 证书种类：根据申请的证书类别划“√”。

(15) 该批货物实际生产企业：如果货物并非出口商自身生产，则在此处填写生产商名称。

(16) 申请单位(盖章)：加盖申请单位公章。

(17) 申领人(签名)：由已在检验检疫局产地证部门注册备案的申领员签署姓名。

(18) 电话：填写申请单位的联系电话。

(19) 日期：填写申报日期。

三、一般原产地证的缮制说明

1. 证书编号

证书编号(Certificate No.)为证书印刷流水号。此栏不得留空，否则，证书无效。

2. 第 1 栏：出口人

出品人(Exporter)栏不得留空，信用证结算方式下，按照信用证填写受益人的名称和详细地址及国家(地区)。若经其他国家或地区需填写转口商名称时，可在出口商后面加填英文“VIA”，然后再填写转口商名称、地址和国家。例如：

Everbright International Engineering & Trading Corp.
No. 40, Fucheng Road, Beijing, China
Via HongKong Daming CO., Ltd.
No 656, Guangdong Road, HongKong

3. 第 2 栏：收货人

应填写最终收货人(Consignee)的名称、详细地址及国家(地区)；通常是外贸合同中的买方或信用证上规定的提单通知人。由于贸易的需要，有时信用证规定所有单证收货人一栏留空，在这种情况下，此栏应加注“TO WHOM IT MAY CONCERN”或“TO ORDER”，但不得留空。若需填写转口商名称时，可在收货人后面加填英文“VIA”，然后再填写转口商名称、地址、国家。

4. 第 3 栏：运输方式和路线

运输方式和路线(Means of Transport and Route)栏，应填写装货港、到货港及运输路线，如经转运，还应注明转运地。如通过海运，由上海港经香港转运到鹿特丹港，填写：FROM SHANGHAI TO ROTTERDAM BY SEA VIA HONG KONG。

5. 第 4 栏：目的地国家(地区)

目的地国家(地区)(Country/Region of Destination)指货物最终运抵港，一般应与最终收货人或最终目的港国别一致，不能填写中间商国家名称。

6. 第5栏：签证机构用栏

签证机构用栏(For Certifying Authority Use Only)为签证机构在签发后发证书、补发证书或加注其他声明时使用。证书申领单位应将此栏留空。

7. 第6栏：运输标志

运输标志(Marks and Numbers)应按照出口发票上所列唛头填写完整图案、文字标记及包装号码，不可简单地填写"按照发票(AS PER INVOICE NO)"或者"按照提单 (AS PER B/L NO)"，货物无唛头，应填写"N/M(NO MARK，无唛头)"，此栏不得留空。如唛头多本栏填写不开，可填写在第7、8、9栏的空白处，如还不够，可用附页填写。

8. 第7栏：商品名称、包装件数及种类

商品名称、包装件数及种类(Description of Goods; Number and Kind of Packages)栏中，商品名称要填写具体名称，如睡袋(SLEEPING BAGS)、杯子(CUPS)，而不能填写商品大类，如服装(Garment)等。商标、品牌、货号等一般不填写。

包装件数及种类要按具体单位填写，包装件数需同时注明大小写。例如，100 箱彩电，填写为"100 CARTONS (ONE HUNDRED CARTONS ONLY) OF COLOR TV SET"。要注意在阿拉伯数字后加注英文表述。如货物系散装，在商品名称后加注"散装"(IN BULK)，例如，1000 公吨生铁，填写为"1000M/T(ONE THOUSAND M/T ONLY) PIGIRON IN BULK"。

有时信用证要求在所有单证上加注合同号、信用证号码等，可加在此栏。

本栏的末行要打上表示结束的符号(*******)，以防加添加内容。

9. 第8栏：商品编码

商品编码(H.S.Code)栏一般填写6位数的HS编码，以当年海关公布的货物税则编码为准。若同一证书包含有几种商品，则应将相应的税目号全部填写。此栏不得留空。

10. 第9栏：数量

填写货物的总数量(Quantity)。

11. 第10栏：发票号码及日期

发票号码及日期(Number and Date of Invoices)必须按照所申请出口货物的商业发票填写。为避免对月份、日期的误解，月份一律用英文表述，例如，2009年12月10日，用英文表述为：DEC. 10, 2009。此栏不得留空。

12. 第11栏：出口人申明

出口人申明(Declaration by the Exporter)栏由申领单位已在签证机构注册的人员手签、署上公司名称、并加盖有中英文的印章，并填写申领地点和日期，该栏日期不得早于发票日期(第10栏)。

13. 第12栏：签证机构证明

由签证机构签字、盖章(Certification)。签字和盖章不得重合，并填写签证日期、地点。签发日期不得早于发票日期(第10栏)和申请日期(第11栏)。

一般原产地证与普惠制产地证中的第 11 和 12 栏的位置正好相反，填制时要区别对待。

四、办理出口货物原产地认证的注意事项

(1) 一般原产地证书通常应在货物装运之前签发。对同一发票号项下的货物只能出具 1 份原产地证明书，若同一合同项下分批出运的货物必须分批出具原产地证书时，发票号不得重复。

(2) 原产地证书须用打字机或电动打字机填制，证书各栏内容要求填打完整、正确、清晰，印章和签名均无错漏，必须做到与所提供的商业发票等单据内容相一致。证书第 6～10 栏各栏内容不得加盖校正章，其他各栏如出现差错，经修改后由贸促会加盖校正章，且最多不超过两处。

(3) 申请单位在贸促会领取的空白原产地证书应妥善保管并只限本企业使用，不得转让给其他单位和个人使用，也不得提供给国外客商使用。

(4) 申请单位申领员、手签人员、名称、地址、电话等发生变化应及时书面告知贸促会并重新办理登记手续，申请单位必须参加贸促会年审，否则则示为放弃申请权。

步骤六　制作和办理报关单证操作

业务进展

2009 年 11 月 27 日，外贸单证员黄菲根据相关信息制作备齐出口货物报关单、出口收汇核销单、报关委托书等报关单证，同时与出境货物换证凭条一起报关公司，委托其办理报关手续。

报关公司接受委托后，凭报检号、转单号及密码，在宁波出入境检验检疫局申请《出境货物通关单》(单据 2-14)。

2009 年 11 月 28 日，货物运抵宁波港区后，报关公司将出口收汇核销单(单据 2-15)、出口货物报关单(单据 2-16)、代理报关委托书(单据 2-17)、出境货物通关单、商业发票、装箱单等单据，一并提交给宁波海关。

单据 2-14：出境货物通关单

中华人民共和国出入境检验检疫
出境货物通关单

编号：330500209142311000

<table>
<tr><td colspan="3">1. 发货人
浙江盛大机电有限公司
***</td><td rowspan="3">5. 标记及号码

HUA
SD091109
HOCHIMINH
C/NO.:1-600</td></tr>
<tr><td colspan="3">2. 收货人
HUALON CO., LTD.</td></tr>
<tr><td colspan="2">3. 合同/信用证号
SD0901100/001LC01093010006</td><td>4. 输往国家或地区
越南</td></tr>
<tr><td colspan="2">6. 运输工具名称及号码
船舶</td><td>7. 发货日期
2009 年 11 月 29 日</td><td>8. 集装箱规格及数量
1 个 20 尺普通箱</td></tr>
<tr><td>9. 货物名称及规格

电焊机
***
(以下空白)</td><td>10.H.S.编码

8515390000
***
(以下空白)</td><td>11. 申报总值

*27,200.00 美元
***
(以下空白)</td><td>12. 数/重量、包装数量及种类

*600 台
*600 纸箱
(以下空白)</td></tr>
<tr><td colspan="4">13. 证明

上述货物已经检验检疫，请海关予以放行。
本通关单有效期至 2010 年 1 月 27 日

签字：　　　　　　　　　　日期 2009 年 11 月 27 日</td></tr>
<tr><td colspan="4">14. 备注</td></tr>
</table>

单据 2-15：出口收汇核销单

出口收汇核销单
存根

(浙)编号：076408720

出口单位：浙江盛大机电有限公司	
单位代码：65975344-8	
出口币种总价：USD27 200.00	
收汇方式：L/C AT SIGHT	
预计收款日期：	
报关日期：2009-11-29	出口单位盖章
备注： ZJSD091118	
此单报关有效期截止到：	

出口收汇核销单

(浙)编号：076408720

出口单位：浙江盛大机电有限公司					
单位代码：65975344-8					
银行签注栏	类 别	币种金额	日 期	盖 章	出口单位盖章
海关签注栏：					海关盖章
外汇局签注栏： 年 月 日(盖章)					

出口收汇核销单
出口退税专用

(浙)编号：076408720

出口单位：浙江盛大机电有限公司		
单位代码：65975344-8		
货物名称	数 量	币种总价
电焊机	600 箱	USD27200.00
报关单编号：		
外汇局签注栏： 年 月 日(盖章)		

(印章：浙江盛大机电有限公司)

单据 2-16：出口货物报关单

中华人民共和国海关出口货物报关单

预录入编号：　　　　　　　　　　　　　　　海关编号：

出口口岸 北仑海关	备案号	出口日期 2009-11-29	申报日期 2009-11-28

经营单位 浙江盛大机电有限公司 3311956589	运输方式 江海运输	运输工具名称 CSCL EUROPE V. 0069W	提运单号 NGBNPT000443

发货单位 浙江盛大机电有限公司 3311956589	贸易方式(0110) 一般贸易	征免性质(101) 一般征税	结汇方式 信用证

许可证号	运抵国(地区) 越南	指运港 胡志明市港	境内货源地 台州温岭

批准文号 764087153	成交方式 CIF	运费 502/270/3	保费 502/180/3	杂费

合同协议号 SD091109	件数 600	包装种类 纸箱	毛重(公斤) 14800	净重(公斤) 4200

集装箱号 CCLU2725024	随附单据 B　330500209142311000	生产厂家 浙江盛大机电有限公司

标记唛码及备注
HUA
SD091109
HOCHIMINH
C/NO.:1-600

项号	商品编号	商品名称、规格型号	数量及单位	最终目的国(地区)	单价	总价	币制	征免
1	8515390000	电焊机 BX6–B–200 AL	400 台 9200 千克 400 台	越南	44 .00	17,600.00	美元	照章征税
2	8515390000	电焊机 BX6–B–250 AL	200 台 5000 千克 200 台	越南	48.00	9,600.00	美元	照章征税

税费征收情况

录入员　录入单位	兹声明以上申报无讹并承担法律责任	海关审单批注及放行日期(签章) 审单　　　　审价
报关员 ***** ***		征税　　　　统计
单位地址 宁波*****	申报单位(签章)	查验　　　　放行
邮编*****　　电话*****	填制日期 2009.11.28	

单据 2-17：代理报关委托书

代理报关委托书

编号：00163907055

我单位现(A 逐票、B 长期)委托贵公司代理　　等通关事宜。(A、填单申报 B、辅助查验 C、垫缴税款 D、办理海关证明联 E、审批手册 F、核销手册 G、申办减免税手续 H、其他)详见《委托报关协议》。

我单位保证遵守《海关法》和国家有关法规，保证所提供的情况真实、完整、单货相符。无侵犯他人知识产权的行为,否则，愿承担相关法律责任。

本委托书自签字之日起至　　年　月　日止。

委托方(盖章)：

法定代表人或其授权签署《代理报关委托书》的人(签字)

年　月　日

委托报关协议

为明确委托报关具体事项和各自责任，双方经平等协商签订协议如下：

委托方		被委托方	
主要货物名称		*报关单编码	No.
HS 编码	□□□□□□□□□□□□	收到单证日期	年　月　日
货物总价		收到单证情况	合同□　　发票□
进出口日期			装箱清单□　　提(运)单□
提单号			加工贸易手册□　　许可证件□
贸易方式			其他
原产地/货源地		报关收费	人民币：　元
其他要求：		承诺说明：	

背面所列通用条款是本协议不可分割的一部分，对本协议的签署构成了对背面通用条款的同意。	背面所列通用条款是本协议不可分割的一部分，对本协议的签署构成了对背面通用条款的同意。
委托方业务签章：	被委托方业务签章：
经办人签章：	经办报关员签章：
联系电话：	联系电话：
年　月　日	年　月　日

CCBA (白联：海关留存、黄联：被委托方留存、红联：委托方留存)　中国报关协会监制

小贴士

信用证结算方式下，出口收汇核销单和报关单的填制基本同非信用证结算方式，只是要注意以下几点：

(1) 出口收汇核销单存根联上的“收汇方式”，按照合同填写“信用证”，也可注明“即期”或“远期”。

(2) 报关单上的“收汇方式”，填写“信用证”。

步骤七　制作投保单和办理保险业务

业务进展

信用证 001LC01093010006 单据条款 46A 中对保险单的规定如下：“FULL SET 3/3 OF MARINE INSURANCE POLICY/CERTIFICATE ENDORSED IN BLANK FOR 110PCT OF INVOICE VALUE IN THE SAME CURRENCY OF DRAFT, COVERING ALL RISKS AS PER CIC CLAUSES, SHOWING: CLAIM PAYABLE AT HOCHIMINH CITY VIETNAM.”。47A 规定“ALL DOCS MUST INDICATE THIS L/C NO. AND L/C DATE”。

据此，2009 年 11 月 28 日，在完成托运手续确认船期后，外贸单证员黄菲根据上述信用证条款以及商业发票、装箱单，制作投保单(单据 2-18)。

黄菲填写好投保单后，连同商业发票一起提交保险公司，提出投保申请，保险公司承保后，出具保险单(单据 2-19)，并提供保费发票。

单据 2-18：投保单

PICC 中国人民财产保险股份有限公司 宁波市分公司

PICC Property and Casualty Company Limited, Ningbo Branch

地址：中国宁波市大来街 50 号　　　　电话(TEL)：0574-87196112
ADD：No.50 Dalai Road Ningbo China　　　　传真(FAX)：0574-87199039
邮编(Post Code)：315000

货物运输保险投保单
APPLICATION FORM FOR CARGO TRANSPORTATION INSURANCE

被保险人：
Insured: ZHEJIANG SHENGDA ELECTRO-MACHINERY CO., LTD
发票号(INVOICE NO.) ZJSD091118
合同号(CONTRACT NO.) SD091109
信用证号(L/C NO.) 001LC01093010006
发票金额(INVOICE AMOUNT) US$27,200.00 投保加成(PLUS) 10 %
兹有下列物品向中国人民保险公司 宁波分公司投保。(INSURANCE IS REQUIRED ON THE FOLLOWING COMMODITIES:)

标　记 MARKS & NOS.	包装及数量 QUANTITY	保险货物项目 DESCRIPTION OF GOODS	保险金额 AMOUNT INSURED
HUA SD091109 HOCHIMINH C/NO.:1-600	600CTNS	WELDING MACHINE	US$29,920.00

总保险金额：
TOTAL AMOUNT INSURED: SAY US DOLLARS TWENTY NINE THOUSAND NINE HUNDRED AND TWENTY ONLY
启运日期：　装载运输工具：
DATE OF COMMENCEMENT OCT.29,2009 PER CONVEYANCE: CSCL EUROPE V. 0069W
自　经　至
FROM NINGBO VIA ______ TO HOCHIMINH CITY PORT, VIETNAM
提单号：　赔款偿付地点：
B/L NO. COSU2651 CLAIM PAYABLE AT HOCHIMINH CITY, VIETNAM
投保险别：(PLEASE INDICATE THE CONDITIONS &/OR SPECIAL COVERAGES)
COVERING ALL RISKS FOR 110% OF THE TOTAL INVOICE VALUE AS PER OCEAN MARINE CARGO CLAUSES OF THE PICC PROERTY AND CASUALTY COMPANY LIMITED DATED 1/1/1981.

费率　　保费
RATE AS ARRANGED　　PREMIUM AS ARRANGED
备注：(REMARKS)

请如实告知下列情况：(如"是"在[ ]中打"X")IF ANY，PLEASE MARK "X"：
1. 货物种类 GOODS　袋装[X] BGA/JUMBO　散装[ ] BULK　冷藏[ ] REEFER　液体[ ] LIQUID　活动物[ ] LIVE ANIMAL　机器/汽车[ ] MACHINE/AUTO　危险品[ ] DANGEROUS CLASS
2. 集装箱种类 CONTAINER　普通[X] ORDIDARY　开顶[ ] OPEN　框架[ ] FRAME　平板[ ] FLAY　冷藏[ ] RAFRIGERATOR
3. 转运工具 BY TRANSIT　海轮[X] SHIP　飞机[ ] PLANE　驳船[ ] BARGE　火车[ ] TRAIN　汽车[ ] TRUCK
4. 船舶资料 PARTICULAR OF SHIP　船籍 RIGISTRY　船龄 AGE

备注：被保险人确认本保险合同条款和内容已经完全了解。
THE ASSURED CONFIRMS HEREWITH THE TERMS AND CONGITIONS THESE INSURANCE CONTRACT FULLY UNDERSTOOD.
投保日期：(DATE) NOV.28,2009

投保人(签名盖章)APPLICANT'S SIGNATURE
黄菲
电话：(TEL)0086-576-86402208
地址：(ADD)HE GUO AIR COMPRESSOR INDUSTRIAL ZONE, WEN LING CITY, ZHE JIANG PROVINCE

本公司自用(FOR OFFICE USE ONLY)
经办人 Made By ______　核保人 Checked By ______　负责人 In Charge ______

单据 2-19：保险单

PICC 中国人民财产保险股份有限公司 宁波分公司

PICC PROPERTY AND CASUALTY COMPAY LIMITED　　Ningbo Branch

总公司设于北京　　一九四九年创立

Head Office Beijing　　Established in 1949

货物运输保险单 CARGO TRANSPORTATION INSURANCE POLICY

印刷号(Printed Number)　3302900048878　　保单号(Proposal NO.) PYIE20093322726E00228

合同号(CONTRACT NO.)　SD091109

发票号(INVOICE NO.)　ZJSD091118

信用证号(L/C NO.)　001LC01093010006

被保险人：(Insured): ZHEJIANG SHENGDA ELECTRO-MACHINERY CO., LTD.

中国人民财产保险股份有限公司(以下简称本公司)根据被保险人的要求，由被保险人向本公司缴付约定的保险费，按照本保险但承保险别和背面所列条款与下列条款承保下述货物运输保险，特立本保险单。

THIS POLICY OF INSURANCE WITNESSES THAT PICC PROPERTY AND CASUALTY COMPAY LIMITED (HEREIN AFTER CALLED "THE COMPANY")AT THE REQUEST OF THE INSURED AND IN CONSIDERATION OF THE AGREED PREMIUM PAID TO THE COMPANY BY THE INSURED,UNDERTAKES TO INSURED THE UNDERMENTIONED GOODS IN TRANSPORTATION SUBJECT TO THE CONDITIONS OF THIS POLICY AS PER THE CLAUSES PRINTED BELOW.

标　记 MARKS & NOS	包装及数量 QUANTITY	保险货物项目 DESCRIPTION OF GOODS	保险金额 AMOUNT INSURED
HUA SD091109 HOCHIMINH C/NO.:1-600	600 CARTONS	WELDING MACHINE L/C NO.:001LC01093010006 L/C DATE:Oct.28, 2009	USD 29,920.00

总保险金额：

TOTAL AMOUNT INSURED: SAY U.S.DOLLARS TWENTY NINE THOUSAND NINE HUNDRED AND TWENTY ONLY

保费(PREMIUM) AS ARRANGED　　启运日期(DATE OF COMMENCEMENT) AS PER B/L

装载运输工具(PER CONVEYANCE): CSCL EUROPE V. 0069W :

自　　经　　至

FROM NINGBO, CHINA　VIA　TO HOCHIMINH CITY PORT, VIETNAM

承保险别：

CONDITIONS: COVERING ALL RISKS FOR 110% OF THE TOTAL INVOICE VALUE AS PER OCEAN MARINE CARGO CLAUSES OF THE PICC PROERTY AND CASUALTY COMPANY LIMITED DATED 1/1981.

所保货物，如发生保险单项下可能引起索赔的损失或损坏，应立即通知本公司下述代理人查勘。如有索赔，应向本公司提交保单正本(保险单共有 叁 份正本)及有关文件。如一份正本已用于索赔，其余正本自动失效。

IN THE EVENT OF LOSS OR DAMAGE WHICH MAY RESULT IN A CLAIM UNDER THIS POLICY,IMMEDIATE NOTICE MUST BE GIVEN TO THE COMPANY'S AGENT AS MENTIONED HEREUNDER.CLAIMS,IF ANY,ONE OF THE ORIGINAL POICY WHICH HAS BEEN ISSUED

IN 3 ORIGINAL(S) TOGETHER WITH THE RELEVENT DOCUMENTS SHALL BE SURRENDERED TO THE COMPANY. IF ONE OF THE ORIGINAL POLICY HAS BEEN ACCOMPLISHED,THE OTHERS TO BE VOID.

保险人：中国人民财产保险股份有限公司宁波分公司

Underwriter:PICC PROPERTY AND CASUALTY COMPAY LIMITED

Ningbo BRANCH

电话(TEL)：0574-87196111-80220、80219

传真(FAX)：0574-87199058

地址(ADD)：中国宁波大来街 50 号

50#DALAI STREET NINGBO CHINA

赔款偿付地点

CLAIM PAYABLE AT HOCHIMINH CITY, VIETNAM IN USD　　授权人签字：

签单日期(ISSUING DATE) NOV.28.2009　　Authorized Signature

核保人：　　制单人：　　经办人：　　WWW.PICCNET.COM.CN

知识链接 2-10

UCP600 第二十八条关于“保险单据和保险范围”的规定

(1) 保险单据，例如保险单或预约保险项下的保险证明书或者声明书，必须看似由保险公司或承保人或其代理人或代表出具并签署。

代理人或代表的签字必须标明其系代表保险公司或承保人签字。

(2) 如果保险单据表明其以多份正本出具，所有正本均须提交。

(3) 暂保单将不被接受。

(4) 可以接受保险单代替预约保险项下的保险证明书或声明书。

(5) 保险单据日期不得晚于发运日期，除非保险单据表明保险责任不迟于发运日生效。

(6) 保险单据必须表明投保金额并以与信用证相同的货币表示。

信用证对于投保金额为货物价值、发票金额或类似金额的某一比例的要求，将被视为对最低保额的要求。

如果信用证对投保金额未作规定，投保金额须至少为货物的 CIF 或 CIP 价格的 110%。

如果从单据中不能确定 CIF 或者 CIP 价格，投保金额必须基于要求承付或议付的金额，或者基于发票上显示的货物总值来计算，两者之中取金额较高者。

保险单据须标明承包的风险区间至少涵盖从信用证规定的货物监管地或发运地开始到卸货地或最终目的地为止。

(7) 信用证应规定所需投保的险别及附加险(如有)。如果信用证使用诸如“通常风险”或“惯常风险”等含义不确切的用语，则无论是否有漏保之风险，保险单据将被照样接受。

(8) 当信用证规定投保“一切险”时，如保险单据载有任何“一切险”批注或条款，无论是否有“一切险”标题，均将被接受，即使其声明任何风险除外。

(9) 保险单据可以援引任何除外责任条款。

(10) 保险单据可以注明受相对免赔率或绝对免赔额约束。

步骤八　提单确认及制作附属单据

业务进展

2009 年 11 月 30 日，在确认货物安全离港后，黄菲向进口商发出装运通知。

2009 年 12 月 1 日，黄菲收到货代公司寄来的海运提单(单据 2-20)。此前，已经收到提单确认件并经过核对。

单据 2-20：提单

1.Shipper ZHEJIANG SHENGDA ELECTRO–MACHINERY CO.,LTD HE GUO AIR COMPRESSOR INDUSTRIAL ZONE,WENLING CITY, ZHEJIANG PROVINCE , CHINA	B/L No. COSU2651
2.Consignee TO ORDER OF DONGA BANK, DIST 01 BR	中海集装箱运输(香港)有限公司 CHINA SHIPPING CONTAINER LINES (HONGKONG) CO.,LTD. Cable：CSHKAC Telex：87986 CSHKAHX Port-to-Port or Combined Transport **BILL OF LADING**
3.Notify Party Insert Name, Address and Phone HUALON CO., LTD 331 NGUYEN CONG TRU ST., DIST.01, HOCHIMINH CITY, VIETNAM TEL: 84-8-38223848/38212528 FAX: 84-8-38241648	**RECEIVED** in external apparent good order and condition, except otherwise noted. The total number of containers or other packages or units shown in this Bill of Lading receipt said by the shipper to contain the goods described above. Which description the carrier has no reasonable means of and is not part of the bill of lading. One original bill of lading should be surrendered, except clause 22 paragraph 5, in exchange for delivery of the shipment. Signed by the consigned or duly endorsed by the holder in due course. Whereupon the other original(s) issued shall be void. In accepting this Bill of Lading, the merchants agree to be bound by all the terms on the face and back hereof as if each had personally signed the bill of lading. **WHEN** the Place of Receipt of the Goods an inland point and is so named herein, any notation of **"On Board" "Shipped On board"** or words to like effect on this Bill of Lading shall be deemed to mean on board the truck, trail car, air craft or other inland conveyance (as the case may be), performing carriage from the Place of Receipt of the Goods to the Port of Loading. **SEE** Clause 4 on the back of this Bill of Lading (Terms continued on the back hereof Read Carefully) **ORIGINAL**

4.Pre-carriage by *	5.Port of Receipt * NINGBO	
6.Ocean Vessel Voy. No **CSCL EUROPE 0069 W**	7.Port of Loading **NINGBO, CHINA**	
8.Port of Discharge **HOCHIMINH CITY PORT(NEW PORT), VIETNAM**	9.Place of Delivery * **HOCHIMINH CITY PORT(NEW PORT), VIETNAM**	10.Final Destination(of the goods-not the ship)

11. Marks & Nos. Container Seal No.	12. No. of Containers or Packages	13.Kind of Packages; Description of Goods	14.Gross Weight Kgs	15.Measurement
HUA **SD091109** **HOCHIMINH** **C/NO.:1-600** **CCLU2725024/F484975 20'GP**	**600 CTNS** **1×20'GP**	SHIPPER'S LOAD, COUNT SAID TO CONTAIN AND SEAL SAID TO CONTAIN **WELDING MACHINE** **L/C NO.:001LC01093010006** **L/C DATE:Oct.28, 2009**	**14800KGS** **FCL-FCL** **CY-CY** **FREIGHT PREPAID**	**24.8 CBM**
		16. Description of Contents for Shipper's Use Only (Not part of This B/L Contract)		
17.Total Number of containers or packages (in words)	SAY SIX HUNDRED CARTONS ONLY			

18.FREIGHT & CHARGES	19.Revenue Tons	20.Rate	21.Per	22.Prepaid	23.Collect

24. Ex. Rate:	25.Prepaid at	26. Payable at	27. Place and date of issue **NINGBO NOV 29, 2009**
	28.Total prepaid in	29. No. of Original B(s)/L **THREE (3)**	Signed for the Carrier

DATE Nov.29,2009　　BY 曾昭明

中海集装箱运输浙江有限公司
CHINA SHIPPING CONTAINER LINES CO.,LTD.(ZHEJIANG)
曾昭明
GENERAL MANAGER
AS AGENT FOR THE CARRIER
CHINA SHIPPING CONTAINER LINERS CO.,LTD

ON BOARD

业务进展

信用证 001LC01093010006 单据条款对装船通知的规定如下："COPY OF BENEFICIARY'S FAX SENT TO APPLICANT (FAX NUMBER 0084-8-82416483) WITHIN 2 WORKING DAYS AFTER SHIPMENT DATE, SHOWING SHIPMENT DATE AND PLACE, DISCHARGE PORT OR PLACE, NAME, AGE AND NATIONALITY OF THE VESSEL, VALUE OF THE GOODS, DESCRIPTION OF THE GOODS, TYPE OF PACKAGING, DETAILS OF TRANSHIPMENT IF ANY, GROSS AND NET WEIGHT OF THE GOODS"。

据此，2009 年 11 月 30 日，黄菲通过传真的方式向进口商发出装运通知(单据 2-21)。

单据 2-21：装运通知

ZHEJIANG SHENGDA ELECTRO-MACHINERY CO., LTD.

HE GUO AIR COMPRESSOR INDUSTRIAL ZONE, WEN LING CITY, ZHEJIANG PROVINCE, CHINA
TEL : 86-576-86402208 FAX: 86-576-86402288

SHIPPING ADVICE

TO: HUALON CO., LTD
331 NGUYEN CONG TRU ST., Dist.01,
HOCHIMINH CITY, VIETNAM
TEL: 84-8-38223848/38212528 FAX: 84-8-38241648

ISSUE DATE: NOV.30,2009
INVOICE NO.: ZJSD091118
S/C NO.: SD0901109

DEAR SIRS:
WE HEREBY INFORM YOU THAT THE FOLLOWING MENTIONED GOODS HAVE BEEN SHIPPED ON NOV.29,2009. THE DETAILS OF THE SHIPMENT ARE STATED BELOW:

L/C NUMBER:	001LC01093010006
L/C DATE:	OCT.28, 2009
B/L NUMBER:	COSU2651
OCEAN VESSEL :	CSCL EUROPE V.0069 W
AGE AND NATIONALITY:	5, CYPRUS
PORT OF LOADING:	NINGBO，CHINA
PORT OF DESTINATION:	HOCHIMINH CITY PORT, VIETNAM
DATE OF DEPARTURE:	NOV.29,2009
ETA:	DEC.9,2009
COMMODITY:	WELDING MACHINE
AMOUNT:	USD27,200.00
NUMBER OF CARTONS:	600 CTNS
GROSS WEIGHT:	14800KGS
NET WEIGHT:	14200KGS
SHIPPING MARKS:	HUA SD091109 HOCHIMINH C/NO.:1-600

ZHEJIANG SHENGDA ELECTRO-MACHINERY CO.,LTD

张文龙

知识链接 2-11

信用证结算方式下装船通知的填制

信用证中一般会规定受益人应在货物出运后某个期限内，通过传真或电讯方式将装船情况通知开征申请人/指定保险人，装船通知的副本则作为履约证明，与其他信用证规定单据一起提交银行收汇。例如，信用证单据条款中关于装船通知的规定："Shipping advice showing the name of the vessel, date of shipment, marks, quantity, net weight and gross weight of the shipment to applicant within 3 days after the date of Bill of Lading"，或者是"Beneficiary's certificate copy of fax dispatched to the applicant (Fax No.××) within 2 working days after shipment advising L/C No., name of vessel, date of shipment, name, quantity, weight, value of goods, and ETA"。

如果信用证中未对装船通知的出单日期作出明确规定，出口商一般应在货物离开起运地3个工作日内向进口商发出装船通知。

信用证结算方式下，装船通知的缮制应该根据信用证的相关规定，并注意以下几点：

(1) 单据名称应当遵照信用证规定名称，装船通知性质的单据名称常见的有 Shipping Advice、Shipment Statement、Declaration of Shipment、Beneficiary's Certificated Copy of Fax 等，有时信用证中没有明确规定装运通知名称，但在其他单据中提及要将"Shipment Details"在规定时间内通知开证申请人，那么，受益人也应当及时制作并发送装船通知。

(2) 装船通知中应当至少包含信用证明确规定的内容。

业务进展

2009 年 12 月 1 日，黄菲将一套单据(包括商业发票、装箱单、提单和保险单)副本通过 DHL 寄给越南的 HUALON 公司, 留下寄单存根，并根据信用证 001LC01093010006 单据条款中对受益人证明的规定"BENEFICIARY'S CERTIFICATE STATING THAT ONE COPY OF INVOICE, OF PACKING LIST, OF INSURANCE POLICY / CERTIFICATE AND ONE COPY OF B/L HAVE BEEN SENT DIRECTLY TO THE APPLICANT IMMEDIATELY AFTER SHIPMENT DATE"，制作受益人证明(单据 2- 22)。

单据 2-22：受益人证明

<table>
<tr><td colspan="4">ZHEJIANG SHENGDA ELECTRO-MACHINERY CO., LTD.
HE GUO AIR COMPRESSOR INDUSTRIAL ZONE, WEN LING CITY, ZHE JIANG PROVINCE, CHINA
TEL : 86-576-86402208 FAX: 86-576- 86402288</td></tr>
<tr><td colspan="4">BENEFICIARY'S CERTIFICATE</td></tr>
<tr><td rowspan="2">To:</td><td rowspan="2">WHOM IT MAY CONCERN</td><td>Invoice No.:</td><td>ZJSD091118</td></tr>
<tr><td>Date:</td><td>Dec.1,2009</td></tr>
<tr><td colspan="4">WE HEREBY CERTIFY THAT ONE COPY OF INVOICE, OF PACKING LIST, OF INSURANCE POLICY / CERTIFICATE AND ONE COPY OF B/L HAVE BEEN SENT DIRECTLY TO THE APPLICANT IMMEDIATELY AFTER SHIPMENT DATE BY DHL (TRACKING No.: 1770481632).

L/C NO.: 001LC01093010006
L/C DATE: OCT.28, 2009

ZHEJIANG SHENGDA ELECTRO-MACHINERY CO., LTD
张文龙</td></tr>
</table>

知识链接 2-12

受益人证明和其他证明信

一、受益人证明概述

受益人证明(Beneficiary's Certificate)是一种由信用证受益人出具的用来证明自己履行了信用证条款的规定，如证明已按要求寄单、证明所交的货物的品质、证明运输包装处理等。

受益人证明以寄单证明或寄样证明最为多见，即受益人根据信用证的规定出具的、证明其在出口货物前或后的一定期限内，将规定的样品或单据寄送给信用中指定人的一种证明。例如，信用证中要求："Beneficiary's Certificate certifying that one set of non-negotiable documents has been sent to applicant by DHL"。根据这个条款，受益人应提供受益人证明。

阿拉伯国家为了抵制以色列，通常要求出口商出具证明信，表明其出口的货物不含以色列原料，船舶不挂靠以色列港口、不悬挂以色列旗等。如阿拉伯国家开来的信用证通常规定"The goods shipped are neither of Israeli origin nor do they contain any Israeli materials nor are they being imported from Israeli，Beneficiary's certificate to this effect is required"，则须出具受益人证明，包含内容"We hereby certify that the goods shipped are neither of Israeli origin nor do they contain any Israeli materials nor are they being imported from Israeli"。

对美国、加拿大、澳大利亚、新西兰等国出口货物时，包装如果使用了木质材料，需要对木材进行熏蒸处理，并由出口方提供熏蒸证明，否则货物将不允许入关，而且发货人还要承担可能产生的一切损失。如果实际包装未使用任何木质包装材料，进口方往往要求出口方出具受益人证明，证明货物非木质包装，以保证货物顺利通关，其中证明语句为“We hereby certify that no solid wood material has been used in the packing.”。

二、受益人证明的缮制

受益人证明通常包括单据名称、抬头、相关单据(例如发票)号码、日期、具体证明内容、参考号码、签署等项内容。

1. 出证人公司名称和地址

填写受益人公司名称和地址。

2. 单据名称

按 L/C 规定填制，如“Beneficiary's certificate, Beneficiary's statement, Beneficiary's declaration”。

3. 抬头

不一定要具体，填写“WHOM IT MAY CONCERN”(有关当事人)即可。

4. 日期

应当与信用证条款规定相符合。例如，信用证规定“Beneficiary's certificate certifying that one set of non-negotiable shipping documents has been sent to the applicant within 3 days after the shipment date”，而提单日期是 2009 年 11 月 1 日，那么受益人证明的日期不能早于 2009 年 11 月 1 日，也不能晚于 11 月 4 日和交单日期。

5. 参考号码

一般填写商业发票的号码，如果信用证有规定，还应填写信用证号码和日期等。

6. 证明内容

根据信用证缮制。例如，信用证规定“Beneficiary's certificate certifying that packing should be effected in 25kgs/ctn box, lined with waterproof paper”，则受益人证明应做成“We certify that the goods under L/C **** have been packed in 25kgs/ctn box and lined with waterproof paper”。

7. 签署

受益人注明公司名称并签章。

步骤九　缮制汇票

业务进展

2009 年 12 月 2 日，单证员黄菲主要根据下列信用证条款填制汇票(单据 2-23)。汇票原则上可以由出口商自行缮制，但在实际业务中，出口商往往向交单银行领取印就的汇票，按格式进行填制。

Available with…By…　　　　　　：41D：ANY BANK

BY NEGOTIATION

Drafts at… ：42C：SIGHT FOR 100 PCT OF INVOICE VALUE

Drawee ：42D：DONGA BANK, DIST 01 BRANCH

单据 2-23：汇票

BILL OF EXCHANGE

No. ZJSD091118

For US$ 27,200.00 TAIZHOU,CHINA DEC.2,2009

(Amount in figure) (Place of issue) (Date of issue)

At *** sight of this **FIRST** Bill of exchange (SECOND being unpaid)

Pay to INDUSTRIAL AND COMMERCIAL BANK OF CHINA, TAIZHOU CITY BRANCH

or order the sum of

SAY U.S. DOLLARS TWENTY SEVEN THOUSAND TWO HUNDRED ONLY

(amount in words)

Drawn under DONGA BANK, DIST 01 BRANCH, VIETNAM

L/C No. 001LC01093010006 dated OCT.28,2009

To: For and on behalf of

DONGA BANK, DIST 01 BRANCH ZHEJIANG SHENGDA ELECTRO-MACHINERY CO., LTD

张文龙

(Signature)

BILL OF EXCHANGE

No. ZJSD091118

For US$ 27,200.00 TAIZHOU,CHINA DEC.2,2009

(Amount in figure) (Place of issue) (Date of issue)

At *** sight of this **SECOND** Bill of exchange (FIRST being unpaid)

Pay to INDUSTRIAL AND COMMERCIAL BANK OF CHINA, TAIZHOU CITY BRANCH

or order the sum of

SAY U.S. DOLLARS TWENTY SEVEN THOUSAND TWO HUNDRED ONLY

(amount in words)

Drawn under DONGA BANK, DIST 01 BRANCH, VIETNAM

L/C No. 001LC01093010006 dated OCT.28,2009

To: For and on behalf of

DONGA BANK, DIST 01 BRANCH ZHEJIANG SHENGDA ELECTRO-MACHINERY CO., LTD

张文龙

(Signature)

知识链接 2-13

汇　票

一、汇票的定义

我国《票据法》对汇票(Draft/Bill of Exchange/Exchange)的定义："汇票是出票人签发的，委托付款人在见票时或者在指定日期无条件支付确定的金额给收款人或者持票人的票据。"

根据《英国票据法》，汇票是一个人向另一个人签发的无条件书面命令，要求受票人见票时或于未来某一规定的或可以确定的日期，将一定金额的款项支付给某一特定的人或其指定人，或持票人。

二、汇票的种类

1. 按照出票人的不同，汇票可分为银行汇票和商业汇票

银行汇票的出票人和付款人都是银行。

商业汇票的出票人是工商企业或个人，付款人可以是工商企业或个人，也可以是银行。

国际贸易结算中，通常由出口方开立商业汇票，向国外银行或进口人收取货款。信用证支付方式下，汇票是出口商开给银行(通常是开证行或其指定的银行)的书面的无条件支付命令，要求接受命令的银行立即或定期或在可以确定的将来时间把一定金额的货币支付给出口商自己或者指定的人。

2. 按照付款时间的不同，汇票可分为即期汇票和远期汇票

即期汇票(Sight Bills of Exchange)，是指见票即付的汇票，即当即期汇票的持票人向付款人提示票据，付款人审单相符日立即付款的汇票。

远期汇票，是指在将来某一时间付款的汇票。远期汇票的付款日期有 4 种记载方法：①规定某一个特定日期，即定日付款；②见票或承兑后若干天；③出票后若干天；④运输单据日后若干天，其中，以"提单日期后若干天"最为普遍。

3. 按照承兑人的不同，汇票可分为商业承兑汇票和银行承兑汇票

商业承兑汇票是指由工商企业和个人承兑的远期汇票。商业承兑汇票是建立在商业信用的基础之上，其出票人是工商企业和个人。

银行承兑汇票是指由银行承兑的远期汇票，通常由出口商签发，银行对汇票承兑后即成为该汇票的主债务人，而出票人则成为次债务人。银行承兑汇票是建立在银行信用的基础之上的。

4. 按照是否附有货运单据，汇票可分为光票和跟单汇票

光票是指不附带货运单据的汇票。光票的流通全靠出票人、付款人或出让人(背书人)的信用。在国际结算中，一般仅限于贸易从属费用，货款尾数和佣金等的托收和支付时使用。

跟单汇票是指附有货运单据的汇票。跟单汇票的付款以附交货运单据为条件，付款人要取得货运单据提取货物，必须付清货款或提供一定的担保，体现了货款和单据对流的原则，

对进出口双方提供了一定的安全保证。在国际结算中，大多采用跟单汇票作为结算工具。

三、汇票的内容及信用证结算方式下汇票填制的注意事项

1. 汇票编号(No.)

通常与相应的(同一笔业务的)发票号码一致，以便于核对汇票中与发票相同和相关的内容，例如金额，信用证号码等。

2. 汇票小写金额(For)

包括货币符号和数字；货币符号一般沿用 ISO 规定的用 3 个大写英文字母组成的正规符号；小写数额注意打分节号，小数点后保留两位小数，没有数字补零；货币符号与数字之间不要留下间隔。如 USD32,535.78、HKD230.00。

填制小写金额时，应注意以下几点：

(1) 除非信用证另有规定，汇票金额应与发票金额一致(Draft…for 100 percent of invoice value)，包括币种，且不能超过 L/C 金额。

(2) 有的信用证特别规定汇票金额为发票金额的百分之多少(如 Draft…for 95% of invoice value)，就应该按 L/C 要求制作汇票(单证相符)，往往差额部分(5%)为应付的佣金。这种规定通常出现在中间商代开的信用证中。

(3) 如果信用证规定部分款项采用信用证付款，部分托收，则分做两套汇票：信用证项下支款的汇票按信用证允许的金额填制，其余部分按托收项下汇票的金额填制，两者之和等于发票金额。

(4) 如果信用证要求一笔交易金额用两张汇票分别支款，则在两张汇票上打上信用证要求的金额。

(5) 汇票的币种应与信用证规定的币种相同。

3. 汇票地点和日期(Place and Date of Issue)

即签发汇票的地点和日期。

商业汇票的签发地点，一般预先印好，在信用证支付方式下就是议付地点。

商业汇票的出票日期，信用证支付方式下，一般以议付日期作为出票日期，该日期不得早于随附的各种单据的出单日期，同时不得晚于信用证的有效期和最迟交单期限。汇票的出票日期有 3 个重要作用：一是决定票据的有效期。《日内瓦统一法》规定，即期汇票的一年有效期是从出票日起算的。二是决定票据的到期日。计算出票后远期汇票的到期日必须知道出票日期。三是决定出票人的行为能力。若出票时法人已宣告破产或清理，已丧失行为能力，则票据不成立。

4. 付款期限(At…sight)

汇票的付款期限有即期和远期两种。

信用证支付方式下，此栏根据信用证上的规定填写。

(1) 信用证规定“Draft at sight”，出票人应当出具即期汇票，付款期限填写方法：在期限空格内用“＊＊＊”或“———”表示，也可以直接填上“AT SIGHT”，但是不能留空。

(2) 远期汇票，按信用证规定填入相应的付款期限。

信用证规定“Draft at 30 days after sight”，出票人应当出具见票后 45 天付款的远期汇票，填写时，在期限空格内填上“30 DAYS AFTER”即可。After sight 指付款人见票，即以持票人向付款人第一次出示汇票，并要求付款人“在汇票上签章，书面承诺到期付款”的时间起算，过 30 天后支付款项。

信用证规定“Draft at 45 days after date”，出票人应当出具出票后 30 天付款的远期汇票，填写时，在期限空格内填上“45 DAYS AFTER DATE”，并把已印制的“sight”字样划掉。此处的“DATE”是指汇票上列明的签发日期，远期付款的天数以此起算，过 45 天以后，付款人支付款项。

信用证规定“Draft at 60 days after the B/L date”，如果 B/L 日期是 Jan.10, 2010，出票人应当出具提单日后 45 天付款的远期汇票，填写时，在期限空格内填写“60 DAYS AFTER THE B/L DATE, JAN.10,2010”，并把已印制的“sight”字样划掉。

《关于审核跟单信用证项下单据的国际标准银行实务》(ISBP681)第 43 条 e 款和 f 款分别规定，当信用证规定用“提单日期后××天”表示远期汇票的付款到期日时，如果一份提单上有多个装船批号，则远期汇票的付款到期日以最早的装船批注日为准来计算；如果一张汇票项下提交了多套提单，则最晚的提单日将被用来计算汇票的到期日。

计算汇票到期日的一般计算方法是“算尾不算头”。

托收支付方式项下的汇票必须依据合同条款规定缮制。

小贴士

远期汇票到期日的计算说明如下：

(1) 见票/出票日/说明日以后若干天付款的汇票到期日计算“算尾不算头”，即期限开始的那一天不算，期限的最后一天算进。例如，见票日为 2009 年 3 月 18 日，付款期限为见票后 30 天，则应从 19 日起算 30 天，到期日为 2009 年 4 月 17 日。

(2) 假日顺延，如果上例中 4 月 17 日为银行假日，即延至随后的第一个营业日付款。

(3) 见票/出票日/说明日以后若干月付款(以月为单位计期)，汇票到期日应该为付款之月的相同日期，如汇票规定出票后 3 个月付款，出票日为 2009 年 3 月 18 日，到期日应为 2009 年 6 月 18 日；如果付款月份无同日即为月末，如见票日为 2009 年 1 月 31 日，见票后 1、2、3 月付款，则到期日应分别为 2009 年 2 月 28 日、3 月 31 日、4 月 30 日。

(4) UCP600 第三条中关于日期计算的解释：

“于或约于”(on or about)或类似词语将被视为规定事件发生在指定日期的前后 5 个日历日之间，起讫日期计算在内。

“至(to)”、“直至(until，to)”、“从……开始(from)”及“在……之间(between)”等词用于确定发运日期时包含提及的日期，使用“在……之前(before)”及“在……之后(after)”时则不包含提及的日期。

“从……开始(from)”及“在……之后(after)”等词用于确定到期日时不包含提及的日期。

“上半月(first half)”和“下半月(second half)”应分别理解为自每月“1 日至 15 日”和“16 日至月末最后一天”，包括起讫日期。

“月初(beginning)”、“月中(middle)”及“月末(end)”分别理解为每月 1 日至 10 日、11 日至 20 日和 21 日至月末最后一天，包括起讫日期。

5. 收款人(Pay to…)

汇票的收款人(受款人)又称汇票抬头，是指受领汇票所规定的金额的人。信用证结算方式下，汇票的收款人往往是信用证的交单银行或受益人，常见的是交单银行(汇票出票人提交单据办理议付的银行)，究竟以哪家银行作为收款人，取决于信用证中是否有具体的规定。

信用证对收款人的规定可分为两种，一种是限制收款人，即限制性议付行；另一种是不限制收款人，即不限制议付行，可自由议付。

如果信用证规定“Available with…By…：41D：BANK OF CHINA, NINGBO BRANCH, BY NEGOTIATION”。或者“By negotiation against the documents detailed herein and beneficiary's drafts at 45 days after sight with BANK OF CHINA, NINGBO BRANCH”，该信用证限制在中国银行宁波分行议付，即收款人是中国银行宁波分行。填制汇票时，在“pay to”后填上“BANK OF CHINA, NINGBO BRANCH”。

如果信用证规定“Available with…By…：41D：ANY BANK BY NEGOTIATION”，或者“By negotiation against the documents detailed herein and beneficiary's drafts at 45 days after sight with any bank in beneficiary's country”，该信用证不限制议付行，即不限制收款人，可在受益人所在国家的任何银行议付。受益人在选择自己国家任何一个合适的银行，如中国工商银行，交单议付。填制汇票时，在“Pay to”后填上“INDUSTRIAL AND COMMERCIAL BANK OF CHINA, NINGBO BRANCH”。

汇票票面上“Pay to…or order”的含义是“付给……或其指定人”，这意味着这种汇票的收款人可以通过一定方式将收款权指定给其他人，因此，在实际业务中，也有出口商在“Pay to…”和“or order”之间打上自己的名称，在向银行交单议付时，再通过背书指定议付行为收款人。

小贴士

汇票抬头人记载3种形式:

(1) 指示式抬头(Instructive Order): 即出票人在汇票的抬头指明汇票可以由收款人或其指定人收款，或者指明某一特定的人作为收款人，但不包含禁止转让的意图，如“Pay to the order of John Smith”、“Pay to John Smith or order”或“Pay to Bank of China or order”。

(2) 限制式抬头(Restrictive Order): 即汇票对收款人进行限制，限制转让或含有汇票不可转让的意图，这种汇票不能流通，例如，汇票抬头记载“Pay to JOHN SMITH ONLY”或“Pay to JOHN SIMTH NOT TRANSFERABLE”。

(3) 来人抬头(Payable to Bearer): 又称为持票人抬头。这种汇票不用背书即可转让，风险大，所以《日内瓦统一法》规定不允许汇票做这样的抬头，但《英国票据法》却允许接受。

信用证结算方式下，受益人一般出具以议付行为抬头的指示性抬头汇票，然后将汇票背书给议付行，议付行在办理议付之后，在向开证行或其指定银行求偿时，对汇票再进行背书。

6. 大写金额(the Sum of)

汇票大写金额由货币名称和货币金额组成。一般要求顶格填写，以防有人故意篡改。货币名称写在数额之前，大写金额后加“ONLY”(整)，也可在货币名称前加“SAY”(计)，如果有小数部分，小数部分金额的前面可以使用“CENTS”(分)，而不用“POINT”(小数点)。

大写金额必须与小写金额一致。

【例 10】USD 2200.55 可以在 the sum of 后填写“SAY US DOLLARS TWO THOUSAND TWO HUNDRED AND CENTS FIFTY FIVE ONLY”。

7. 出票依据(Drawn under…)

即开立汇票的依据。在信用证支付方式下，开立汇票的依据自然是信用证，这一条款表示“依据××开证银行第××号信用证而开立这张汇票(Drawn under ×× L/C NO. ×× DATED××)”。

出票条款是信用证项下汇票必须加列的条款，若汇票上无此条款，将构成一个不符点。信用证若规定了出票条款，则汇票按信用规定列出。信用证若没有规定出票条款，汇票仍需加列出票条款，一般依次在上述“××”处填写开证行名称、信用证号码和开证日期，这 3 项应与信用证相符。

8. 受票人(To)

即付款人，即接受支付命令的当事人，应在 To 后面详细列明其名称及地址。

信用证支付方式下，应按照信用证的规定，以开证行或其指定的付款行为付款人。汇票受票人通常会在信用证条款的“Drawee”一词后面出现或在汇票条件中列明，例如，信用证中规定“Drawee：ABC BANK”，则付款人 To 后填写：ABC BANK；信用证的汇票条款规定“Drawn on us”那么受票人为开证行；信用证的汇票条款规定“Drawn on DEF BANK”，那么受票人为 DEF 银行。

倘若信用证中未指定付款人，应填写开证行。

信用证不得开成凭以申请人为付款人的汇票兑用(UCP600 第六条(3)款)。

9. 出票人

信用证支付方式下，一般填信用证的受益人，其名称应与信用证上所记载的完全相符。在可转让信用证项下，也有可能为信用证的第二受益人。出票人应签署企业全称和负责人的签字或盖章。

受益人必须在汇票上签字，才能使汇票生效。

汇票通常有两联，但债务只有一笔，实务中为了避免重复付款，在汇票的第一联中常有“FIRST Bill of Exchange(Second Being Unpaid)”字样，而在第二联中则相应地有“SECOND Bill of Exchange (First Being Unpaid)”字样，俗称“付一不付二，付二不付一”，即第一联生效则第二联自动作废，第二联生效则第一联自动作废。汇票的第一联和第二联在法律效力上无区别。

拓展训练：托收结算方式下，汇票的制作

如果将合同 2-1 的支付条款改为：“Terms of payment: Upon first presentation the buyer shall pay against documentary draft drawn by the seller at sight. The shipping documents are to be delivered against payment only.”。假设其他条款不变，拟以中国工商银行台州分行为托收行，浙江盛大机电有限公司装运货物取得运输单据之后，交单给托收银行时，当出具汇票(单据 2-24)。

单据 2-24：汇票

BILL OF EXCHANGE

No. ZJSD091118

For US$ 27,200.00　　TAIZHOU,CHINA　　DEC.2,2009

(Amount in figure)　　(Place of issue)　　(Date of issue)

D/P At *** sight of this **FIRST** Bill of exchange (SECOND being unpaid)

Pay to INDUSTRIAL AND COMMERCIAL BANK OF CHINA, TAIZHOU CITY BRANCH

or order the sum of

SAY U.S. DOLLARS TWENTY SEVEN THOUSAND TWO HUNDRED ONLY

(amount in words)

Drawn under Shipment of 600 cartons of welding machines as per Invoice No. ZJSD091118

For Collection

L/C No.________ dated________

To:

HUALON CO., LTD
341 NGUYEN CONG TRU ST., Dist.
01, HOCHIMINH CITY, VIETNAM

For and on behalf of
ZHEJIANG SHENGDA ELECTRO-MACHINERY
CO.,LTD
张文龙

BILL OF EXCHANGE

No. ZJSD091118

For US$ 27,200.00　　TAIZHOU, CHINA　　DEC.2,2009

(Amount in figure)　　(Place of issue)　　(Date of issue)

D/P At *** sight of this **SECOND** Bill of exchange (FIRST being unpaid)

Pay to INDUSTRIAL AND COMMERCIAL BANK OF CHINA, TAIZHOU CITY BRANCH

or order the sum of

SAY U.S. DOLLARS TWENTY SEVEN THOUSAND TWO HUNDRED ONLY

(amount in words)

Drawn under Shipment of 600 cartons of welding machines as per Invoice No. ZJSD091118

For Collection

L/C No.________ dated________

To:

HUALON CO., LTD
341 NGUYEN CONG TRU ST., DIST.
01, HOCHIMINH CITY, VIETNAM

For and on behalf of
ZHEJIANG SHENGDA ELECTRO-MACHINERY
CO.,LTD
张文龙

四、托收结算方式下汇票填制的注意事项

托收支付方式下的汇票可根据合同或其他有关要求膳制，一般以出票人的业务往来银行作为抬头人，即把单据交给哪家银行，汇票的抬头人就填这家银行的名称。托收汇票的表面格式与信用证支付方式的汇票相似，但其主要内容的缮制有较大区别。

1. 汇票号码(No.)

一般填写发票号码。

2. 汇票小写金额(For)

按照合同及相关规定填写托收总金额。

3. 汇票地点和日期(Place and Date of Issue)

商业汇票的签发地点，一般预先印好，托收方式项下，以托收行接受托收手续的地点作为汇票出具地点。汇票日期，一般由银行代填。

4. 支付方式和付款期限(…At…Sight)

支付方式一般为D/P或者D/A，填写在AT的前面。

付款期限应填写在 AT 与 SIGHT 的中间。如远期见票后 60 天，则填“AT 60 DAYS SIGHT”；如为“即期”，则为“AT*****SIGHT”，如果不是从见票起算，则须将sight一字划掉。例如，提单日期后90天付款，则记载为“at 90 days from date of B/L”。

5. 收款人(Pay to)

一般填写托收银行(交单的银行)或其分行/代理行的名称。

6. 大写金额(the Sum of)

先填写货币名称，再用英文大写表明托收金额，大小写应相一致，句尾加“ONLY”字样。

7. 出票依据(Draw Under)

一般应写上发票号(或合同号)、商品件数、商品的总称，以便于查找核对，并加上“For Collection”字样。例如，“Shipment of 100 cartons of shoes as per Invoice No. CD96-130 For Collection”。

8. 付款人(To)

即汇票右下角的“TO”栏，根据合同规定填写买方的名称和地址。

9. 出票人签字

在汇票右下角打出或盖上出口方公司名称并由负责人签字或盖章。

托收方式下的汇票出票人即合同规定的卖方。汇票的出票人必须签章才能生效，出票人的签章也应与发票及其他单据的签章一致。

步骤十　单据审核

业务进展

黄菲根据信用证单据条款 46A，整理信用证规定要提交并凭以结汇的单据：商业发票(单据 2-25)、装箱单(单据 2-26)、提单(单据 2-27)、保险单(单据 2-28)、原产地证明书(单据 2-29)、检验证书(单据 2-30)、装船通知(单据 2-31)、受益人证明(单据 2-32)和汇票(单据 2-33、单据 2-34)，并对上述单据进行审核，找出不符点。

单据 2-25：待审核的商业发票

ZHEJIANG SHENGDA ELECTRO-MACHINERY CO., LTD

HE GUO AIR COMPRESSOR INDUSTRIAL ZONE, WEN LING CITY, ZHE JIANG PROVINCE, CHINA
TEL: 86-576-86402208 FAX: 86-576-86402288

COMMERCIAL INVOICE

TO: HUALON CO., LTD
331 NGUYEN CONG TRU ST., DIST 01,
HOCHIMINH CITY, VIETNAM
TEL: 84-8-38223848/38212528 FAX: 84-8-38241648

INVOICE NO.: ZJSD091118
DATE: Nov.12 , 2009
CONTRACT NO.: SD091109
DATE: Oct.18 , 2009

FROM NINGBO, CHINA **TO** HOCHIMINH CITY PORT, VIETNAM

Marks & Nos.	Description of Goods	Quantity	Unit Price	Amount
HUA			CIF HOCHIMINH CITY	
SD091109	WELING MACHINE		PORT, VIETNAM	
HOCHIMINH	BX6-B-200AL	400 PCS	USD 44.00	USD 17,600.00
C/NO.:1-600	BX6-B-250AL	200 PCS	USD 48.00	USD 9,600.00
	AS PER S/C NO. SD091109, DATED OCT.18, 2009			
	TOTAL:	600PCS		USD 27,200.00

SAY TOTAL : SAY US DOLLARS TWENTY SEVEN THOUSAND TWO HUNDRED ONLY.

L/C NO.:001LC01093010006
L/C DATE:Oct.28, 2009

ZHEJIANG SHENGDA ELECTRO-MACHINERY CO., LTD

张文龙

单据 2-26：待审核的装箱单

ZHEJIANG SHENGDA ELECTRO-MACHINERY CO., LTD

HE GUO AIR COMPRESSOR INDUSTRIAL ZONE, WEN LING CITY, ZHE JIANG PROVINCE, CHINA
TEL: 86-576-86402208　FAX：86-576-86402288

PACKING LIST

TO: HUALON CO., LTD
331 NGUYEN CONG TRU ST., DIST 01,
HOCHIMINH CITY, VIETNAM
TEL: 84-8-38223848/38212528 FAX: 84-8-38241648

INVOICE NO.: ZJSD091118
DATE: NOV.12 , 2009
CONTRACT NO.: SD091109
DATE: Oct.18 , 2009

FROM NINGBO, CHINA **TO** HOCHIMINH CITY PORT, VIETNAM

Marks & Nos.	Description of Goods	Quantity	Package	G.W	N.W	MEAS.
HUA SD091109 HOCHIMINH C/NO.:1-600	WELDING MACHINE BX6-B-200AL BX6-B-250AL	 400pcs 200pcs	 400CTNS 200CTNS	 9600kgs 5200KGS	 9200kgs 5000kgs	 15.872 M^3 8.928 M^3
	TOTAL:	600PCS	600 CTNS	14800KGS	14200KGS	24.8 M^3

SAY TOTAL: SIX HUNDRED CARTONS ONLY.

ZHEJIANG SHENGDA ELECTRO-MACHINERY CO., LTD

张文龙

单据 2-27：待审核的提单

1.Shipper ZHEJIANG SHENGDA ELECTRO-MACHINERY CO.,LTD HE GUO AIR COMPRESSOR INDUSTRIAL ZONE, WENLING CITY, ZHEJIANG PROVINCE, CHINA	B/L No. COSU2651
2.Consignee TO ORDER	中海集装箱运输(香港)有限公司 CHINA SHIPPING CONTAINER LINES (HONGKONG) CO.,LTD. Cable：CSHKAC Telex：87986 CSHKAHX Port-to-Port or Combined Transport **BILL OF LADING**
3.Notify Party Insert Name, Address and Phone HUALON CO., LTD 3311 NGUYEN CONG TRU ST., DIST 01, HOCHIMINH CITY, VIETNAM TEL: 84-8-38223848/38212528 FAX: 84-8-38241648	**RECEIVED** in external apparent good order and condition, except otherwise noted. The total number of containers or other packages or units shown in this Bill of Lading receipt said by the shipper to contain the goods described above. Which description the carrier has no reasonable means of and is not part of the bill of lading. One original bill of lading should be surrendered, except clause 22 paragraph 5, in exchange for delivery of the shipment. Signed by the consigned or duly endorsed by the holder in due course. Whereupon the other original(s) issued shall be void. In accepting this Bill of Lading, the merchants agree to be bound by all the terms on the face and back hereof as if each had personally signed the bill of lading. **WHEN** the Place of Receipt of the Goods an inland point and is so named herein, any notation of **"On Board" "Shipped On board"** or words to like effect on this Bill of Lading shall be deemed to mean on board the truck, trail car, air craft or other inland conveyance (as the case may be), performing carriage from the Place of Receipt of the Goods to the Port of Loading. **SEE** Clause 4 on the back of this Bill of Lading (Terms continued on the back hereof Read Carefully) ORIGINAL

4.Pre-carriage by *	5.Port of Receipt * NINGBO	
6.Ocean Vessel **CSCL EUROPE** Voy. No **0069 W**	7.Port of Loading **NINGBO, CHINA**	
8.Port of Discharge **HOCHIMINH CITY PORT(NEW PORT), VIETNAM**	9.Place of Delivery * **HOCHIMINH CITY PORT(NEW PORT), VIETNAM**	10.Final Destination(of the goods-not the ship)

11. Marks & Nos. Container Seal No.	12.No. of Containers or Packages	13.Kind of Packages; Description of Goods	14.Gross Weight Kgs	15. Measurement
HUA **SD091109** **HOCHIMINH** **C/NO.:1-600** **CCLU2725024/F484975/20'GP**	**600 CTNS** 1×20’ GP **FCL-FCL** **CY-CY**	SHIPPER'S LOAD, COUNT ANDSEAL SAID TO CONTAIN **WELDING MACHINE** **L/C NO.:001LC01093010006** **L/C DATE:Oct.28, 2009**	**14800KGS**	**24.8 CBM**
		16.Description of Contents for Shipper's Use Only (Not part of This B/L Contract)		

17. Total Number of containers or packages (in words)	SAY SIX HUNDRED CARTONS ONLY

18. FREIGHT & CHARGES	19. Revenue Tons	20. Rate	21. Per	22. Prepaid	23. Collect

24. Ex. Rate:	25. Prepaid at	26. Payable at	27. Place and date of issue **NINGBO NOV 29, 2009**
	28. Total prepaid in	29. No. of Original B(s)/L **THREE (3)**	Signed for the Carrier

DATE Nov.29,2009 BY 曾昭明

中海集装箱运输浙江有限公司
CHINA SHIPPING CONTAINER LINES CO.,LTD.(ZHEJIANG)
曾昭明
GENERAL MANAGER
AS AGENT FOR THE CARRIER
CHINA SHIPPING CONTAINER LINERS CO.,LTD

单据 2-28：待审核的保险单

PICC　中国人民财产保险股份有限公司　宁波分公司

PICC PROPERTY AND CASUALTY COMPAY LIMITED　Ningbo Branch

总公司设于北京　一九四九年创立

Head Office Beijing　Established in 1949

货物运输保险单 CARGO TRANSPORTATION INSURANCE POLICY

印刷号(Printed Number)　3302900048878　保单号(Proposal NO.)PYIE20093322726E00228

合同号(CONTRACT NO.)　SD091109

发票号(INVOICE NO.)　ZJSD09111

信用证号(L/C NO.)　001LC01093010006

被保险人：(Insured):　ZHEJIANG SHENGDA ELECTRO-MACHINERY CO., LTD.

中国人民财产保险股份有限公司(以下简称本公司)根据被保险人的要求，由被保险人向本公司缴付约定的保险费，按照本保险但承保险别和背面所列条款与下列条款承保下述货物运输保险，特立本保险单。

THIS POLICY OF INSURANCE WITNESSES THAT PICC PROPERTY AND CASUALTY COMPAY LIMITED (HEREIN AFTER CALLED "THE COMPANY")AT THE REQUEST OF THE INSURED AND IN CONSIDERATION OF THE AGREED PREMIUM PAID TO THE COMPANY BY THE INSURED,UNDERTAKES TO INSURED THE UNDERMENTIONED GOODS IN TRANSPORTATION SUBJECT TO THE CONDITIONS OF THIS POLICY AS PER THE CLAUSES PRINTED BELOW.

标　记 MARKS & NOS	包装及数量 QUANTITY	保险货物项目 DESCRIPTION OF GOODS	保险金额 AMOUNT INSURED
HUA SD091109 HOCHIMINH C/NO.:1-600	600 CARTONS	WELDING MACHINE L/C NO.:001LC01093010006 L/C DATE:Oct.28, 2009	USD 29,920.00

总保险金额：

TOTAL AMOUNT INSURED:　SAY U.S.DOLLARS　TWENTY NINE THOUSAND NINE HUNDRED AND TWENTY ONLY

保费(PREMIUM) AS ARRANGED　启运日期 (DATE OF COMMENCEMENT) AS PER B/L

装载运输工具(PER CONVEYANCE):　CSCL EUROPE　V. 0069W :

自　经　至

FROM　NINGBO, CHINA　VIA　TO　HOCHIMINH CITY PORT, VIETNAM

承保险别：

CONDITIONS: COVERING ALL RISKS FOR 110% OF THE TOTAL INVOICE VALUE AS PER OCEAN MARINE CARGO CLAUSES OF THE PICC PROERTY AND CASUALTY COMPANY LIMITED DATED 1/1981.

所保货物，如发生保险单项下可能引起索赔的损失或损坏，应立即通知本公司下述代理人查勘。如有索赔，应向本公司提交保单正本(保险单共有 贰 份正本)及有关文件。如一份正本已用于索赔，其余正本自动失效。

IN THE EVENT OF LOSS OR DAMAGE WHICH MAY RESULT IN A CLAIM UNDER THIS POLICY,IMMEDIATE NOTICE MUST BE GIVEN TO THE COMPANY'S AGENT AS MENTIONED HEREUNDER.CLAIMS,IF ANY,ONE OF THE ORIGINAL POICY WHICH HAS BEEN ISSUED.

IN 2 ORIGINAL(S) TOGETHER WITH THE RELEVENT DOCUMENTS SHALL BE SURRENDERED TO THE COMPANY. IF ONE OF THE ORIGINAL POLICY HAS BEEN ACCOMPLISHED,THE OTHERS TO BE VOID.

保险人：中国人民财产保险股份有限公司宁波分公司

Underwriter:PICC PROPERTY AND CASUALTY COMPAY LIMITED

Ningbo BRANCH

电话(TEL)：0574-87196111-80220、80219

传真(FAX)：0574-87199058

地址(ADD)：中国宁波大来街 50 号

50#DALAI STREET NINGBO CHINA

赔款偿付地点

CLAIM PAYABLE AT　NINGBO, CHINA　授权人签字：

签单日期(ISSUING DATE)　NOV.28.2009　Authorized Signature ____________

核保人：　制单人：　经办人：　WWW.PICCNET.COM.CN

单据 2-29：待审核的原产地证明书

ORIGINAL

1. Exporter ZHEJIANG SHENGDA ELECTRO-MACHINERY CO., LTD HE GUO AIR COMPRESSOR INDUSTRIAL ZONE,WENLING CITY, ZHEJIANG PROVINCE , CHINA	Certificate No. **CCPIT 104431502**
2. Consignee HUALON CO., LTD 331 NGUYEN CONG TRU ST., DIST 01, HOCHIMINH CITY, VIETNAM TEL: 84-8-38223848/38212528 FAX: 84-8-38241648	**CERTIFICATE OF ORIGIN OF THE PEOPLE'S REPUBLIC OF CHINA**
3. Means of transport and route SHIPPED FROM NINGBO , CHINA TO HOCHIMINH CITY PORT, VIETNAM BY SEA	5. For certifying authority use only
4. Country / region of destination VIETNAM	

6. Marks and numbers	7. Number and kind of packages; description of goods	8. H.S.Code	9. Quantity	10. Number and date of invoices
HUA SD091109 HOCHIMINH C/NO.:1-600	SIX HUNDRED (600) CARTONS OF WELDING MACHINE * * * * * * * * * * * * * * * * L/C NO.: 001LC01093010006 L/C DATE: OCT.28, 2009	851539	600PCS	NOV.12, 2009 ZJSD091118

11. Declaration by the exporter The undersigned hereby declares that the above details and statements are correct, that all the goods were produced in China and that they comply with the Rules of Origin of the People's Republic of China. **ZHEJIANG SHENGDA ELECTRO-MACHINERY CO., LTD.** TAIZHOU NOV.25 2009 黄菲 -- Place and date, signature and stamp of authorized signatory	12. Certification It is hereby certified that the declaration by the exporter is correct. TAIZHOU NOV.25 2009 -- Place and date, signature and stamp of certifying authority

单据 2-30：待审核的检验证书

ZHEJIANG SHENGDA ELECTRO-MACHINERYCO., LTD.

HE GUO AIR COMPRESSOR INDUSTRIAL ZONE, WEN LING CITY, ZHE JIANG PROVINCE, CHINA

TEL : 86-576-86402208　FAX : 86-576-86402288

INSPECTION CERTIFICATE

TO: HUALON CO., LTD
331 NGUYEN CONG TRU ST., DIST 01,
HOCHIMINH CITY, VIETNAM
TEL: 84-8-38223848/38212528　FAX: 84-8-38241648

INVOICE NO.: ZJSD091118
CONTRACT NO.: SD091109
DATE: Nov.22 , 2009

COMMODITY: WELDING MACHINE

SHIPPING MARKS: HUA
SD091109
HOCHIMINH
C/NO.:1-600

QUANTITY: 600PCS

NUMBER AND TYPE OF PACKAGES: 600CTNS

RESULTS OF INSPECTION:

Materials and equipment are conforming to the international norms and they are of good quality and strictly inspected before shipment.

ZHEJIANG SHENGDA ELECTRO-MACHINERY CO.,LTD

张文龙

单据 2-31：待审核的装船通知

ZHEJIANG SHENGDA ELECTRO-MACHINERY CO., LTD.

HE GUO AIR COMPRESSOR INDUSTRIAL ZONE, WEN LING CITY, ZHE JIANG PROVINCE, CHINA
TEL : 86-576 -86402208 FAX: 86-576 - 86402288

SHIPPING ADVICE

TO: HUALON CO., LTD
331NGUYEN CONG TRU ST., DIST.01,
HOCHIMINH CITY, VIETNAM
TEL: 84-8-38223848/38212528 FAX: 84-8-38241648

ISSUE DATE: NOV.30,2009
INVOICE NO.:ZJSD091118
S/C NO.: SD0901109

DEAR SIRS:
WE HEREBY INFORM YOU THAT THE FOLLOWING MENTIONED GOODS HAVE BEEN SHIPPED ON NOV.29,2009.THE DETAILS OF THE SHIPMENT ARE STATED BELOW:

L/C NUMBER:	001LC01093010006
L/C DATE:	OCT.28, 2009
INVOICE NUMBER:	ZJSD091118
B/L NUMBER:	COSU2651
OCEAN VESSEL :	CSCL EUROPE V.0069 W
PORT OF LOADING:	NINGBO
PORT OF DESTINATION:	HOCHIMINH CITY PORT, VIETNAM
DATE OF DEPARTURE:	NOV.29,2009
ETA:	DEC.9,2009
COMMODITY:	WELDING MACHINE
AMOUNT:	USD27,200.00
NUMBER OF CARTONS:	600 CTNS
GROSS WEIGHT:	14800KGS
NET WEIGHT:	14200KGS
SHIPPING MARKS:	HUA SD091109 HOCHIMINH C/NO.:1-600

ZHEJIANG SHENGDA ELECTRO-MACHINERY CO.,LTD

张文龙

单据 2-32：待审核的受益人证明

ZHEJIANG SHENGDA ELECTRO-MACHINERY CO., LTD.

HE GUO AIR COMPRESSOR INDUSTRIAL ZONE, WEN LING CITY, ZHE JIANG PROVINCE, CHINA

TEL : 86-576-86402208　FAX : 86-576-86402288

BENEFICIARY'S CERTIFICATE

To:	WHOM IT MAY CONCERN	Invoice No.: Date:	ZJSD091118 DEC.1,2009

WE HEREBY CERTIFY THAT ONE COPY OF INVOICE, OF PACKING LIST, OF INSURANCE POLICY / CERTIFICATE AND 1/3 ORIGINAL B/L HAVE BEEN SENT DIRECTLY TO THE APPLICANT IMMEDIATELY AFTER SHIPMENT DATE BY DHL (TRACKING No.: 1770481632).

L/C NO.: 001LC01093010006
L/C DATE: OCT.28, 2009

ZHEJIANG SHENGDA ELECTRO-MACHINERY CO.,LTD
张文龙

单据 2-33：待审核的汇票

BILL OF EXCHANGE

No. ZJSD091118

For US$ 27,000.00　　TAIZHOU,CHINA　　DEC.2,2009
(Amount in figure)　　(Place of issue)　　(Date of issue)

At *** sight of this **FIRST** Bill of exchange (SECOND being unpaid)

Pay to INDUSTRIAL AND COMMERCIAL BANK OF CHINA, TAIZHOU CITY BRANCH or order the sum of

SAY U.S. DOLLARS TWENTY SEVEN THOUSAND TWO HUNDRED ONLY
(amount in words)

Drawn under DONGA BANK, DIST 01 BRANCH, VIETNAM

L/C No. 001LC01093010006 dated OCT.28,2009

To: HUALON CO., LTD.
341 NGUYEN CONG TRU ST., DIST.04,
HOCHIMINH CITY, VIETNAM

For and on behalf of
ZHEJIANG SHENGDA ELECTRO-MACHINERY CO., LTD
张文龙

(Signature)

续

BILL OF EXCHANGE

No. ZJSD091118

For US$ 27,000.00 TAIZHOU,CHINA DEC.2,2009

(Amount in figure) (Place of issue) (Date of issue)

At *** sight of this **SECOND** Bill of exchange (FIRST being unpaid)

Pay to INDUSTRIAL AND COMMERCIAL BANK OF CHINA, TAIZHOU CITY BRANCH

or order the sum of SAY U.S. DOLLARS TWENTY SEVEN THOUSAND TWO HUNDRED ONLY

(amount in words)

Drawn under DONGA BANK, DIST 01 BRANCH, VIETNAM

L/C No. 001LC01093010006 dated OCT.28,2009

To: HUALON CO., LTD.
341 NGUYEN CONG TRU, Dist.4,
HOCHIMINH CITY, VIETNAM

For and on behalf of
ZHEJIANG SHENGDA ELECTRO-MACHINERY CO., LTD
张文龙

(Signature)

业务进展

黄菲根据信用证 001LC01093010006 的条款审核上述单据，同时审核单据之间的一致性问题，发现以下不符点。

1. 商业发票

(1) 货物描述不符合信用证规定，“WELING MACHINE”应为“WELDING MACHINE”。

(2) 信用中写明了贸易术语的来源，而商业发票上未注明来源，应改为“CIF HOCHIMINH CITY PORT(INCOTERMS 2000)”。

(3) 未按信用证规定显示原产地，应当在单据中加上“ORIGIN OF THE GOODS: TAIZHOU, CHINA”。

2. 装箱单

未按信用证规定显示信用证号码和日期，应当在单据中加上以下信息：

L/C NO.:001LC01093010006

L/C DATE:Oct.28, 2009

3. 提单

(1) 收货人 consignee 一栏不符合信用证规定，应为“TO ORDER OF DONGA BANK, DIST 01 BR”。

(2) 被通知人 Notify party 的地址与信用证规定不符，“3311”应为“331”。
(3) 没有按信用证规定，标注运费预付，应当在提单空白处加上“FREIGHT PREPAID”。
(4) 缺少“ON BOARD”字样。

4. 保险单

(1) 发票号码与商业发票不符，应为“ZJSD091118”。
(2) 正本份数与信用证规定不符，应为 3 份。
(3) 赔款偿付地点未按信用证规定填制，应填写“HOCHIMINH CITY, VIETNAM IN USD”。
(4) 未按信用证要求做空白背书，应当在保险单背面加盖公司印章，并签上法人代表的姓名。

5. 原产地证明书

无误。

6. 检验证书

没有按信用证规定显示信用证号码和日期，应当在单据中加上以下信息：
L/C NO.:001LC01093010006
L/C DATE:Oct.28, 2009

7. 装船通知

没有按信用证规定标明船龄和国际，应增加“AGE AND NATIONALITY: 5, CYPRUS”。

8. 受益人证明

证明内容与信用证修改书不符，应当把“1/3 ORIGINAL B/L”改为“ONE COPY OF B/L”。

9. 汇票

(1) 汇票小写金额，应为“US$27,200.00”。
(2) 汇票受票人应为“DONGA BANK, DIST 01 BRANCH”。

知识链接 2-14

审核单据

一、银行审单

开证行、保兑行(如有)和议付行必须对受益人提交的单据进行审核，并以单据为基础决定单据在表面上是否构成相符交单。

1. 表面相符和相符交单

UCP600 第十六条(1)款规定强调以下两点：

(1) 强调开证行、保兑行(如有)和议付行在审单时基于单据本身判断是否构成相符，而不能越过单据本身去考虑销售合同或其他交易情况。这与信用证独立性特点是一致的。

(2) 强调审核受益人所提交的单据是否在“表面上”构成相符交单，而对单据代表的货物是否和销售合同相符，货物是否真实存在和真实出运，以及单据是否伪造或单据记载内容是否真实，不负责调查审核。

根据 UCP600 第二条和第十四条规定，单据必须与信用证条款、UCP600 中的相关条款以及国际标准银行实务 ISBP 相符，数据不得相矛盾，构成相符交单。

2. 审单时间

UCP600 将 UCP500 中银行审单时间的“7 个银行工作日”改为“自交单次日起的至多 5 个银行工作日”。例如，银行收到提交的单据时为 2009 年 9 月 10 日(星期五)，则从 9 月 13 日起算的 5 个银行工作日，即最晚可于 9 月 17 日确定是否接受单据。

二、受益人审单

受益人在将单据提交给银行之前，必须对全套单据(包括内容和份数)进行仔细审核，以便顺利结汇和避免支付额外的不符点费用。

1. 审单原则

信用证结算方式下，受益人审单时遵循“单证一致、单单一致、单货一致”。

单证一致：受益人所提交的单据在内容、种类和份数上都应当与信用证的条款要求以及 UCP 和 ISBP 等信用证国际惯例相符。

单单一致：受益人所提交的单据内容之间要一致。例如，保险单上的船舶名称应当与提单上的一致。审核时，以发票为中心审核单据之间的一致性。

单货一致：单据要与实际装运货物一致。

2. 主要单据的审核要点

(1) 商业发票的审核。

商业发票是单据的中心和交易情况的总说明。进口人在审核商业发票时应注意以下要点：

① 发票的出票人一般是信用证的受益人，可转让信用证除外，且与汇票的出票人应为同一人。

② 发票的抬头人应是信用证开证申请人。

③ 发票的开票日期不应迟于汇票的出票日期，也不应迟于信用证的议付有效期。

④ 商品名称、数量、规格、单价、包装、价格条款、合同号码等及货物描述必须与信用证的规定相符，单价乘以数量必须与发票总金额相符。如发票分别记载各项费用金额，则 FOB 价、运费、保险费 3 档金额相加必须与发票总金额相符。

⑤ 除非信用证另有规定，发票金额应与汇票金额一致，且不得超过信用证规定的金额。

⑥ 信用证所规定的信用证金额、单价及商品的数量单位(如磅、千克、码等)，其前面如有“About”、“Circa”或类似意义字样者，允许有不超过 10%的差额。

⑦ 除非信用证另有规定，在所支付款项不超过信用证金额的条件下，货物数量准许有 5%的增减幅度。但如信用证规定的数量以包装单位或个数计数，此项增减幅度则不适用。

⑧ 信用证上若规定货物的单价并允许分批装运的，分批装运数量和所支取货款应与信用证总数量和总金额为同一比例。

⑨ 唛头、装运日期、起运地等应与提单或其他单据相符。

⑩ 如信用证中未特殊规定，发票上不得列入仓租、佣金、电报等额外费用，亦不得列入其他与货物无关的费用。

⑪ 发票上必须记载出票条款、合同号码及发票日期，份数必须与信用证要求相符，如是影印件或复写件，其中一份必须注明“正本”字样。

⑫ 如经过修改更正，应由出票人签章。

(2) 提单的审核。提单是物权凭证，持单人可凭以提货，也是出口人凭以议付货款的最基本单据，进口人审核时应注意以下要点：

① 提单应具备全套可转让提单并注明承运人的具体名称，经承运人或作为承运人的具名代理、船长或作为船长的具名代理签署。

② 提单上的文字如有更改时，应有提单签署人的签字，或有签发提单的公司的签章。

③ 提单的抬头人(Consignee)如是“To Order”、“To Order of Shipper”，应经出口人(发货人)作成空白背书，信用证要求记名背书时，应作成记名背书。

④ 提单的被通知人的名称、地址应与信用证规定相符。

⑤ 价格条件为 CFR 或 CIF 时，应有“Freight Prepaid”；FCA 或 FOB 条件时，应有“Freight Collect”字样。

⑥ 提单的日期不得迟于信用证上规定的最迟装运日期。

⑦ 提单向指定银行提示的日期原则上不得迟于提单签发日后 21 天，信用证另有规定的从信用证规定，但无论如何不得晚于信用证的有效期。

⑧ 商品栏上不许记载信用证上未列明的商品。

⑨ 装运港与卸货港名称应正确。

⑩ 提单上不得有任何说明货物瑕疵的不良批注，也就是说，除非信用证特准，提单应为清洁提单。

⑪ 除非信用证特准，不得货装舱面(On Deck Shipment)，如条款允许货装舱面时，应投保舱面险。

⑫ 提单上所载件数、唛头、号码、重量及船名等应与发票、包装单及重量单上所载完全相符，货物可用总名称描述，但不得与其他单据的货物名称有抵触。

⑬ 提单上的发货人(Shipper)原则上应与信用证的受益人，如以第三者为发货人，应以信用证特许证为限。

⑭ 装船日期可以早于信用证日期，除非信用证另有规定。

但该提单必须在信用证有效期内和信用证规定的交单期限内提交。

(3) 保险单的审核。如果合同规定由出口人负责对货物代理保险，对出口人提供的货物运输保险单必须进行审核，审核时应注意以下要点：

① 保险单应由保险公司签发，由其负责人签名。

② 保险单的种类、正本份数必须与信用证规定相符，全部正本均须提交银行。

③ 被保险人应与信用证规定相符，通常为信用证受益人。

④ 除信用证另有规定，保险单应可转让，并由被保险人背书。

⑤ 必须包括信用证规定应投保的险别。

⑥ 应就运输合同的全部路程予以投保。

⑦ 投保金额应符合信用证规定，投保金额大小写应一致，投保货币应与信用证规定相符。

⑧ 装运船名、航程、装运港、起运日期等记载，必须与提单一致。

⑨ 应列明投保货物名称、数量、唛头等，并应与提单发票及其他单据一致。

⑩ 应载明赔款地点、支付赔款代理行及支付币别，信用证如无规定，应以货运抵达目的地为赔款地。

⑪ 保险单生效日期原则上不得迟于货物单据上的装货、发货(或在联合货运场)、承运日期。

⑫ 如信用证允许货物装在舱面，而提单也已载明“On Deck”的，保险单也应注明“On Deck”。此时，应加保“Jettison and/or Washing Overboard”(抛弃和浪击落海)附加险，保险公司才负赔偿责任。

(4) 产地证的审核要点。

① 是否由信用证指定的机构出具。如果信用证没有相关规定，可以由任一有资格的单位出具。

② 内容符合信用证要求，并与其他单据不矛盾。

③ 日期不能晚于提单。

④ 份数不少于信用证规定的数量

(5) 汇票的审核。如是信用证项下汇票，除一般内容外，还应有信用证开证日期、开证行名称及信用证号码等出票依据。如是托收项下汇票，除一般内容外，通常也注明合同号码、商品名称、数量等，以说明开票依据。进口人审核时应注意以下要点：

① 汇票一般为两份，要和信用证的规定一致。

② 金额的大小写要相符，支取的金额应与信用证规定相符(一般应为发票金额，除非信用证规定汇票按发票金额的百分之几开立)。

③ 汇票付款人应为开证行。目前，我国银行开出的进口信用证基本上是不可撤销议付信用证。在信用证业务项下，汇票付款人应为开证行或开证行指定的付款行，而不应是开证申请人。

④ 出票日期应在信用证有效期限内。

⑤ 出票条款(Drawn Clause)要正确，要与信用证规定注明的条款相一致。

⑥ 出票人、抬头人(Order Party, 即受款人)及付款人(Drawee)的名称、地址要正确无误。出票人通常为出口人，抬头人通常为议付行，付款人通常(或被出票人)为开证银行。

⑦ 出票人应为信用证受益人和受让人，出票人名称应与信用证所载名称相符，并须经其负责人签章。

⑧ 受款人为出票人指示抬头(Pay to the Order of Drawer)，则应由出票人背书。

⑨ 付款期限是否与信用证规定相符，即期汇票或远期汇票不可弄错，远期汇票须注意其期限。

步骤十一　出口交单结汇

2009 年 11 月 2 日，黄菲对拟交单结汇的各种单据上的错误一一进行纠正，确认单证一致、单单一致之后，把准备好的结汇单证，连同交单委托书(单据 2-35)、原信用证和信用证修改书，一并送中国工商银行台州市分行办理交单。

单据 2-35：交单委托书

客户交单委托书

致：中国工商银行　台州市　分行

本公司向贵行递交下列出口单据，信用证业务请贵行依照信用证中规定的《跟单信用证统一惯例》办理，跟单托收业务请按照现行《托收统一规则》办理。

公司名称：　浙江盛大机电有限公司

公司联系人：　黄非　　电话：　0576–86402208

发票号码：　ZJSD091118　币种金额：　USD27,200.00　核销单编号：　076408720

＊＊请贵行收妥款项后，划入我司下列账号：

账号：　6222 3500 1800 ××××　开户银行：　中国工商银行

贵行费用请直接从我司下列账号中收取：

账号：　6222 3500 1800 ××××　开户银行：　中国工商银行

国际收支交易编码□□□□交易附言(出口商品中文名称)　电焊机

单据	汇票	发票	海运提单	空运提单	保险单	装箱单/重量单	品质证	产地证	GSP 格式 A	受益人证明	装运通知	邮寄收据	
份数	2	4	3		3	3	2	3		1	1		

<table>
<tr><td rowspan="3">信用证</td><td>信用证号码：
001LC01093010006</td><td rowspan="2">开证行(Issuing Bank)
DONGA BANK-DIST 01 BRANCH
56-58 NGUYEN CONG TRU DIST 01, HOCHIMINH CITY, VIETNAM</td></tr>
<tr><td>我行通知号：
AV081030903579</td></tr>
<tr><td colspan="2">寄单指示：
☑请贵行按信用证要求寄单索汇，收妥结汇
☑若单据存在不符点，请通知我司改单
□若单据存在不符点，我司担保出单，并承担由此产生的不能收汇风险
□其他指示</td></tr>
<tr><td rowspan="3">跟单托收</td><td rowspan="2">代收行指示：
□代收行(Collecting Bank)(全称，地址)
□请贵行代为选择代收行，风险由我司承担</td><td>付款人(Drawee)全称</td></tr>
<tr><td>交单方式：
□付款交单(D/P)□承兑交单(D/A)期限：
□其他交单方式：</td></tr>
<tr><td colspan="2">寄单指示：
□贵行托收行费用由　□我司承担　□付款人承担
□代收行费用由　□我司承担　□付款人承担
□若付款人拒绝付款/承兑，不必做成拒绝证书
□其他指示</td></tr>
</table>

公司印鉴　　　　　　　　　　交单日期：2009 年 12 月 2 日

浙江盛大机电有限公司(盖章)

银行签发人：　　　　　　　　签发日期：

知识链接 2-15

信用证结算方式下的交单结汇

一、交单结汇和结汇方式

交单是指信用证的受益人在信用证到期日前和交单期内向指定银行提交符合信用在条款规定的单据。交单时一般还要随附信用证正本(如经修改的还需附修改通知书)和汇票。

银行审核这些单据，确认无误后，根据信用证规定的付款条件，将外汇结付给受益人，即银行办理处理出口结汇。

为了提高单证质量，保证安全、及时收汇，我国银行和出口商相互配合和支持，出口商即可在运输单据签发之前先将其他已备齐的单据送交银行预审，也可备齐全部单据后向银行交单。

如果是议付信用证，议付行在收到单据后进行审核，审核无误，将单据寄交开证行或其他指定付款行进行索偿，同时与出口商进行结汇。我国出口业务中，使用议付信用证居多，这种信用证的出口结汇办法主要有收妥结汇、定期结汇和出口押汇 3 种。

1. 收妥结汇

收妥结汇是指议付行收到外贸公司的出口单据后，经审核无误，将单据移交国外付款行索取货款。待收到付款行将货款拨入议付行账户的贷记通知书(Credit Note)时，即按当日外汇牌价折成人民币拨付给受益人。银行并不垫付资金，这即为收妥付款。

2. 定期结汇

定期结汇是指银行收到单据审核无误之后，根据向国外银行索偿所需时间，预先确定一个固定的结汇期限(如银行审单认可后 7 天或 14 天不等)，到期不管是否收妥票款，主动将应收款项结算成人民币记入受益人账户。

3. 出口押汇

出口押汇又称为买单结汇，是指议付行在审单无误的情况下，按信用证条款买入受益人(出口方)的汇票和单据，从票面金额中扣除从议付日到估计收到票款之日的利息，将余款按议付日外汇牌价折成人民币拨付受益人。议付行向受益人垫付资金买入跟单汇票后，即成为汇票持有人，可凭票向付款行索取货款。银行叙作出口押汇是为了对外贸企业提供资金融通，有利于外贸公司的资金周转。这是我国目前采用比较多的做法。

二、常见的结汇单据

常见的结汇单据有汇票、商业发票、装箱单、海运提单、保险单、检验证书、原产地证明、受益人证明和船公司证明等。

受益人应当向银行提交的单据及其要求通常列在信用证上 Documents Required 部分，但有时在 Additional Conditions 或是 Special Conditions 中也会出现对单据的要求。议付信用证项下通常还需要提交汇票。

三、交单时间

信用证规定了交单期限的，应按信用证规定向银行交单。如果信用证没有规定交单期限，银行将不接受自装运日起 21 天后提交的单据，即受益人向银行交单的日期不得迟于提单日期后 21 天。

应充分考虑生产及包装、内陆运输或集港运输、法定商检或客检、申领出口许可证/FA产地证、报关查验间、申领检验证明书、制造、整理、审核信用证规定的文件所需的时间及单据送交银行所需的时间等对交单期的影响。

信用证有效期或交单期如遇收单银行的法定假日，则可顺延至该银行开业的第一个营业日。但若该银行中断营业是因为天灾、暴动、骚乱、叛乱、战争、罢工或其他银行本身无法控制的原因，则交单期的最后一天和信用证到期日不能顺延。

四、交单地点

所有信用证必须规定一个付款、承兑的交单地点，或在议付信用证的情况下须规定一个交单议付的地点，但自由议付信用证除外。

开证行将信用证的到期地点定在其本国或其自己的营业柜台，而不是受益人国家，这对受益人的处境极为不利，因为其必须保证于信用证的有效期内在开证银行营业柜台前提交单据，这是在审证环节要关注的地方。

五、对不符点单据的处理

在实际业务中，单、证不符的情形难以完全避免。

如果有充足的时间,受益人应当及时改单或改证，做到单、证相符，可以确保安全、及时收汇。

倘若发现单据存在不符点，又没有充足的时间改单，无法在信用证交单期限和到期日内做到单、证相符，则可根据实际情况灵活处理。

1. 凭保议付

又称为“表提”或“表盖提出”，即信用证受益人提交单据时，如存在单证不符，受益人向议付行主动以书面提出单、证不符点。议付行通常要求受益人出具保函，担保如日后遭到开证行拒付，由受益人承担一切后果，在这种情况下，议付行为受益人议付货款。在将单据寄交开证行时，议付行将单、证之间的不符点以列表的方式放在单据的首页，即以“表盖”提出不符点，因而简称为“表提”。表提一般是当单证不符的情况并不严重，或虽然是实质性不符，但事先已经开证申请人(进口方)确认可以接受时受益人方可采用。

2. 电提

电提即“电报提出不符点”，在单、证不符的情况下，议付行将存在的不符点以电报或电传方式通知国外开证行，待开证行复电同意接受后再将单据寄出。当单、证不符属实质性问题且信用证金额较大时，受益人可考虑使用电提的做法。用电提方式可以在较短的时间内由开证行征求开证申请人的意见，如开证申请人同意接受单据则可立即寄单收汇；如果开证申请人不愿意接受单据，受益人可以及时采取必要措施对运输中的货物进行处理。

3. 跟证托收

如出现单、证不符，且议付行考虑到对自身信誉的影响而不愿用表提或电提方式征询开证行的意见时，信用证已经彻底失效。这时出口方只能采用托收方式，委托原信用证通知行/议付行向开证行寄单并代收货款。这样，原信用证通知行/议付行成为托收中的托收行，开证行就成为代收行。

无论是采用“表提”、“电提”，还是“跟证托收”方式，对出口方而言都已经失去开证行在信用证中所作的付款保证，原来的银行信用不复存在，出口方是否能收到货款完全取决于进口方的商业信用，对出口方不利，即使出口方事先取得进口方的同意，也有可能仍被拒付，所以一般不宜轻易使用。

4. 另寻买主，退单退货

如果开证申请人拒绝接受单据，受益人应当积极采取补救措施，如另寻买主，退单退货等。但前提条件是信用证要求递交全套正本提单，若 1/3 正本提单已寄给开证申请人，2/3 正本提单提交银行，则将面临钱货两失的困境。如果运回国内，应当比较运回的费用和货值的大小，如果仍然有利，则应从速安排运输，以避免额外的港杂和仓储费用。

步骤十二　善后工作

外贸单证员黄菲催促货代从海关退回出口货物报关单(收汇核销联)、出口货物报关联(出口退税专用联)、出口收汇核销单等相关单据。等收到这些单据后，将复印副本存档，把正本单据移交财务部门办理出口收汇核销和退税手续。

顺利收汇后，外贸单证员黄菲对这票业务相关单据进行归档，归档的单据有合同、商业发票、装箱单、订舱委托书、报检单、质量证明、保险单、产地证、出口收汇核销单、报关单、提单、装运通知、受益人证明等。

回顾与迁移

(1) 如果这笔业务采用了 FOB 或者 CFR 贸易术语，单证员的工作步骤和内容会发生哪些变化？

(2) 查阅 UCP600、ISBP681，并关注信用证结算方式下主要国际规则的最新动态。

学习情境三 进口单据处理

学习目标

(1) 基本了解进口业务流程。

(2) 掌握进口合同的主要内容。

(3) 会根据给定合同，独立制作信用证开证申请书。

(4) 会结合合同审核信用证。

(5) 熟悉进口业务中惯常涉及的文件和单据。

(7) 会独立制作和审核进口业务中常用的文件和单据。

业务背景

余姚中国塑料城是中国最大的塑料原料交易市场，每年交易塑料原料数百万吨。余姚市云力贸易有限公司(YUYAO YUNLI TRADING CO., LTD)是一家专业从事塑料原料进口和销售的贸易公司，主要从国外进口塑料，销往国内各地。

以下是余姚云力贸易有限公司跟香港的New Trend Industrial Group Limited签订的一份关于买卖PP塑料原料的合同(合同3-1)。

小贴士

合同在实务中有多种表达方式，Contract、Confirmation、Order都是比较常见的表达方式。一般而言，出口方拟定的合同称为Sales Contract或者Sales Confirmation；进口方拟定的合同称为Purchase Order。下文的合同就是由卖方拟定，会同买方签字的合同。

合同最基本的应该包含合同名称(Sales Contract)、合同号码(Number)、合同的签署日期(Date)、买卖双方的名称及其签字签章(Seller、Buyer)，还包括货物的名称(Commodity)、数量(Quantity)、包装方式(Package)、单价(Unit Price)、价格术语(Price Term)、总金额(Amount)。作为涉外合同，尤其应该注意起运港(Port of Loading)、目的港(Port of Discharge)、付款方式(Payment Term)、装运期限(Shipment Period)等问题。仲裁条款以及其他附加条款也尽量明细地体现在合同中。

按照《公约》，我国的涉外合同采用书面形式。因此在外贸中，为了保护贸易双方的利益，应将口头合同书面化。

合同 3-1

NEW TREND INDUSTRIAL GROUP LIMITED

UNIT 602, 6/F, CAUSEWAY BAY COMMERCIAL BUILDING,
1 SUGAR STREET, CAUSEWAY BAY,HON KONG

SALES CONTRACT

DATE:2010-05-05 CONTRACT NO.:NT20100505B

TO: YUYAO YUNLI TRADING.,LTD.

NO.96 ZONE AT CHINA PLASTIC CITY NORTH XINJIAN ROAD YUYAO ZHEJIANG CHINA

COMMODITY	**QUANTITY (MT)**	**UNIT PRICE (USD/MT)**	**AMOUNT (USD)**
PP2540S	198	1495	296,010.00
TOTAL:	198		296,010.00
PRICE TERM:	CFR NINGBO, CHINA		
ORIGIN:	THAILAND		
SPECIFICATION:	MANUFACTURER'S SALES SPECIFICATION		
PACKING:	STANDARD EXPORT PACKING		
TOLERANCE:	+/-5% ACCEPTABLE		
SHIPMENT FROM:	ANY PORT IN THAILAND		
SHIPMENT TO:	NINGBO, CHINA		
SHIPMENT PERIOD:	NOT LATER THAN 2010-06-30		
PAYMENT TERM:	BY IRREVOCABLE L/C PAYABLE AT SIGHT. L/C SHOULD BE REACHING BENEFICIARY ON OR BEFORE:2010-05-07 (OTHERWISE, IT IS ON SELLER'S OPTION TO CANCRL THE ORDER)		
BANK DETAILS:	THE BANK OF EAST ASIA (CHINA) LIMITED, SHANGHAI BRANCH 37/F. BANK OF CHINA TOWER, 200 YIN CHENG ROAD CENTRAL, PUDONG NEW AREA, SHANGHAI, 200120, P.R.C. SWIFT CODE: BEASCNSHXXX		
OTHERS:	PARTIAL SHIPMENTS ARE ALLOWED. TRANSSHIPMENTS ARE ALLOWED.		

GOVERNING LAW & ARBITRATION:

The buyer and the seller agree to attempt to resolve all dispute in connection with the contract or the performance of the contract through friendly discussion. If a dispute can not be resolved in this manner to the satisfaction of the buyer and seller. Then the case should be submitted to Hong Kong International Arbitration Centre for Arbitration in accordance with his rule of Arbitration. The arbitral award is final and binding upon both parties.

The instrument (a) confirms the agreement made between us and (b) includes all of the terms and conditions of the face and reverse side of this instrument, INCLUDING THE PROVISION FOR ARBITRATION AND THE EXCLUSION OF WARRANTIES, all of which are agreed to by Buyer, and (c) supersede any documents sent by buyer before or after the execution of or in response to this instrument and (d) constitutes the only and the entire contract between Buyer and Seller. No provision of or notice or legend on any document sent by Buyer to Seller before or after the execution of or in response to this instrument may contradict any of the terms of this instrument. This contract will be doomed to be accepted by Buyer when either (a) it is signed and returned by Buyer or its agent to Seller, or (b) it is signed by Seller and delivered to Buyer unless Buyer gives Seller written notice of Buyer's objections within ten days after receipt by Buyer, or (c) all or any part of the merchandise is delivered or paid for, or (d) Buyer has given to Seller specifications or assortments, delivery dates, shipping instructions or instructions as to delivery dates, or instructions to bill and hold relating to all or any part of the entire quantity of the merchandise, or (e) Buyer otherwise has assented to the terms and conditions hereof. The full general terms and conditions can be found in the appendix.

BUYER'S SIGNATURE: SELLER'S SIGNATURE

工作任务

根据合同，余姚市云力贸易有限公司(YUYAO YUNLI TRADING CO., LTD)的单证员李萍(Tina)要完成这笔进口业务的单据部分，并做好存档工作。

工作内容

在这份进口合同中，李萍(Tina)需要去申请开立信用证、审核信用证草本和正本、审核进口单据、办理进口付汇手续、办理报关，完成后还要对整票业务进行归档。

步骤一　申请开立信用证

业务进展

外贸单证员李萍收到了 NT20100505B 号合同，由于原来价格波动比较大，老板要求李萍尽快开证。

李萍(Tina)熟悉合同内容后，按照合同条款向开证行申请开立信用证。余姚市云力贸易有限公司业务在招商银行申请开证(单据 3-1：开证申请书)。

小 贴 士

如果合同里没有规定，开证行可以由进口商自行选择。开证行往往是和进口商业务联系比较紧密的银行。开证行一般有固定格式的开证申请书，申请开证时只需按照该格式填写即可。

各个银行间的格式会有所不同，但内容大致是相同的。

单据 3-1：开证申请书

致：招商银行

To: China Merchants Bank

APPLICATION FOR IRREVOCABLE DOCUMENTARY CREDIT

LC-5749036826-20091111-0101 First Page

Please issue by Teletransmission an IRREVOCABLE CREDIT as follows	Expiry date: 2010-7-14 Place of expiry: SHANGHAI,CHINA
Applicant (name and address) 5749036826 YUYAO YUNLI TRADING CO.,LTD NO.96 ZONE AT CHINA PLASTIC CITY NORTH XINJIAN ROAD YUYAO CHINA,TEL:86-574-62535748	Beneficiary(name and address) NEW TREND INDUSTRIAL GROUP LIMITED UNIT 602,6/F,CAUSEWAY BAY COMMERCIAL BUILDING 1 SUGAR STREET , CAUSEWAY BAY HONGKONG
Advising Bank THE BANK OF EAST ASIA (CHINA) LIMITED, SHANGHAI BRANCH 37/F, BANK OF CHINA TOWER, 200 YIN CHENG ROAD CENTRAL, PUDONG NEW AREA, SHANGHAI, 200120, P.R.C. SWIFT CODE: BEASCNSHXXX	Amount in figures: USD 296010.00 Amount in words: U.S. DOLLARS TWO HUNDRED NINTY SIX THOUSAND AND TEN ONLY

Credit available with any bank by Negotiation against beneficiary's drafts AT SIGHT drawn on your good bank for 100 % invoice value accompanied by the following documents.

Partial shipments	Transshipments	Transferable	Confirmation of credit
ALLOWED	ALLOWED	NOT ALLOWED	NOT REQUESTED

Shipment from ANY PORT IN THAILAND for transportation to NINGBO, CHINA via not later than 2010-6-30

Goods description in brief

COMMODITY : PP 2540S 198MT

UNIT PRICE :USD1,495.00/MT

TOTAL AMOUNT:USD296010.00

PACKING :STANDARD EXPORT PACKING

ORIGIN :THAILAND

PRICE TERMS: CFR NINGBO,CHINA

Price Terms: CFR

-All banking charges including relative reimbursement/payment charges, outside issuing bank are for account of beneficiary.

-Documents to be presented within **14** days after shipment date but anyway within the validity of the credit.

-Please debit your commission, charges, and marginal deposit to our account No.574903682610301.

This page is an integral part of the application which consists of the first page, the second page and attachment(s), if any.

To be continued on the second page.

2010-5-5 CONTRACT NO.: NT20100505B CONTRACT AMT: 296010.00

续

致：招商银行 **APPLICATION FOR IRREVOCABLE DOCUMENTARY CREDIT**

To：China Merchants Bank LC-5749036826-20091111-0101 Second Page

Documents required:

+SIGNED COMMERCIAL INVOICE IN 3 FOLDS INDICATING L/C NO.AND CONTRACT NO:NT20100505B

+FULL SET OF CLEAN 'ON BOARD'OCEAN BILLS OF LADING MADE OUT TO ORDER AND BLANK ENDORSED, MAEKED'PREIGHT PREPAID', NOTIFYING APPLICANT

+PACKING LIST/WEIGHT MEMO IN 3 FOLDS SHOWING QUANTITY, GROSS AND NET WEIGHT OF EACH PACKAGE.

+CERTIFICATE OF QUALITY IN 2 FOLDS ISSUED BY. BENEFICIARY

+CERTITICATE OF ORIGIN IN 2 FOLDS ISSUED BY BENEFICIARY

+DECLARATION OF NON-WOOD PACKING MATERIAL OR DECLARATION OF WOODEN PACKING IN 2 FOLDS ISSUED BY BENEFICIARY.

Special terms and conditions:

+THIRD PARTY DOCUMENTS IS ACCEPTABLE

+THIS CREDIT IS SUBJECT TO U C P 600.

+FIVE PERCENT MORE OR LESS ARE ALLOWED ON BOTH CREDIT AMOUNT AND QUANTITY

+DOCUMENTS ISSUED PRIOR TO THIS L/C'S ISSUANCE ARE ACCEPTABLE.

OTHER TERMS SEE ATTACHMENT(n in total)

This page is an integral part of the application which consists of the first page, the second page and attachment(s), if any.

续

致：招商银行 To: China Merchants Bank	APPLICATION FOR IRREVOCABLE DOCUMENTARY CREDIT LC-5749036826-20091111-0101(Attachment1)
This attachment is an integral part of the application which consists of the first page, the second page and n attachment(s) in total.	

知识链接 3-1

申请开立信用证

一、申请开立信用证的基本要求

(1) 提供准确的开证路线(L/C Guidance)。开证路线由受益人在订合同后向申请人提供，通常包括 Payee's Name，Address and A/C No.(收款人名、址和账号)，Name and address of Payee's Bank(收款行名、址)等内容。

(2) 开证资料。首次到银行办理进口开证手续的企业应提交：营业执照副本、企业有权从事外贸经营活动的文件原件、法人代表授权书、被授权人的签样、外汇局备案表等。

(3) 手续。递交有关合同的副本及附件、填写开证申请书(有的银行称为开证承诺书)、缴纳保证金、支付手续费等。

(4) 按时开证。如合同规定开证日期，进口方应在规定期限内开立信用证；如合同只规定了装运期的起止日，则应保证受益人在装运期开始前收到信用证；如合同只规定最迟装运日期，则应在合理时间内开证，以使卖方有足够时间备妥货物并予出运，通常掌握在交货期前一个月至一个半月。

(5) 信用证的条件应单据化。进口方在申请开证时，应将合同的有关规定转化成单据。比如，合同以 CFR/CIF 条件成交，信用证应要求受益人在提交的清洁已装船提单上注明“运费已付”字样等。

(6) 银行单证中心的开证人员对开证申请人提交的有关文件进行审核，确认资料完整、符合规定后，通常按 SWIFT 规定的 MT700 格式将信用证开出。

(7) 各银行事先印制的固定格式申请书中凡涉及选择项目，一律在有关项目前打“×”表示选中。

(8) 除非有特殊要求和规定，信用证申请书原则上应以英文开立。

二、进口开证申请书的填制

(1) DATE(申请开证日期)。在申请书右上角填写实际申请日期。

(2) TO(致)。银行印制的申请书上事先都会印就开证银行的名称、地址，银行的 SWIFT CODE、TELEX NO 等也可同时显示。

(3) PLEASE ISSUE ON OUR BEHALF AND/OR FOR OUR ACCOUNT THE FOLLOWING IRREVOABLE LETTER OF CREDIT(请开列以下不可撤销信用证)。如果信用证是保兑或可转让的，应在此加注有关字样。开证方式多为电开(BY TELEX)，也可以是信开、快递或简电开立。

(4) L/C NUMBER(信用证号码)。此栏由银行填写。

(5) APPLICANT(申请人)。填写申请人的全称及详细地址，有的要求注明联系电话、传真号码等。

(6) BENEFICIARY(受益人)。填写受益人的全称及详细地址。

(7) ADVISING BANK(通知行)。由开证行填写。

(8) AMOUNT(信用证金额)。分别用数字和文字两种形式表示，并且表明币制。如果允许有一定比率的上下浮动，要在信用证中明确表示出来。

(9) EXPIRY DATE AND PLACE(到期日期和地点)，填写信用证的有效期及到期地点。

(10) PARTIAL SHIPMENT(分批装运)、TRANSHIPMENT(转运)。根据合同的实际规定打“×”进行选择。

(11) LOADING IN CHARGE、FOR TRANSPORT TO、LATEST DATE OF SHIPMENT(装运地/港、目的地/港的名称，最迟装运日期)。按实际填写，如允许有转运地/港，也应清楚标明。

(12) CREDIT AVAILABLE WITH/BY(付款方式)。在所提供的即期、承兑、议付和延期付款4种信用证有效兑付方式中选择与合同要求一致的类型。

(13) BENEFICIARY'S DRAFT(汇票要求)。金额应根据合同规定填写为：发票金额的一定百分比；发票金额的100%(全部货款都用信用证支付)；如部分信用证，部分托收时按信用证下的金额比例填写。付款期限可根据实际填写即期或远期，如属后者必须填写具体的天数。信用证条件下的付款人通常是开证行，也可能是开证行指定的另外一家银行。

(14) DOCUMENTS REQUIRED(单据条款)。各银行提供的申请书中已印就的单据条款通常为十几条，从上至下一般为发票、运输单据(提单、空运单、铁路运输单据及运输备忘录等)、保险单、装箱单、质量证书、装运通知和受益人证明等，最后一条是OTHER DOCUMENTS, IF ANY(其他单据)，如要求提交超过上述所列范围的单据就可以在此栏填写，比如有的合同要求CERTIFICATE OF NO SOLID WOOD PACKING MATERIAL(无实木包装材料证明)、CERTIFICATE OF FREE SALE(自由销售证明书)、CERTIFICATE OF CONFORMITY(合格证明书)等。申请人填制这部分内容时应依据合同规定，不能随意增加或减少。选中某单据后对该单据的具体要求(如一式几份、要否签字、正副本的份数、单据中应标明的内容等)也应如实填写，如申请书印制好的要求不完整应在其后予以补足。

(15) COVERING/EVIDENCING SHIPMENT OF(商品描述)。所有内容(品名、规格、包装、单价、唛头)都必须与合同内容相一致，价格条款里附带“AS PER INCOTERMS 2000”、数量条款中规定“MORE OR LESS”或“ABOUT”、使用某种特定包装物等特殊要求必须清楚列明。

(16) ADDITIONAL INSTRUCTIONS(附加指示)。该栏通常体现为以下一些印就的条款：

+ALL DOCUMENTS MUST INDICATE CONTRACT NUMBER(所有单据加列合同号码)。

+ALL BANKING CHARGES OUTSIDE THE OPENING BANK ARE FOR BENEFICIARY'S ACCOUNT(所有开证行以外的银行费用由受益人承担)。

+BOTH QUANTITY AND AMOUNT FOR EACH ITEM % MORE OR LESS ALLOWED (每项数量与金额允许 %增减)。

+THIRD PARTY AS SHIPPER IS NOT ACCEPTABLE(第三方作为托运人是不能接受的)。

+DOCUMENTS MUST BE PRESNTED WITHIN ××× DAYS AFTER THE DATE OF ISSUANCE OF THE TRANSPORT DOCUMENTS BUT WITHIN THE VALIDITY OF THIS CREDIT(单据必须在提单日后×××天送达银行并且不超过信用证有效期)。

+SHORT FORM/BLANK BACK/CLAUSED/CHARTER PARTY B/L IS UNACCEPTABLE (银行不接受略式/不清洁/租船提单)。

+ALL DOCMENTS TO BE FORWARDED IN ONE COVER, UNLESS OTHERWISE STATED ABOVE(除非有相反规定，所有单据应一次提交)。

+PREPAID FREIGHT DRAWN IN EXCESS OF L/C AMOUNT IS ACCEPTABLE AGAINST PRESENTATION OF ORIGINAL CHARGES VOUCHER ISSUED BY SHIPPING CO./AIR LINE OR ITS AGENT(银行接受凭船公司/航空公司或其代理人签发的正本运费收据索要超过信用证金额的预付运费)。

+DOCUMENT ISSUED PRIOR TO THE DATE OF ISSUANCE OF CREDIT NOT ACCEPTABLE(不接受早于开证日出具的单据)。

如需要已印就的上述条款，可在条款前打“×”，对合同涉及但未印就的条款还可以做补充填写。

(17) NAME，SIGNATURE OF AUTHORISED PERSON，TEL NO.，FAX，ACCOUNT NO.(授权人名称、签字、电话、传真、账号等内容)。

三、进口开证应注意的问题

(1) 开证前一定要落实进口批准手续及外汇来源。

(2) 应满足“证同一致”的要求。最好不用“参阅××号合同”(As per S/C No ××)的规定，因信用证是自足文件，签发后就与买卖合同无关了。

(3) 单据条款要明确。开证时必须列明需要出口人提供的各项单据的种类、份数及签发机构，规定各单据表述的内容。

(4) 信用证申请书中含有某些条件而未列明应提交与之相应的单据，银行将认为未列此条件，而不予理睬。

(5) 信用证中应明确规定是否允许分批装运、转运、是否接受第三者装运单据等条款。

(6) 我国银行一般不接受开立他行保兑的信用证，对可转让信用证也持谨慎态度。

(7) 开证申请书文字应力求规范、完整、明确。进口商要求银行在信用证上载明的事项，必须完整、明确，不能使用含糊不清的文字。应避免使用“约”、“近似”或类似的词语，这样，一方面可使银行处理信用证或卖方履行信用证的条款时有所遵循，另一方面也可以此保护自己的权益。

(8) 网上申请开证的客户必须注册企业网上银行证书版后才能办理相应业务。

步骤二 审核草本信用证

业务进展

外贸单证员李萍于 2010 年 5 月 6 日向银行申请开证，次日下午银行就发送草本信用证到李萍的邮箱。

草本信用证是银行在正式信用证开立之前的一个核对稿，可供进口商等相关当事人进行开证前的检查和核对。

根据余姚市云力贸易有限公司的开证申请书以及其他相关资料，银行开出草本信用证供云力公司审核。李萍拿到草本信用证后，进行了仔细审核。以下内容是招商银行开出的信用证草本(单据 3-2)。

单据 3-2：草本信用证

27 /Sequence of Total
    1/1
40A/Form of Documentary Credit
    IRREVOCABLE
20 /Documentary Credit Number
    574LC1000502
31C/Date of Issue
    100510
40E/Applicable Rules
    UCP LATEST VERSION
31D/Date and Place of Expiry
    100714NEGOTIATING BANK'S COUNTER
50 /Applicant
    YUYAO YUNLI TRADING CO.,LTD.
    NO.96 ZONE CHINA PLASTIC CITY
    NORTH XINJIAN ROAD YUYAO
    CHINA TEL:86-574-62535748
59 /Beneficiary
    NEW TREND INDUSTRIAL GROUP
    LIMITED UNIT 602,6/F,CAUSEWAY BAY
    COMMERCIAL BUILDING 1 SUGAR
    STREET,CAUSEWAY BAY HONGKONG
32B/Currency Code, Amount
    USD296010,
39A/Percentage Credit Amount Tolerance
    05/05
41D/Available With ... By ...
    ANY BANK
    BY NEGOTIATION
42C/Drafts at...
    SIGHT FOR 100PCT OF INVOICE VALUE
    QUOTING DATE AND NO. OF THIS CREDIT
42A/Drawee
    CMBCCNBS286
        CHINA MERCHANTS BANK
        NINGBO
        (NINGBO BRANCH)
43P/Partial Shipments
    ALLOWED
43T/Transshipment
    ALLOWED
44E/Port of Loading/Airport of Departure
    ANY PORT IN THAILAND
44F/Port of Discharge/Airport of Destination
    NINGBO, CHINA
44C/Latest Date of Shipment
    100630
45A/Description of Goods and/or Services
    COMMODITY: PP 2540S
    QUANTITY: 198.00MTS
    UNIT PRICE: USD1495.00/MT
    TOTAL AMOUNT: USD296010.00
    PRICE TERMS: CFR NINGBO,CHINA
    ORIGIN: THAILAND
    PACKING: STANDARD EXPORT PACKING
46A/Documents Required
    1. SIGNED COMMERCIAL INVOICE IN 3 FOLDS INDICATING LC
       NO. AND CONTRACT NO.NT20100505B.
    2. PACKING LIST/WEIGHT MEMO IN 3 FOLDS INDICATING QUANTITY,

续

GROSS AND NET WEIGHT OF EACH PACKAGE.
3. CERTIFICATE OF QUALITY IN 2 FOLDS ISSUED BY BENEFICIARY.
4. FULL SET OF ORIGINAL CLEAN ON BOARD OCEAN BILL OF LADING MARKED FREIGHT PREPAID MADE OUT TO ORDER AND BLANK ENDORSED NOTIFYING APPLICANT.
5. DECLARATION OF NON-WOOD PACKING MATERIAL OR DECLARATION OF WOODEN PACKING IN 2 FOLDS ISSUED BY BENEFICIARY.
6. CERTIFICATE OF ORIGIN IN 2 FOLDS ISSUED BY BENEFICIARY.

47A/Additional Conditions

+BENEFICIARY'S CERTIFICATE ADDRESSED TO ISSUING BANK CONFIRMING THEIR ACCEPTANCE OR NON-ACCEPTANCE OF ALL AMENDMENTS MADE UNDER THIS CREDIT QUOTING RELEVANT AMENDMENT NO. IF THE CREDIT HAS NOT BEEN AMENDED,SUCH CERTIFICATE IS NOT REQUIRED.

+ONE EXTRA PHOTOCOPY OF INVOICE AND TRANSPORT DOCUMENTS ARE REQUIRED FOR ISSUING BANK'S REFERENCE. IF SUCH COPIES NOT PRESENTED, A FEE FOR USD10.00 OR ITS EQUIVALENCE WILL BE DEDUCTED UPON PAYMENT.

+WITHOUT A PRIOR NOTICE, A FEE OF USD75.00 OR ITS EQUIVALENCE, AND RELATIVE TELEX CHARGES ARE FOR ACCOUNT OF BENEFICIARY AND WILL BE DEDUCTED FROM THE PROCEEDS OF EACH PRESENTATION OF DISCREPANT DOCUMENTS PROVIDED THE DISCREPANT DOCUMENTS HAVE BEEN ACCEPTED. HOWEVER, THIS MUST NOT BE CONSTRUED TO MEAN THAT THE SAME DISCREPANCIES APPEARING IN DOCUMENTS OF SUBSEQUENT PRESENTATION ARE AUTOMATICALLY ACCEPTABLE TO US.

+DOCUMENTS MUST BE ISSUED IN ENGLISH.

+UNLESS OTHERWISE STIPULATED UNDER THIS LC, THIRD PARTY DOCUMENTS EXCEPT INVOICE AND DRAFT ARE ACCEPTABLE.

+FIVE PERCENT MORE OR LESS ARE ALLOWED ON BOTH QUANTITY AND CREDIT AMOUNT.

+DOCUMENTS ISSUED EARLIER THAN THE LC ISSUING DATE ARE ACCEPTABLE.

71B/Charges

ALL BANKING CHARGES OUTSIDE ISSUING
BANK (INCLUDING FINANCING INTEREST)
AND ALL RELATIVE
REIMBURSEMENT/PAYMENT/TLX CHARGES
ARE FOR BENEFICIARY'S ACCOUNT.

48 /Period for Presentation

WITHIN 14 DAYS AFTER
SHIPMENT DATE BUT ANYWAY
WITHIN THE VALIDITY OF THE CREDIT

49 /Confirmation Instructions

WITHOUT

78 /Instructions to the Paying/Accepting/Negotiating Bank

+EACH DRAWING SHOULD BE ENDORSED ON THE REVERSE OF THIS L/C AND THE PRESENTING BANK MUST EVIDENCE THIS EFFECT ON THEIR COVERING SCHEDULE.

+DOCUMENTS SHOULD BE SENT BY COURIER SERVICE IN ONE LOT TO CHINA MERCHANTS BANK,YUYAO SUB BRANCH, INTL DEPT, NO.45-47 SHUN SHUI SOUTH ROAD,YUYAO,ZHEJIANG CHINA 315400 TEL:0574-62657725.

+UPON RECEIPT OF DOCUMENTS AND DRAFTS BY OUR YUYAO SUB BRANCH AT THE COUNTER OF INTL DEPT IN COMPLIANCE WITH TERMS AND CONDITIONS OF THIS CREDIT, WE WILL UNDERTAKE TO REIMBURSE YOU AS PER YOUR INSTRUCTIONS.

+EXCEPT AS OTHERWISE STATED OR MODIFIED, THIS CREDIT IS SUBJECT TO THE UCP 600.

李萍进行仔细审核后，未发现不符之处。于是通知银行开出正本信用证。

小贴士

在一些公司里，进口方会把信用证草本发给出口商，让出口商先进行审核，大大减少了信用证开出之后出口商发现不符之处要求改证的问题。

步骤三　审核正本信用证

业务进展

李萍认真审核了信用证草本以后，没有发现有不符之处。

经云力公司确认后，银行开出正本信用证(单据 3-3)。信用证经通知行，交到受益人手里。

单据 3-3：正本信用证

505b

************Print Style************
CHINA MERCHANTS BANK SWIFT MESSAGE CONTENT　　2010-05-07 15:25:12

Message Type	: 700	Issue of a Docuementary Credit
FIN/Sesslon/ISN	: F01　.SS.　.SEQ..	
Priority/Obsol.Period	: Normal/100 Minutes	
Sender	: CMBCCNBSA286	
	: CHINA MERCHANTS BANK (NINGBO BRANCH)	
Receiver	: BEASCNSH×××× BANK OF EAST ASIA (CHINA)LIMITED, THE SHANGHAI (SHANGHAI BRANCH)	
MUR	: IS57410050700060	

27/Sequence of Total
1/1
40A/Form of Documentary Credit
IRREVOCABLE
20/Documentary Credit Number
574LC1000502
31D/Date of Issue
100510
40E/Applicable Rules
UCP LATEST VERSION
31D/Date and Place of Expiry
100714NEGOTIATING BANK'S COUNTER
50/Applicant
YUYAO YUNLI TRADING CO..LTD.
NORTH XINFIAN ROAD YUYAO
CHINA TEL:86-574-62535748
59/Beneficiary
NEW TREND INDUSTRIAL GROUP
LIMITED UNIT 602,6/F,CAUSEWAY BAY
CHINA TEL:86-574-62535748
59/Beneficiary
NEW TREND INDUSTRIAL GROUP
LIMITED UNIT 602,6/F,CAUSEWAY BAY
COMMERCIAL BUILDING 1 SUGAR
STREET,CAUSEWAY BAY HONGKONG
32B/Currency Code, Amount
USD296010,
39A/Percentage Credit Amount Tolerance
05/05
41D/Availe With…By…
ANY BANK
BY NEGOTIATION
42C/Drafts at…
SIGHT FOR 100PCT OF INVOICE VALUE
QUOTING DATE AND NO.OF THIS CREDIT
42A/Drawee
CMBCCNBS286
CHINA MERCHANTS BANK
NINGBO
(NINGBO BRANCH)
43P/Partial Shipments
ALLOWED
43T/Transshipment
ALLOWED
44E/Port of Loading/Airport of Departure
ANY PORT IN THAILAND
44F/Port of Discharge/Airport of Departure
NINGBO,CHINA
44C/Latest Date of Shipment
100630

续

45A/Description of Goods and/of Services
COMMODITY:PP 2540S
QUANTITY:198.00MTS
TOTAL AMOUNT:USD296010.00
PRICE TERMS:CFR NINGBO,CHINA
ORIGIN:THAILAND
PACKING:STANDARD EXPORT PACKING
46A/Documents Required
1.SIGNED COMMERCIAL INVOICE IN 3 FOLDS INDICATING LC NO.AND CONTRACT NO.NT20100505B.
2.PACKING LIST/WEIGHT MEMO IN 3 FOLDS INDICATING QUANTITY, GROSS AND NET WEIGHT OF EACH PACKAGE.
3.CERTIFICATE OF QUALITY IN 2 FOLDS ISSUED BY BENEFICIARY.
4.FULL SET OF ORIGINAL CLEAN ON BOARD OCEAN BILL OF LADING MARKED FREIGHT PREPAID MADE OUT TO ORDER AND BLANK ENDORSED NOTIFYING APPLICANT
5.DECLARATION OF NON-WOOD PACKING MATERIAL OR DECLARATION OF WOODEN PACKING IN 2 FOLDS ISSUED BY BENEFICIARY.
6.CERTIFICATE OF ORIGIN IN 2 FOLDS ISSUED BY BENEFICIARY.
47A/Additional Conditlons
+BENEFICIARY'S CERTIFICATE ADDRESSED TO ISSUING BANK CONFIRMING THEIR ACCEPTANCE OR NON-ACCEPTANCE OF ALL AMENDMENTS MADE UNDER THIS CREDIT QUOTING RELEVANT AMENDMENT NO,IF THE CREDIT HAS NOT BEEN AMENDED,SUCH CERTIFICATE IS NOT REQUIRED.
+ONE EXTRA PHOTOCOPY OF INVOICE AND TRANSPORT DOCUMENTS ARE REQUIRED FOR ISSUING BANK'S REFERENCE.IF SUCH COPIES NOT PRESNTED, A FEE POR USD10.00 OR ITS EQUIVALENCE WILL BE DEDUCTED UPON PAYMENT.
+WITHOUT A PRIOR NOTICE, A FEE OF USD75.00 OR ITS EQUIVALENCE, AND RELATIVE TELEX CHARGES ARE FOR ACCOUNT OF BENEFICIARY AND WILL BE DEDUCTED FROM THE PROCEEDS OF EACH PRESENTATION OF DISCREPANT DOCUMENTS PROVIDED THE DISCREPANT DOCUMENTS HAVE BEEN ACCEPTED. HOWEVER, THIS MUST NOT BE CONSTRUED TO MEAN THAT THE SAME DISCREPANCIES APPEARING IN DOCUMENTS OF SUBSEQUENT PRESENTATION ARE AUTOMATICALLY ACCEPTABLE TO US
+DOCUMENTS MUST BE ISSUED IN ENGLISH.
+UNLESS OTHERWISE STIPULATED UNDER THIS LC, THIRD PARTY DOCUMENTS EXCEPT INVOICE AND DRAFT ARE ACCEPTABLE.
+FIVE PERCENT MORE OR LESS ARE ALLOWED ON BOTH QUANTITY AND CREDIT AMOUNT.
+DOCUMENTS ISSUED EARLIER THAN THE LC ISSUING DATE ARE ACCEPTABLE.
71B/Charges
ALL BANKING CHARGES OUTSIDE ISSUING BANK (INCLUDING FINANCING INTEREST) AND ALL RELATIVE REIMBURSEMENT/PPAYMENT/TLX CHARGES ARE FOR BENEFICIARY'S ACCOUNT.
48/Period for Presentation
WITHIN 14 DAYS AFTER SHIPMENT DATE BUT ANYWAY WITHIN THE VALIDITY OF THE CREDIT
49/Confirmatlon Instructions
WITHOUT
78/Instructions to the Paying /Accepting /Negotiating Bank
+EACH DRAWING SHOULD BE ENDORSED ON THE REVERSE OF THIS L/C AND THE PRESENTING BANK MUST EVIDENCE THIS EFFECT ON THEIR COVERING SCHEDULE.
+DOCUMENTS SHOULD BE SENT BY COURIER SERVICE IN ONE LOT TO CHINA MERCHANTS BANK, YUYAO SUB BRANCH, TNTL DEPT, NO. 45-47SHUN SHUI SOUTH ROAD, YUYAO, ZHEJIANG CHINA 315400 TEL:0574-62657725.
+UPON RECEIPT OF DOCUMENTS AND DRAFTS BY OUR YUYAO SUB BRANCH AT THE COUNTER OF INTL DEPT IN COMPLIANCE WITH TERMS AND CONDITIONS OF THIS CREDIT, WE WILL UNDERTAKE TO REIMBURSE YOU AS PER YOUR INSTRUCTIONS.
+EXCEPT AS OTHERWISE STATED OR MODIFIED, THIS CREDIT IS SUBJECT TO THE UCP 600.
72/Sender to Receiver Information
/TELEBEN/
/REC/PLS COLLECT YOUR ADVISING
//CHARGES FROM BENE BEFORE YOU
//RELEASE THE ORIGINAL CREDIT

步骤四　办理货物运输和保险

业务进展

信用证由开证行发出，通过通知行达到卖方 New Trend Industrial Group Limited 手里。卖方收到信用证后，需要一段时间备货。卖方备好货后交货前跟我方联系运输的相关事宜。我方根据合同和信用证的相关内容，安排运输和保险。

根据合同中贸易术语的不同，买方可能会涉及自己办理运输和保险的相关事宜。在本业务中，由于贸易术语是 CFR Ningbo，所以买方无需自己办理运输，而是由卖方负责。但是该贸易术语中卖方不负责保险，因此保险由买方自己办理。

在本业务中，余姚市云力贸易有限公司没有购买保险。

步骤五　审核进口单据

业务进展

卖方 New Trend Industrial Group Limited 办理好运输事宜，并于 2010 年 6 月 22 日获得提单。卖方按照信用证的规定，将全套结汇单据交到议付行，并通过议付行寄到开证行——招商银行宁波支行。宁波支行收到单据后，一方面独立审单，一方面将单据复印给云力公司供其审单之用。

小贴士

按照相关的惯例，开证行承担独立审单的义务，不以开证申请人(买方)的意见为转移。但在实际业务操作中，银行为了降低风险，或更好地服务于企业，在将款项付给议付行前，往往会充分考虑开证申请人的意见，将单据复印给买方，供他们审核。

受益人根据信用证，制作全套单据，并在信用证规定时间内把单据提交给开证行。履行付款赎单时，开证申请人应认真审核单据是否符合信用证以及合同。

这笔业务的单据有商业发票(单据 3-4)、装箱单(单据 3-5)、提单(单据 3-6)、产地证(单据 3-7)、品质证书(单据 3-8)和非木质包装证明(单据 3-9)。

单据 3-4：商业发票

NEW TREND INDUSTRIAL GROUP LIMITED

UNIT 602, 6/F, CAUSEWAY BAY COMMERCIAL BUILDING,
1 SUGAR STREET, CAUSEWAY BAY, HONG KONG

ORIGINAL

COMMERCIAL INVOICE

DATE: JUNE 22, 2010	L/C NO.: 574LC1000502
INVOICE NO.: IN20100505B CONTRACT NO.: NT20100505B	PAYMENT TERMS: IRREVOCABLEL/C AT SIGHT
SOLD TO: YUYAO YUNLI TRADING CO., LTD. NO: 96 ZONE CHINA PLASTIC CITY NORTH XINJIAN ROAD YUYAO CHINA TEL: 86-574-62535748	PORT OF LOADING: LAEM CHABANG THAILAND PORT PORT OF DISCHARGE: NINGBO, CHINA

DESCRIPTION OF GOODS:

COMMODITY: PP 2540S

QUANTITY: 198.00MTS

UNIT PRICE: USD1495.00/MT

TOTAL AMOUNT: USD296010.00

PRICE TERMS: CFR NINGBO, CHINA

ORIGIN: THAILAND

PACKING: STANDARD EXPORT PACKING

TOTAL NO. OF BAGS (PACKAGES): 7920 BAGS

TOTAL AMOUNT: **USD296, 010.00**

SAY TOTAL: **U.S. DOLLARS TWO HUNDRED NINETY SIXTHOUSANDAND TEN ONLY**

B/L NO.: LCHCB10006761 DATED 22 JUN-2010

NEW TREND INDUSTRIAL GROUP LIMITED 新潮實業集團有限公司

单据 3-5：装箱单

NEW TREND INDUSTRIAL GROUP LIMITED

UNIT 602, 6/F, CAUSEWAY BAY COMMERCIAL BUILDING,

1 SUGAR STREET, CAUSEWAY BAY, HONG KONG

ORIGINAL

PACKING LIST/WEIGHT MEMO

DATE: JUNE 22, 2010	L/C NO.: 574LC1000502
INVOICE NO.: IN20100505B	
CONTRACT NO.: NT20100505B	
SOLD TO: YUYAO YUNLI TRADING CO., LTD. NO: 96 ZONE CHINA PLASTIC CITY NORTH XINJIAN ROAD YUYAO CHINA TEL: 86-574-62535748	PORT OF LOADING: LAEM CHABANG THAILAND PORT PORT OF DISCHARGE: NINGBO, CHINA
DESCRIPTION OF GOODS: COMMODITY: PP 2540S QUANTITY: 198.00MTS PACKING: STANDARD EXPORT PACKING	

TOTAL NO. BAGS (PACKAGES)	QUANTITY	
	GROSS WEIGHT	NET WEIGHT
7920 BAGS	199.1484MT	198MT

GROSS WEIGHT OF EACH PACKAGE:	0.025145MT
NET WEIGHT OF EACH PACKAGE:	0.025MT

NEW TREND INDUSTRIAL GROUP LIMITED 新通实业集团有限公司

单据 3-6：提单

Shipper NAME　　Code RPPUC0001

IRPC PUBLIC COMPANY LIMITED
555/2, ENERGY COMPLEX. BUILDINGB. 6THFLOOR,
VIBHAVADI RANGSIT ROAD, CHATUCHAK 10900 THAILAND

RCL Regional Container Lines

Above represents the trade name

Bill of Lading
Multimodal Transport or Port to Port Shipment

Page 1/1

Consignee(if "Order" State Notify　　Code TOORZZ0001

TO ORDER

B/L NO　LCHCB10006761

Received in apparent good order condition except as otherwise noted the total number of Containers or other packages or units enumerated below by Merchant to comprise the Goods specified below for transportation from the place of Receipt or the Port of Loading, whichever is applicable, to the Place of Delivery or the Port of Discharge, whichever is applicable, subjected to the terms hereof, (including the terms of the reverse hereof and the terms of the Carrier's applicable Tariff). In accepting this bill of lading the Merchant expressly accepts and agrees to all its terms, conditions and exceptions, whether printed, stamped or written, or otherwise incorporated, notwithstanding the non-signing of this bill of lading by Merchant, One of the signed Bill of Lading must be surrendered duly endorsed in exchange for the Goods or delivery order. On presentation of this document (duly endorsed) to the Carrier by or on behalf of the Holder, the rights and liabilities arising in accordance with the terms hereof shall (without prejudice to any rule of common law or statute rendering them binding on the Merchant) become binding in all respects between the Carrier and the Holder as though the contract evidenced

Notify Party/Address-See Clause18　　Code YUYYL0001

YUYAO YUNLI TRADING CO., LTO.
NO.96 ZONE CHINA PLASTIC CITY NORTH XINJIAN
ROAD YUYAO CHINA TEL: 86-574-62535748

Vessel	Voyage NO.
LANTAU ARROW	1024N

Port of Loading	Port of Discharge	Place of Receipt (Applicable only when this document is used as a combined Transport Bill of Lading)	Place of Delivery (Applicable only when this document is used as a combined Transport Bill of Lading)
LAEM CHABANG	NINGBO, CHINA	AEM CHABANG. CY	NINGBO.CHINA CY

Item No.	Container No./Seal No. Marks & Numbers(For FCL must be stated)	No. of Packages	Description of Goods Said To Contain	Gross Weight (Kilos)	Measurement (Cu. Metres)
1	REGU3099981/0937346/600 BAG(S) FSCU3404670/0937909/660 BAG(S) REGU3113204/0937352/660 BAG(S) REGU3204752/0937272/660 BAG(S) FCIU3062726/0937915/660 BAG(S) REGU3104579/0937801/660 BAG(S) FCIU3845260/0937808/660 BAG(S) REGU3144910/0937809/660BAG(S) GLDU5161930/0937810/660 BAG(S) FCIU3142734/0937803/660BAG(S) REGU3072126/0937575/660 BAG(S) REGU3075254/0937483/660BAG(S) POLENE THAILAND PORT NAME & ADDRESS AT NINGBO REGIONAL CONTAINER LINES SHIPPING COLTD NINGBO BRANCH RM 907-08 NINGBO FINANCIAL BUILDING NO. 138 JIANG DONG ROAD, NINGBO, CHINA POSTCODE: 315040 TEL(88-574)2787 2628 FAX(86-574)2787 2808/68	12X20 GP 7920 BAG(S)	SAID TO CONTAIN 198 MT PP 2540S NO. OF UNITS: 7, 920 BAGS N.W.198, 000.000 KGS. SHIPPED ON BOARD DATE 22/06/2010 BY LANTAU ARROWV. 1024N AT LAEM CHABANG, THAILAND FREIGHT PREPAID (TWELVE CONTAINER(S) ONLY) ORIGINAL SHIPPER'S LOAD & COUNT CONTAINER(S) SEALED BY SHIPPER	199.148.400	384.1200

ABOVE PARTICULARS AS DECLARED BY SHIPPER

The present contract agreed upon is subject to the condition printed at the back and governed by the Law and Jurisdiction of ···SINGAPORE······
See clause ZZ on reverse of this Bill of Lading.

Total No. of Pkgs/Cntrs　0012 CNTR

Shipped on Board Date　22/06/2010

Place & Date of Issue
BANGKOK　22/06/2010

In witness of the contract herein contained 3 originals have been issued one of which Being accomplished the other(s) to be

Carrier:
RCL FEEDER PTE LTD

By NGOW HOCK CO.LTD
As Agents

ON BEHALF OF THE CARRIER

单据 3-7：产地证

NEW TREND INDUSTRIAL GROUP LIMITED

UNIT 602, 6/F, CAUSEWAY BAY COMMERCIAL BUILDING,
1 SUGAR STREET, CAUSEWAY BAY, HONG KONG

ORIGINAL

CERTIFICATE OF ORIGIN

DATE: JUNE 22, 2010	L/C NO.: 574LC1000502
INVOICE NO.: IN20100505B	
CONTRACT NO.: NT20100505B	
SOLD TO: YUYAO YUNLI TRADING CO., LTD. NO: 96 ZONE CHINA PLASTIC CITY NORTH XINJIAN ROAD YUYAO CHINA TEL: 86-574-62535748	PORT OF LOADING: LAEM CHABANG THAILAND PORT PORT OF DISCHARGE: NINGBO, CHINA

DESCRIPTION OF GOODS:

COMMODITY: PP 2540S

QUANTITY: 198.00MTS

TOTAL NO. OF BAGS (PACKAGES)	QUANTITY	
	GROSS WEIGHT	NET WEIGHT
7920 BAGS	199.1484MT	198MT

WE HEREBY CERTIFY THAT GOODS ARE OF THAILAND ORIGIN.

NEW TREND INDUSTRIAL GROUP LIMITED 新通实业集团有限公司

单据 3-8：品质证书

NEW TREND INDUSTRIAL GROUP LIMITED

UNIT 602, 6/F, CAUSEWAY BAY COMMERCIAL BUILDING,
1 SUGAR STREET, CAUSEWAY BAY, HONG KONG

ORIGINAL

CERTIFICATE OF QUALITY

DATE: JUNE 22, 2010	L/C NO.: 574LC1000502
INVOICE NO.: IN20100505B	
CONTRACT NO.: NT20100505B	
SOLD TO: YUYAO YUNLI TRADING CO., LTD. NO: 96 ZONE CHINA PLASTIC CITY NORTH XINJIAN ROAD YUYAO CHINA TEL: 86-574-62535748	PORT OF LOADING: LAEM CHABANG THAILAND PORT PORT OF DISCHARGE: NINGBO, CHINA

DESCRIPTION OF GOODS:

COMMODITY: PP 2540S

QUANTITY: 198.00MTS

TOTAL NO. OF BAGS (PACKAGES)	QUANTITY	
	GROSS WEIGHT	NET WEIGHT
7920 BAGS	199.1484MT	198MT

WE HEREBY CERTIFY THAT THE QUALITY OF THE GOODS IS IN ACCORDANCE WITH MANUFACTURER'S STANDARD QUALITY FOR THIS PRODUCT.

NEW TREND INDUSTRIAL GROUP LIMITED 新潮實業集團有限公司

单据 3-9：非木质包装证明

NEW TREND INDUSTRIAL GROUP LIMITED

UNIT 602, 6/F, CAUSEWAY BAY COMMERCIAL BUILDING
1 SUGAR STREET, CAUSEWAY BAY, HONG KONG

ORIGINAL

DECLARATION OF NON-WOOD PACKING MATERIAL

DATE: JUNE 22, 2010	L/C NO.: 574LC1000502
INVOICE NO.: IN20100505B	
CONTRACT NO.: NT20100505B	
SOLD TO: YUYAO YUNLI TRADING CO., LTD. NO: 96 ZONE CHINA PLASTIC CITY NORTH XINJIAN ROAD YUYAO CHINA TEL: 86-574-62535748	PORT OF LOADING: LAEM CHABANG THAILAND PORT PORT OF DISCHARGE: NINGBO, CHINA

DESCRIPTION OF GOODS:
COMMODITY: PP 2540S
QUANTITY: 198.00MTS

TOTAL NO. OF BAGS (PACKAGES)	QUANTITY	
	GROSS WEIGHT	NET WEIGHT
7920 BAGS	199.1484MT	198MT

WE HEREBY CERTIFY THAT THAT THIS SHIPMENT CONTAINS NON-WOOD PACKING MATERIAL.

本套单据没有不符之处。如若发现单据存在问题，应该书面列出处理意见。

步骤六　办理进口付款手续

业务进展

经仔细审核，李萍未发现该票单据存在不符点，因此可以办理付款赎单手续。

余姚市云力贸易有限公司收下全套货物单据，填写并向银行提交对外付款/承兑通知书(单据 3-10)等相关资料。

单据 3-10：承兑通知书

招商银行
CHINA MERCHANTS BANK

对外付款/承兑通知书

银行业务编号 574LC1000502B001　　　　日期 2010-06-25

结算方式	☒信用证 □保函 □托收 □其他	信用证/保函编号	574LC1000502
来单币种及金额	USD296,010.00	开证日期	2010-5-10
索汇币种及金额	USD296,010.00	期　限	AT SIGHT　到期日
来单行名称	BANK OF EAST ASIA (CHINA) LIMITED, THE SHANGHAI (HANGHAI BRANCH)	来单行编号	SHOLA30596DR001
收款人名称	NEW TREND INDUSTRIAL GROUP LIMITED		
收款行名称及地址	BANK OF EAST ASIA (CHINA) LIMITED, THE SHANGHAI (SHANGHAI BRANCH)		
付款人名称	余姚市云力贸易有限公司		
☒对公 组织机构代码	73947737-2	□对私	个人身份证号码
扣费币种及金额			□中国居民个人 □中国非居民个人
合同号	NT20100505B	发票号	IN20100505B
提运单号	LCHCB100006761	合同金额	296,010.00

银行附言

议付行费用/利息：USD0

单据清单：

发票	装箱单	提单	空运单	货物收据	保单	受益人证	产地证	质量/数量证	检验证
3	3	3/3+7C							

其他：N-W DECL　　2

我行收到上述信用证项下单据。请贵司审核单据，并于 2010-07-01 前来我行办理付款/承兑手续或提出拒付申请。若在上述日期前贵司未办理以上手续，我行将视贵司已同意付款/承兑，并将按《开立信用证承诺书》中的相关条款，自行对外付款/承兑。贵司在上述日期前提出拒付申请后，由我行对单据的不符点再次审核，并最终决定是否拒付。

不符点提示：

备注：

本次装运日：20100622　最迟装运日期：20100630

经办　　复核　　负责人　　银行业务章

步骤七　办理进口报关手续

业务进展

货物到宁波港后，货代公司发来到货通知书。余姚市云力贸易有限公司的李萍委托货代公司办理提货和报关。以下是报关委托书和进口货物报关单(单据 3-11)。

在实务中，外贸单证员一般只在报关委托书上盖章，而不填写详细内容，详细内容由报关员报关时填写。

单据 3-11：报关单

中华人民共和国海关进口货物报关单

预录入编号：717179969　　　　海关编号：20101049953964

进口口岸　北仑海关　3104	备案号	进口日期 2010-07-01	申报日期 2010-07-02
经营单位　余姚市云力贸易有限公司 3312964434	运输方式 水路运输	运输工具名称 LANTAUARROW/ 1024N	提运单号 LCHCB10006761
收货单位　余姚市云力贸易有限公司 331296434	贸易方式 一般贸易 0110	征免性质 一般征税　(101)	征税比例 0%

许可证号	起运国（地区）泰国（136）	装货港　泰国（136）		境内目的地 余姚（33129）
批准文号	成交方式 C&F	运费	保费	杂费
合同协议号 NT20100505B	件数 7920	包装种类 包	毛重(公斤)199148	净重（公斤）198000
集装箱号 12	随附单据 Y			用途

标记唛码及备注

合同日期：2010/05/05　贸易商：NEW TREND INDUSTRIAL G

随附单证号：〈02：1〉

集装箱号：FCIU3062726 FCIU3142734 FCIU3845260 FSCU3404670 GLDU5161930 REGU3072126REGU3075254 REGU3099981 REGU3113204 REGU3204752 REGU3104579 FCIU3144910

项号	商品编号	商品名称、规格型号	数量及单位	原产国(地区)	单价	总价	币制	征免
1.	39023010	乙烯-丙烯共聚物 白色粒子 乙烯：8% 丙烯：92%：正	198000.00 千克	泰国(136)	1.4950	296010.00	USD 美元	照章征税

用途：外贸自营内销

税费征收情况

录入员 录入单位	兹声明以上申报无讹并承担法律责任	海关审单批注及放行日期(签章) 审单　审价
报关员	申报单位(签章)	征税　统计
单位地址	宁波海翔国际货运代理有限公司	查验　放行
邮编　电话	填制日期	

步骤八　整理存档

业务进展

由于此业务是委托报关公司代为报关的，外贸单证员李萍要及时催促报关公司退回相关单据。

当所有的单证环节完成后，余姚市云力贸易有限公司的李萍对资料进行整理归档。将所有的单据扫描到电脑，并按照时间序列拍好，转化为一个 PDF 文档，以便日后方便调用查看。

同时，将纸质的单据原件装订好，放入资料袋，作为原始凭据。

回顾与迁移

(1) 合同 3-1 的贸易术语是 CFR，如果合同其他条款不变，而贸易术语采用了 FOB 或者 CIF，单证员李萍的工作会有哪些不同？

(2) 合同 3-1 采用的结算方式是信用证。你觉得为什么要采用这种结算方式，如果是你操作，你会不会采用 T/T 或 D/P 结算方式，它们的风险如何，具体操作有何不同？

(3) 设定模拟公司。

① 自行设定一个外贸公司，单据的制作都是以这个公司为基础。

设定公司名称(中英文)、公司地址、联系方式、网站等信息。

② 设定自己的身份，自己模拟一份合同，参照前面的学习过程反复练习制单工作。

附录一　跟单信用证统一惯例

(2007 年修订本，国际商会第 600 号出版物) UCP600

第一条　UCP 的适用范围

《跟单信用证统一惯例——2007 年修订本，国际商会第 600 号出版物》(简称“UCP”)乃一套规则，适用于所有的其文本中明确表明受本惯例约束的跟单信用证(下称信用证)(在其可适用的范围内，包括备用信用证)。除非信用证明确修改或排除，本惯例各条文对信用证所有当事人均具有约束力。

第二条　定义

就本惯例而言：

通知行 指应开证行的要求通知信用证的银行。

申请人 指要求开立信用证的一方。

银行工作日 指银行在其履行受本惯例约束的行为的地点通常开业的一天。

受益人 指接受信用证并享受其利益的一方。

相符交单 指与信用证条款、本惯例的相关适用条款以及国际标准银行实务一致的交单。

保兑 指保兑行在开证行承诺之外做出的承付或议付相符交单的确定承诺。

保兑行 指根据开证行的授权或要求对信用证加具保兑的银行。

信用证 指一项不可撤销的安排，无论其名称或描述如何，该项安排构成开证行对相符交单予以交付的确定承诺。

承付 指：

a. 如果信用证为即期付款信用证，则即期付款。

b. 如果信用证为延期付款信用证，则承诺延期付款并在承诺到期日付款。

c. 如果信用证为承兑信用证，则承兑受益人开出的汇票并在汇票到期日付款。

开证行 指应申请人要求或者代表自己开出信用证的银行。

议付 指指定银行在相符交单下，在其应获偿付的银行工作日当天或之前向受益人预付或者同意预付款项，从而购买汇票(其付款人为指定银行以外的其他银行)及/或单据的行为。

指定银行 指信用证可在其处兑用的银行，如信用证可在任一银行兑用，则任何银行均为指定银行。

交单 指向开证行或指定银行提交信用证项下单据的行为，或指按此方式提交的单据。

交单人 指实施交单行为的受益人、银行或其他人。

第三条　解释

就本惯例而言：

如情形适用，单数词形包含复数含义，复数词形包含单数含义。

信用证是不可撤销的，即使未如此表明。

单据签字可用手签、摹样签字、穿孔签字、印戳、符合或任何其他机械或电子的证实方法为之。

诸如单据须履行法定手续、签证、证明等类似要求，可由单据上任何看似满足该要求的签字、标记、印戳或标签来满足。

一家银行在不同国家的分支机构被视为不同的银行。

用诸如“第一流的”、“著名的”、“合格的”、“独立的”、“正式的”、“有资格的”或“本地的”等词语描述单据的出单人时，允许除受益人之外的任何人出具该单据。

除非要求在单据中使用，否则诸如“迅速地”、“立刻地”或“尽快地”等词语将被不予理会。

“在或大概在(on or about)”或类似用语将被视为规定事件发生在指定日期的前后五个日历日之间，起讫日期计算在内。“至(to)”、“直至(until、till)”、“从……开始(from)”及“在……之间(between)”等词用于确定发运日期时包含提及的日期，使用“在……之前(before)”及“在……之后(after)”时则不包含提及的日期。

“从……开始(from)”及“在……之后(after)”等词用于确定到期日期时不包含提及的日期。

“前半月”及“后半月”分别指一个月的第一日到第十五日及第十六日到该月的最后一日，起讫日期计算在内。

一个月的“开始(beginning)”、“中间(middle)”及“末尾(end)”分别指第一到第十日、第十一日到第二十日及第二十一日到该月的最后一日，起讫日期计算在内。

第四条　信用证与合同

(1) 就其性质而言，信用证与可能作为其开立基础的销售合同或其他合同是相互独立的交易，即使信用证中含有对此类合同的任何援引，银行也与该合同无关，且不受其约束。因此，银行关于承付、议付或履行信用证项下其他义务的承诺，不受申请人基于与开证行或与受益人之间的关系而产生的任何请求或抗辩的影响。

受益人在任何情况下不得利用银行之间或申请人与开证行之间的合同关系。

(2) 开证行应劝阻申请人试图将基础合同、形式发票等文件作为信用证组成部分的做法。

第五条　单据与货物、服务或履约行为

银行处理的是单据，而不是单据可能涉及的货物、服务或履约行为。

第六条　兑用方式、截止日和交单地点

(1) 信用证必须规定可在其处兑用的银行，或是否可在任一银行兑用。规定在指定解行兑用的信用证同时也可以在开证行兑用。

(2) 信用证必须规定其是以即付款、延期付款，承兑还是议付的方式兑用。

(3) 信用证不得开成凭以申请人为付款人的汇票兑用。

(4) 信用证必须定一个交单的截止日。规定的承付或议付的截止日将被视为交单的截止日。

可在其处兑用信用证的银行所在地即为交单地点。可在任一银行兑用的信用证其交单地点为任一银行所在地。除规定的交单地点外，开证行所在地也是交单地点。

(5) 除非如第二十九条 a 款规定的情形，否则受益人或者代表受益人的交单应截止日当天或之前完成。

第七条　开证行责任

(1) 只要规定的单据提交给指定银行或开证方，并且构成相符交单，则开证行必须承付，如果信用证为以下情形之一：

① 信用证规定由开证行即期付款，延期付款或承兑。

② 信用证规定由指定银行即期付款但其未付款。

③ 信用证规定由指定银行延期付款但其未承诺延期付款，或虽已承诺延期付款，但未在到期日付款。

④ 信用证规定由指定银行承兑，但其未承兑以其为付款人的汇票，或虽然承兑了汇票，但未在到期日付款。

⑤ 信用证规定由指定银行议付但其未议付。

(2) 开证行自开立信用证之时起即不可撤销地承担承付责任。

(3) 指定银行承付或议付相符交单并将单据转给开证行之后，开证行即承担偿付该指定银行的责任。对承兑或延期付款信用证下相符合单金额的偿付应在到期日办理，无论指定银行是否在到期日之前预付或购买了单据，开证行偿付指定银行的责任独立于开证行对受益人的责任。

第八条　保兑行责任

(1) 只要规定的单据提交给保兑行，或提交给其他任何指定银行，并且构成相符交单，保兑行必须：

① 承付，如果信用证为以下情形之一：

a. 信用证规定由保兑行即期付款、延期付款或承兑。

b. 信用证规定由另一指定银行延期付款，但其未付款。

c. 信用证规定由另一指定银行延期付款，但其未承诺延期付款，或虽已承诺延期付款但未在到期日付款。

d. 信用证规定由另一指定银行承兑，但其未承兑以其为付款人的汇票，或虽已承兑汇票未在到期日付款。

e. 信用证规定由另一指定银行议付，但其未议付。

② 无追索权地议付，如果信用证规定由保兑行议付。

(2) 保兑行自对信用证加具保兑之时起即不可撤销地承担承付或议付的责任。

(3) 其他指定银行承付或议付相符交单并将单据转往保兑行之后，保兑行即承担偿付该指定银行的责任。对承兑或延期付款信用证下相符交单金额的偿付应在到期日办理，无论指定银行是否在到期日之前预付或购买了单据。保兑行偿付指定银行的责任独立于保兑行对受益人的责任。

(4) 如果开证行授权或要求一银行对信用证加具保兑，而其并不准备照办，则其必须毫不延误地通知开证行，并可通知此信用证而不加保兑。

第九条　信用证及其修改的通知

(1) 信用证及其任何修改可以经由通知行通知给受益人。非保兑行的通知行通知信用证及修改时不承担承付或议付的责任。

(2) 通知行通知信用证或修改的行为表示其已确信信用证或修改的表面真实性，而且其通知准确地反映了其收到的信用证或修改的条款。

(3) 通知行可以通过另一银行(“第二通知行”)向受益人通知信用证及修改。第二通知行通知信用证或修改的行为表明其已确信收到的通知的表面真实性，并且其通知准确地反映了收到的信用证或修改的条款。

(4) 经由通知行或第二通知行通知信用证的银行必须经由同一银行通知其后的任何修改。

(5) 如一银行被要求通知信用证或修改但其决定不予通知，则应毫不延误地告知自其处收到信用证、修改或通知的银行。

(6) 如一银行被要求通知信用证或修改但其不能确信信用证、修改或通知的表面真实性，则应毫不延误地通知看似从其处收到指示的银行。如果通知行或第二通知行决定仍然通知信用证或修改，则应告知受益人或第二通知行其不能确信信用证、修改或通知的表面真实性。

第十条　修改

(1) 除第三十八条另有规定者外，未经开证行、保兑行(如有的话)及受益人同意，信用证即不得修改，也不得撤销。

(2) 开证行自发出修改之时起，即不可撤销地受其约束。保兑行可将其保兑扩展至修改，并自通知该修改时，即不可撤销地受其约束。但是，保兑行可以选择将修改通知受益人而不对其加具保兑。若然如此，其必须毫不延误地将此告知开证行，并在其给受益人的通知中告知受益人。

(3) 在受益人告知通知修改的银行其接受该修改之前，原信用证(或含有先前被接受的修改的信用证)的条款对受益人仍然有效。受益人应提供接受或拒绝修改的通知。如果受益人未能给予通知，当交单与信用证以及尚未表示接受的修改的要求一致时，即视为受益人已作出接受修改的通知，并且从此时起，该信用证被修改。

(4) 通知修改的银行应将任何接受或拒绝的通知转告发出修改的银行。

(5) 对同一修改的内容不允许部分接受，部分接受将被视为拒绝接受修改的通知。

(6) 修改中关于除非受益人在某一时间内拒绝修改否则修改生效的规定应被不予理会。

第十一条　电讯传输的和预先通知的信用证和修改

(1) 以经证实的电讯方式发出的信用证或信用证修改即被视为有效的信用证或修改文据，任何后续的邮寄确认书应被不予理会。

如电讯声明“详情后告”(或类似用语)或声明以邮寄确认书为有效信用证或修改，则该电讯不被视为有效信用证或修改。开证行必须随即毫不迟延地开立有效信用证或修改，其条款不得与该电讯矛盾。

(2) 开证行只有在准备开立有效信用证或作出有效修改时，才可以发出关于开立或修改信用证的初步通知 (预先通知)。开证行作出该预先通知，即不可撤销地保证毫不迟延地开立或修改信用证，且其条款不能与预先通知相矛盾。

第十二条 指定

(1) 除非指定银行为保兑行，对于承付或议付的授权并不赋予指定银行承付或议付的义务，除非该指定银行明确表示同意并且告知受益人。

(2) 开证行指定一家银行承兑汇票或做出延期付款承诺，即为授权该指定银行预付或购买其已承兑的汇票或已做出的延期付款承诺。

(3) 非保兑行的指定银行收到或审核并转递单据的行为并不使其承担承付或议付的责任，也不构成其承付或议付的行为。

第十三条 银行之间的偿付安排

(1) 如果信用证规定指定银行(“索偿行”)向另一方(“偿付行”)获取偿付时，必须同时规定该偿付是否按信用证开立时有效的国际商会银行间偿付规则进行。

(2) 如果信用证没有规定偿付遵守国际商会银行间偿付规则，则按照以下规定：

① 开证行必须给予偿付行有关偿付的授权，授权应符合信用证关于兑用方式的规定，且不应设定截止日。

② 开证行不应要求索偿行向偿付行提供与信用证条款相符的证明。

③ 如果偿付行未按信用证条款见索即偿，开证行将承担利息损失以及产生的任何其他费用。

④ 偿付行的费用应由开证行承担。然而，如果此项费用由受益人承担，开证行有责任在信用证及偿付授权中予以注明。如果偿付行的费用由受益人承担，该费用应在偿付时从付给索偿行的金额中扣取。如果偿付未发生，偿付行的费用仍由开证行负担。

(3) 如果偿付行未能见索即偿，则开证行不能免除其自身的偿付责任。

第十四条 单据审核标准

(1) 按指定行事的指定银行、保兑行(如有)及开证行须审核交单，并仅基于单据本身确定其是否在表面上构成相符交单。

(2) 按指定行事的指定银行、保兑行(如有)及开证行各有从交单次日起至多五个银行工作日用以确定交单是否相符。这一期限不因在交单日当天或之后信用证截止日或最迟交单日届至而受到缩减或影响。

(3) 如果单据中包含一份或多份受第十九、二十、二十一、二十二、二十三、二十四或二十五条规制的正本运输单据，则须由受益人或其他代表在不迟于本惯例所指的发运日之后的二十一个日历日内交单，但是在任何情况下都不得迟于信用证的截止日。

(4) 单据中的数据，在与信用证、单据本身以及国际标准银行实务参照解读时，无须与该单据本身中的数据，其他要求的单据或信用证中的数据等同一致，但不得矛盾。

(5) 除商业发票外，其他单据中的货物、服务或履约行为的描述，如果有的话，可使用与信用证中的描述不矛盾的概括性用语。

(6) 如果信用证要求提交运输单据、保险单据或者商业发票之外的单据，却未规定出单人或其数据内容，则只要提交的单据内容看似满足所要求单据的功能，且其他方面符合第十四条(4)款，银行将接受该单据。

(7) 提交的非信用证所要求的单据将被不予理会，并可被退还给交单人。

(8) 如果信用证含有一项条件，但未规定用以表明该条件得到满足的单据，银行将视为未作规定并不予理会。

(9) 单据日期可以早于信用证的开立日期，但不得晚于交单日期。

(10) 当受益人和申请人的地址出现在任何规定的单据中时，无须与信用证或其他规定单据中所载相同，但必须与信用证中规定的相应地址同在一国。联络细节(传真、电话、电子邮件及类似细节)作为受益人和申请人地址的一部分时将被不予理会。然而，如果申请人的地址和联络细节为第十九、二十、二十一、二十二、二十三、二十四或二十五条规定的运输单据上的收货人或通知方细节的一部分时，应与信用证规定的相同。

(11) 在任何单据中注明的托运人或发货人无须为信用证的受益人。

(12) 运输单据可以由任何人出具，无须为承运人、船东、船长或租船人，只要其符合第十九、二十、二十一、二十二、二十三或二十四条的要求。

第十五条　相符交单

(1) 当开证行确定交单相符时，必须承付。

(2) 当保兑行确定交单相符时，必须承付或者议付并将单据转递给开证行。

(3) 当指定银行确定交单相符并承付或议付时，必须将单据转递给保兑行或开证行。

第十六条　不符单据、放弃及通知

(1) 当按照指定行事的指定银行、保兑行(如有)或者开证行确定交单不符时，可以拒绝承付或议付。

(2) 当开证行确定交单不符时，可以自行决定联系申请人放弃不符点。然而这并不能延长第十四条(2)款所指的期限。

(3) 当按照指定行事的指定银行、保兑行(如有)或开证行决定拒绝承付或议付时，必须给予交单人一份单独的拒付通知。

该通知必须声明：

① 银行拒绝承付或议付；及

② 银行拒绝承付或者议付所依据的每一个不符点；及

③ 银行留存单据听候交单人的进一步指示；或者开证行留存单据直到其从申请人处接到放弃不符点的通知并同意接受该放弃，或者其同意接受对不符点的放弃之前从交单人处收到其进一步指示；或者银行将退回单据；或者银行将按之前从交单人处获得的指示处理。

(4) 第十六条(3)款要求的通知必须以电讯方式，如不可能，则以其他快捷方式，在不迟于自交单之翌日起第五个银行工作日结束前发出。

(5) 按照指定行事的指定银行、保兑行(如有的话)或开证行在按照第十六条(3)款③项(“银行留存单据听候交单人的进一步指示”)发出了通知后，可以在任何时候将单据退还交单人。

(6) 如果开证行或保兑行未能按照本条行事，则无权宣称交单不符。

(7) 当开证行拒绝承付或保兑行拒绝承付或者议付，并且按照本条发出了拒付通知后，有权要求返还已偿付的款项及利息。

第十七条　正本单据及副本

(1) 信用证规定的每一种单据须至少提交一份正本。

(2) 银行应将任何带有看似出单人的原始签名、标记、印戳或标签的单据视为正本单据，除非单据本身表明其非正本。

(3) 除非单据本身另有说明，在以下情况下，银行也将其视为正本单据：

① 单据看似由出单人手写、打字、穿孔或盖章；或者

② 单据看似使用出单人的原始信纸出具；或者

③ 单据声明其为正本单据，除非该声明看似不适用于提交的单据。

(4) 如果信用证要求提交单据的副本，提交正本或副本均被允许。

(5) 如果信用证使用诸如“一式两份(in duplicate)”、“两份(in two fold)”、“两套(in two copies)”等用语要求提交多份单据，则提交至少一份正本，其余使用副本即可满足要求，除非单据本身另有说明。

第十八条　商业发票

(1) 商业发票：

① 必须看似由受益人出具(第三十八条规定的情形除外)；

② 必须出具成以申请人为抬头(第三十八条(7)款规定的情形除外)；

③ 必须与信用证的货币相同；且

④ 无须签名。

(2) 按指定行事的指定银行、保兑行(如有的话)或开证行可以接受金额大于信用证允许金额的商业发票，其决定对有关各方均有约束力，只要该银行对超过信用证允许金额的部分未作承付或者议付。

(3) 商业发票上的货物、服务或履约行为的描述应该与信用证中的描述一致。

第十九条　涵盖至少两种不同运输方式的运输单据

(1) 涵盖至少两种不同运输方式的运输单据(多式或联合运输单据)，无论名称如何，必须看似：

① 表明承运人名称并由以下人员签署：承运人或其具名代理人，或船长或其具名代理人。

承运人、船长或代理人的任何签字，必须标明其承运人、船长或代理人的身份。

代理人签字必须表明其系代表承运人还是船长签字。

② 通过以下方式表明货运站物已经在信用证规定的地点发送，接管或已装船：事先印就在文字，或者表明货物已经被发送、接管或装船日期的印戳或批注。

运输单据的出具日期将被视为发送，接管或装船的日期，也即发运的日期。然而如单据以印戳或批注的方式表明了发送、接管或装船日期，该日期将被视为发运日期。

③ 表明信用证规定的发送、接管或发运地点，以及最终目的地；即使该运输单据另外还载明了一个不同的发送、接管或发运地点或最终目的地；或者该运输单据载有“预期的”或类似的关于船只、装货港或卸货港的限定语。

④ 为唯一的正本运输单据，或者，如果出具为多份正本，则为运输单据中表明的全套单据。

⑤ 载有承运条款和条件，或提示承运条款和条件参见别处(简式/背面空白的运输单据)，银行将不审核承运条款和条件的内容。

⑥ 未表明受租船合同约束。

(2) 就本条而言，转运指在从信用证规定的发送，接管或者发运地点最终目的地的运输过程中从某一运输工具上卸下货物并装上另一运输工具的行为(无论其是否为不同的运输方式)。

(3) 运输单据可以表明货物将要或可能被转运，只要全程运输由同一运输单据涵盖。即使信用证禁止转运，注明将要或者可能发生转运的运输单据仍可接受。

第二十条　提单

(1) 提单，无论名称如何，必须看似：

① 表明承运人名称，并由下列人员签署：承运人或其具名代理人，或者船长或其具名代理人。

承运人，船长或代理人的任何签字必须标明其承运人，船长或代理人的身份。

代理人的任何签字必须标明其系代表承运人还是船长签字。

② 通过以下方式表明货物已在信用证规定的装货港装上具名船只：预先印就的文字，或者已装船批注注明货物的装运日期。

提单的出具日期将被视为发运日期，除非提单载有表明发运日期的已装船批注，此时已装船批注中显示的日期将被视为发运日期。

如果提单载有“预期船只”或类似的关于船名的限定语，则需以已装船批注明确发运日期以及实际船名。

③ 表明货物从信用证规定的装货港发运至卸货港。

如果提单没有表明信用证规定的装货港为装货港，或者其载有“预期的”或类似的关于装货港的限定语，则需以已装船批注表明信用证规定的装货港、发运日期以及实际船名。即使提单以事先印就的文字表明了货物已装载或装运于具名船只，本规定仍适用。

④ 为唯一的正本提单，或如果以多份正本出具，为提单上所表明的全套正本。

⑤ 载有承运条款和条件，或提示承运条款和条件参见别外(简式/背面空白的提单)。银行将不审核承运条款和条件的内容。

⑥ 未表明受租船合同约束。

(2) 就本条而言，转运系指在信用证规定的装货港到卸货港之间的运输过程中，将货物从船卸下并再装上另一船的行为。

(3) 提单可以表明货物将要或可能被转运，只要全程运输由同一提单涵盖；即使信用证禁止转运，注明将要或可能发生转运的提单仍可接受，只要其表明货物由集装箱、拖车或子船运输。

(4) 提单中声明承运人保留转运权利的条款将被不予理会。

第二十一条　不可转让的海运单

(1) 不可转让的海运单，无论名称如何，必须看似：

① 表明承运人名称并由下列人员签署：承运人或其具名代理人，或者船长或其具名代理人。

承运人、船长或代理人的任何签字必须标明其承运人、船长或代理人的身份。

代理签字必须标明其系代表承运人还是船长签订。

② 通过以下方式表明货物已在信用证规定的装货上具名船只：预先印就的文字，或者已

装船批注表明货物的装运日期。

不可转让海运单的出具日期将被视为发运日期，除非其上带有已装船批注注明发运日期，此时已装船批注注明的日期将被视为发运日期。

如果不可转让海运单载有“预期船只”或类似的关于船名的限定语，则需要以已装船批注表明发运日期和实际船只。

③ 表明货物从信用证规定的装货港发运至卸货港。

如果不可转让海运单未以信用证规定的装货港为装货港，或者如果其载有“预期的”或类似的关于装货港的限定语，则需要以已装船批注表明信用证规定的装货港、发运日期和船只。即使不可转让海运单以预先印就的文字表明货物已由具名船只装载或装运，本规定也适用。

④ 为唯一的正本不可转让海运单，或如果以多份正本出具，为海运单上注明的全套正本。

⑤ 载有承运条款的条件，或提示承运条款和条件参见别处(简式/背面空白的海运单)。银行将不审核承运条款和条件的内容。

⑥ 未注明受租船合同约束。

(2) 就本条而言，转运系指在信用证规定的装货港到卸货港之间的运输过程中，将货物从船卸下并装上另一船的行为。

(3) 不可转让海运单可以注明货物将要或可能被转运，只要全程运输由同一海运单涵盖；即使信用证禁止转运，注明转运将要或可能发生的不可转让的海运单仍可接受，只要其表明货物装于集装箱，拖船或子船中运输。

(4) 不可转让的海运单中声明承运人保留转运权利条款将被不予理会。

第二十二条　租船合同提单

(1) 表明其受租船合同约束的提单(租船合同提单)，无论名称如何，必须看似：

① 由以下人员签署：船长或其具名代理人，或船东或其具有名代理人，或租船人或其具有名代理人。

船长、船东、租船人或代理人的任何签字必须标明其船长、船东、租船人或代理人的身份。

代理人签字必须表明其系代表船长，船东还是代表租船人签字。

代理人代表船东或租船人签字时必须注明船东或租船人的名称。

② 通过以下方式表明货物已在信用证规定的装货港装上具名船只：预先印就的文字，或者已装船批注注明货物的装运日期。

租船合同提单的出具日期将被视为发运日期，除非租船合同提单载有已装船批注注明发运日期，此时已装船批注上注明的日期将被视为发运日期。

③ 表明货物从信用证规定的装货港发运至卸货港。卸货港也可显示为信用证规定的港口范围或地理区域。

④ 为唯一的正本租船合同提单，或如以多份正本出具，为租船合同提单注明的全套正本。

(2) 银行将不审核租船合同，即使信用证要求提交租船合同。

第二十三条　空运单据

(1) 空运单据，无论名称如何，必须看似：

① 表明承运人名称，并由以下人员签署：承运人，或承运人的具名代理人。

承运人或其代理人的任何签字必须标明其承运人或代理人的身份。

代理人或其代理人的任何签字必须标明其承运人或代理人的身份。

代理人签字必须表明其系代表承运人签字。

② 表明货物已被收妥待运。

③ 表明出具日期。该日期将被视为发运日期，除非空运单据载有专门批注注明实际发运日期，此时批注中的日期将被视为发运日期。

空运单据中其他与航班号和航班日期相关的信息将不被用来确定发运日期。

④ 表明信用证规定的起飞机场和目的地机场。

⑤ 为开给发货人或托运人正本，即使信用证规定提交全套正本。

⑥ 载有承运条款和条件，或提示条款和条件参见别处。银行将不审核承运条款和条件的内容。

(2) 就本条而言，转运是指在信用证规定的起飞机场到目的地机场的运输过程中，将货物从一飞机卸下再装上另一飞机的行为。

(3) 空运单据可以注明货物将要或可能转运，只要全程运输由同一空运单据涵盖；即使信用证禁止转运，注明将要或可能发生转运的空运单据仍可接受。

第二十四条　公路、铁路或内陆水运单据

(1) 公路、铁路或内陆水运单据、无论名称如何、必须看似：

① 表明承运人名称，并且由承运人或其具名代理人签署，或者由承运人或其具名代理人以签字、印戳或批注表明货物收讫。

承运人或其具名代理人的收货签字、印戳或批注必须标明其承运人或代理人的身份。

代理人的收货签字，印戳或批注必须标明代理人系代理承运人签字或行事。

如果铁路运输单据没有指明承运人，可以接受铁路运输公司的任何签字或印戳作为承运人签署单据的证据。

② 表明货物的信用规定地点的发运日期，或者收讫待运或待发送的日期。运输单据的出具日期将被视为发运日期，除非运输单据上盖有带日期的收货印戳，或注明了收货日期或发运日期。

③ 表明信用证规定的发运地及目的地。

(2) 公路运输单据必须看似为开给发货人或托运人的正本，或没有任何标记表明单据开给何人；注明“第二联”的铁路运输单据将被作为正本接受；无论是否注明正本字样，铁路或内陆水运单据都被作为正本接受。

(3) 如运输单据上未注明出具的正本数量，提交的份数即视为全套正本。

(4) 就本条而言，转运是指在信用证规定的发运、发送或运送的地点到目的地之间的运输过程中，在同一运输方式中从一运输工具卸下再装上另一运输工具的行为。

(5) 只要全程运输由同一运输单据涵盖，公路、铁路或内陆水运单据可以注明货物将要或可能被转运；即使信用证禁止转运，注明将要或可能发生转运的公路、铁路或内陆水运单据仍可接受。

第二十五条　快递收据、邮政收据或投邮证明

(1) 证明货物收讫待运的快递收据，无论名称如何，必须看似：

① 表明快递机构的名称，并在信用证规定的货物发运地点由该具名快递机构盖章或签字，并且

② 表明取件或收件的日期或类似词语，该日期将被视为发运日期。

(2) 如果要求显示快递费用付讫或预付，快递机构出具的表明快递费由收货人以外的一方支付的运输单据可以满足该项要求。

(3) 证明货物收讫待运的邮政收据或投邮证明，无论名称如何，必须看似在信用证规定的货物发运地点盖章或签署并注明日期。该日期将被视为发运日期。

第二十六条 “货装舱面”、“托运人装载和计数”、“内容据托运人报称”及运费之外的费用

(1) 运输单据不得表明货物已装或者将装舱面。声明可能被装于舱面的运输单据条款可以接受。

(2) 载有诸如“托运人装载和计数”或“内容据托运人报称”条款的运输单据可以接受。

(3) 运输单据上可以以印戳或其他方法提及运费之外的费用。

第二十七条 清洁运输单据

银行只接受清洁运输单据，清洁运输单据指未载有明确宣称货物或包装有缺陷的条款或批注的运输单据。“清洁”一词并不需要在运输单据上出现，即使信用证要求运输单据为“清洁已装船”的。

第二十八条 保险单据及保险范围

(1) 保险单据，如保险单或预约保险项下的保险证明书或者声明书，必须显示由保险公司、承保人或其代理人或代表出具并签署。

(2) 如果保险单据表明其以多份正本出具，所有正本均须提交。

(3) 暂保单将不被接受。

(4) 可以接受保险单代预约保险项下的保险证明书或声明书。

(5) 保险单据日期不得晚于发运日期，除非保险单据表明保险责任不迟于发运日生效。

(6) 保险单据必须表明投保金额并以与信用证相同的货币表示。

信用证对于投保金额为货物价值、发票金额或类似金额的某一比例的要求，将被视为对最低保额的要求。

如果信用证对投保金额未做规定，投保金额或类似金额的某一比例的要求，将被视为对最低保额的要求。

如果信用证对投保金额未做规定，投保金额须至少为货物的 CIF 或 CIP 价格的 110%。

如果从单据中不能确定 CIF 或者 CIP 价格，投保金额必须基于要求承付或议付的金额，或者基于发票上显示的货物总值来计算，两者之中取金额较高者。

保险单据须表明承保的风险区间至少涵盖从信用证规定的货物接管地或发运地开始到卸货地或最终目的地为止。

(7) 信用证应规定所需投保的险别及附加险(如有)。如果信用证使用诸如“通常风险”或“惯常风险”等含义不确切的用语，则无论是否有漏保之风险，保险单据将被照样接受。

(8) 当信用证规定投保“一切险”时，如保险单据载有任何“一切险”批注或条款，无论是否有“一切险”标题，均将被接受，即使其声明任何风险除外。

(9) 保险单据可以援引任何除外条款。

(10) 保险单据可以注明受免赔率或免赔额(减除额)约束。

第二十九条　截止日或最迟交单日的顺延

(1) 如果信用证的截止日或最迟交单日适逢接受交单的银行非因第三十六条所述原因而歇业，则载止日或最迟交单日，视何者适用，将顺延至其重新开业的第一个银行工作日。

(2) 如果在顺延后的第一个银行工作日交单，指定银行必须在其致开证行或保兑行的面函中声明交单是在根据第二十九条(1)款顺延的期限内提交的。

(3) 最迟发运日不因第二十九条(1)款规定的原因而顺延。

第三十条　信用证金额、数量与单价的伸缩度

(1) “约”或“大约”用于信用证金额或信用证规定的数量或单价时，应解释为允许有关金额或数量或单价有不超过 10%的增减幅度。

(2) 在信用证未以包装单位件数或货物自身件数的方式规定货物数量时，货物数量允许有5%的增减幅度，只要总支取金额不超过信用证金额。

(3) 如果信用证规定了货物数量，而该数量已全部发运，及如果信用证规定了单价，而该单价又未降低，或当第三十条(2)款不适用时，则即使不允许部分装运，也允许支取的金额有5%的减幅。若信用证规定有特定的增减幅度或使用第三十条(1)款提到的用语限定数量，则该减幅不适用。

第三十一条　部分支款或部分发运

(1) 允许部分支款或部分发运。

(2) 表明使用同一运输工具并经由同次航程运输的数套运输单据在同一次提交时，只要显示相同目的地，将不视为部分发运，即使运输单据上表明的发运日期不同或装货港、接管地或发运地点不同。如果交单由数套运输单据构成，其中最晚的一个发运日将被视为发运日。

含有一套或数套运输单据的交单，如果表明在同一种运输方式下经由数件运输工具运输，即使运输工具在同一天出发运往同一目的地，仍将被视为部分发运。

(3) 含有一份以上快递收据，邮政收据或投邮证明的交单，如果单据看似由同一快递或邮政机构在同一地点和日期加盖印戳或签字并且表明同一目的地，将不视为部分发运。

第三十二条　分期支款或分期发运

如信用证规定在指定的时间段内分期支款或分期发运，任何一期未按信用证规定期限支取或发运时，信用证对该期及以后各期均告失效。

第三十三条　交单时间

银行在其营业时间外无接受交单的义务。

第三十四条　关于单据有效性的免责

银行对任何单据的形式、充分性、准确性、内容真实性，虚假性或法律效力，或对单据中规定或添加的一般或特殊条件，概不负责；银行对任何单据所代表的货物，服务或其他履约行为的描述、数量、重量、品质、状况、包装、交付、价值或其存在与否、或对发货人、

承运人、货运代理人、收货人、货物的保险人或其他任何人的诚信与否、作为或不作为，清偿能力、履约或资信状况，也概不负责。

第三十五条　关于信息传递和翻译的免责

当报文、信件或单据按照信用证的要求传输或发送时，或当信用证来证未作指示，银行自行选择传送服务时，银行对报文传输或信件或单据的递送过程中发生的延误、中途遗失、残缺或其他错误产生的后量，概不负责。

如果指定银行确定交单相符并将单据发往开证行或保兑行，无论指定银行是否已经承付或议付，开证行或保兑行必须承付或议付，或偿付指定银行，即使单据在指定银行送往开证行或保兑行的途中，或保兑行关往开证行的途中丢失。

银行对术语的翻译或解释上的错误，不负责任，并可不加翻译地传送信用证条款。

第三十六条　不可抗力

银行对由于天灾、暴动、骚乱、叛乱、战争、恐怖主义行为或任何罢工、停工或其无法控制的任何其他原因导致的营业中断的后果，概不负责。

银行恢复营业时，对于在营业中断期间已逾期的信用证，不再进行承付或议付。

第三十七条　关于被指示方行为的免责

(1) 为了执行申请人的指示，银行利用其他银行的服务，其费用和风险由申请人承担。

(2) 即使银行自行选择了其他银行，如果发出的指示未被执行，开证行或通知行对此亦不负责。

(3) 指示另一银行提供服务的银行有责任负担被指示方因执行指示而发生的任何佣金、手续费、成本或开支(“费用”)。

如果信用证规定费用由受益人负担，而该费用未能收取或从信用证款项中扣除，开证行依然承担支付此费用的责任。

信用证或其修改不应规定向受益人的通知以通知行或第二通知行收到其费用为条件。

(4) 外国法律和惯例加诸于银行的一切义务和责任，申请人应受其约束，并就此对银行负补偿之责。

第三十八条　可转让信用证

(1) 银行无办理信用证转让的义务，除非其明确同意。

(2) 就本条而言：

可转让信用证系指特别注明“可转让(transferable)”字样的信用证。可转让信用证可应受益人(第一受益人)的要求转为全部或部分由另一受益人(第二受益人)兑用。

转让行系指办理信用证转让的指定银行，或当信用证规定可在任何银行兑用时，指开证行特别如此授权并实际办理转让的银行。开证行也可担任转让行。

已转让信用证指已由转让行转为可由第二受益人兑用的信用证。

(3) 除非转让时另有约定，有关转让的所有费用(诸如佣金、手续费，成本或开支)须由第一受益人支付。

(4) 只要信用证允许部分支款或部分发运，信用证可以分部分转让给数名第二受益人。

已转让信用证不得应第二受益人的要求转让给任何其后受益人。第一受益人不视为其后受益人。

(5) 任何转让要求须说明是否允许及在何条件下允许将修改通知第二受益人。已转让信用证须明确说明该项条件。

(6) 如果信用证转让给数名第二受益人，其中一名或多名第二受益人对信用证修改并不影响其他第二受益人接受修改。对接受者而言该已转让信用证即被相应修改，而对拒绝接受修改的第二受益人而言，该信用证未被修改。

(7) 已转让信用证须准确转载原证条款，包括保兑(如有)，但下列项目除外：信用证金额、规定的任何单价、截止日、交单期限、最迟发运日或发运期间。

以上任何一项或全部均可减少或缩短。

必须投保的保险比例可以增加，以达到原信用证或本惯例规定的保险金额。

可用第一受益人的名称替换原证中的开证申请人名称。

如果原证特别要求开证申请人名称应在除发票以外的任何单据出现时，已转让信用证必须反映该项要求。

(8) 第一受益人有权以自己的发票和汇票(如有)替换第二受益人的发票的汇票，其金额不得超过原信用证的金额。经过替换后，第一受益人可在原信用证项下支取自己发票与第二受益人发票间的差价(如有)。

(9) 如果第一受益人应提交其自己的发票和汇票(如有)，但未能在第一次要求的照办，或第一受益人提交的发票导致了第二受益人的交单中本不存在的不符点，而其未能在第一次要求时修正，转让行有权将从第二受益人处收到的单据照交开证行，并不再对第一受益人承担责任。

(10) 在要求转让时，第一受益人可以要求在信用证转让后的兑用地点，在原信用证的截止日之前(包括截止日)，对第二受益人承付或议付。该规定并不得损害第一受益人在第三十八条(8)款下的权利。

(11) 第二受益人或代表第二受益人的交单必须交给转让行。

第三十九条 款项让渡

信用证未注明可转让，并不影响受益人根据所适用的法律规定，将该信用证项下其可能有权或可能将成为有权获得的款项让渡给他人的权利。本条只涉及款项的让渡，而不涉及在信用证项下进行履行行为的权利让渡。

附录二 各种空白外贸单证样例

1. 形式发票

PROFORMA INVOICE

TO:		INVOICE NO.:	
		INVOICE DATE:	
		S/C NO.:	
		S/C DATE:	
TERM OF PAYMENT:			
PORT TO LOADING:			
PORT OF DESTINATION:			
TIME OF DELIVERY:			
INSURANCE:			
VALIDITY:			

BENEFICIARY:	
ADVISING BANK:	
NEGOTIATING BANK:	

Marks and Numbers	Number and kind of package Description of goods	Quantity	Unit Price	Amount
TOTAL				

SAY

2. 加拿大海关发票

Canada Border Services Agency | Agence des services frontaliers du Canada

CANADA CUTOMS INVOICE
DES FACTURE DOUANES CANADIENNES

Page of de

1.Vendor (Name and address) - Vendeur (Nom et adresse)	2. Date of Direct Shipment to Canada -Date d'expedition directe vers le Canada
	3. Other References (Include Purchaser's Order No.) Autres references (Inclure le n de commande de l' acheteur)
4. Consignee (Name and Address)/ Destinataire (Nom et adresse)	5. Purchaser's Name and Address (if other than Consignee) Nom et adresse de l'acheteur (S'il differed u destinataire)
	6. Country of Transhipment - Pays de transbordement
	7. Country of Origin of Goods Pays d'origine des merchandises — IF SHIPMENT INCLUDES GOODS OF DIFFERENT ORIGINS ENTER ORIGINSAGAINST ITEMS IN 12. SIL'EXPEDITION COMPREND DES MARCHANDISE D'ORIGINES DIFFERENTES,PRECISEZ LEUR PROVENANCE EN 12
8. Transportation Give Mode and Place of Direct Shipment to Canada Transport Preciser mode et point d'expedition directe Vers le Canada	9. Conditions of Sale and Terms of Payment (i.e.Sale,Consignment Shipment,Leased Goods,etc.) Conditions de vente et modalites de paiement (p.ex.vente,expedition en consignation,location de marchan-dises.etc.)
	10. Currency of Settlement - Devises du paiement

11. No of Pkgs Nombre de colis	12. Specification of Commodities (Kind of Packages, Marks and Numbers, General description and characteristics,i.e.Grade, Quality) Designation des articles(nature des colis,marques et numeros, description generale et caracteristiques,p.ex.lasse,qualite)	13. Quantity (State Unit) Quantity (Preciser l'unite)	Selling Price - Prix de vente 14. Unit Price Prix unitaire	15. Total

18. If any of fields 1 to 17 are included on an attached commercial invoice. Check this box ☐ Si tout renseignement relativement aux zones 1 a 17 figure sur une ou des factures commerciales ci-attachees, cochez cette case Commercial Invoice No. – N^{0} de la facture commerciale ____________	16. Total Weight - Poids Total Net	Gross – Brut	17. Invoice Total Total de la facture

19. Exporter's Name and Address (If other than Vendor) Nom et adresse de l'exportatur (S'il deffere du vendeur)	20. Originator (Name and Address) - Expediteur d'origine (Nom et adresse)
21. Department Ruling (If applicable)/Decision du Ministere (S'il y a lieu)	22. If fields 23 to 25 are not applicable, check this box ☐ Si les zones 23 a 25 sont sans object,cocher cete boite

23. If included in field 17 indicate amount: Si compris dans le total a la zone 17, Preciser: (i) Transportation charges, expenses and insurance from the place of direct shi pment to Canada ____________ (ii) Costs for construction, erection and assembly incurred after importation into Canada. ____________ (iii) Export packing Le cout de l'emballage d'exportation ____________	24. If not included in field 17 indicate amount: Si non copris dans le total a la zone 17 Preciser: (i) Transportation charges. Expenses and insurance to the place of direct shipment to Canada ____________ (ii) Amounts for commissions other than buying commissions ____________ (iii) Export packing Le cout de l'emballage d'exportation ____________	25. Check (If applicable): Cocher (S'il y a ;lieu);: (i) Royalty payments or subsequent proceeds are paid or payable by the purchaser. ☐ (ii) The purchaser has supplied goods or services for use in the production of these goods. ☐

Dans ce formulaire, toutes les expressions designant des personnes visent a la fois les homes et les femmes.

3. 商业发票

<table>
<tr><td colspan="2">ISSUER</td><td colspan="3" rowspan="2">商业发票
COMMERCIAL INVOICE</td></tr>
<tr><td colspan="2" rowspan="2">TO</td></tr>
<tr><td colspan="2">NO.</td><td>DATE</td></tr>
<tr><td colspan="2" rowspan="2">TRANSPORT DETAILS</td><td colspan="2">S/C NO.</td><td>L/C NO.</td></tr>
<tr><td colspan="3">TERMS OF PAYMENT</td></tr>
<tr><td>Marks and Numbers</td><td>Number and kind of package
Description of goods</td><td>Quantity</td><td>Unit Price</td><td>Amount</td></tr>
<tr><td></td><td></td><td></td><td></td><td></td></tr>
<tr><td colspan="5">TOTAL
SAY TOTAL:</td></tr>
</table>

4. 装箱单

<table>
<tr><td rowspan="2">ISSUER</td><td colspan="2" rowspan="3">装箱单
PACKING LIST</td></tr>
<tr></tr>
<tr><td rowspan="2">TO</td></tr>
<tr><td>INVOICE NO.</td><td>DATE</td></tr>
<tr><td rowspan="2">TRANSPORT DETAILS</td><td>S/C NO.</td><td>L/C NO.</td></tr>
<tr><td colspan="2">TERMS OF PAYMENT</td></tr>
</table>

Marks and Numbers	Number and kind of package Description of goods	Package	Quantity	G.W	N.W	Meas.

TOTAL

SAY TOTAL:

5. 出口货物明细单

<table>
<tr><td colspan="3" rowspan="2">出口货物明细单
年　月　日</td><td>银行编号</td><td></td><td>外运编号</td><td></td></tr>
<tr><td>核销单号</td><td></td><td>许可证号</td><td></td></tr>
<tr><td colspan="2" rowspan="3">经营单位
(装船人)</td><td rowspan="3"></td><td>合同号</td><td colspan="3"></td></tr>
<tr><td>信用证号</td><td colspan="3"></td></tr>
<tr><td>开证日期</td><td></td><td>收到日期</td><td></td></tr>
<tr><td rowspan="6">提单或承运收据</td><td rowspan="2">抬头人</td><td rowspan="2"></td><td>金额</td><td></td><td>收汇方式</td><td></td></tr>
<tr><td>货物性质</td><td></td><td>贸易国别</td><td></td></tr>
<tr><td rowspan="2">通知人</td><td rowspan="2"></td><td>出口口岸</td><td></td><td>目的港</td><td></td></tr>
<tr><td>可否转运</td><td></td><td>可否分批</td><td></td></tr>
<tr><td rowspan="2">运费</td><td rowspan="2"></td><td rowspan="2">装运期限</td><td rowspan="2"></td><td rowspan="2">有效期限</td><td rowspan="2"></td></tr>
<tr></tr>
</table>

<table>
<tr><td rowspan="2">标记唛头</td><td rowspan="2">货名规格及货号</td><td rowspan="2">件数</td><td rowspan="2">数量或尺码</td><td>净重</td><td>毛重</td><td colspan="2">价格（成交条件）</td></tr>
<tr><td colspan="2">KG</td><td>单价</td><td>总价</td></tr>
<tr><td></td><td></td><td></td><td></td><td colspan="2"></td><td></td><td></td></tr>
</table>

<table>
<tr><td rowspan="4">本公司注意事项</td><td rowspan="4"></td><td colspan="2">总体积</td><td></td></tr>
<tr><td rowspan="3">保险单</td><td>险别</td><td></td></tr>
<tr><td>保额</td><td></td></tr>
<tr><td>赔款地点</td><td></td></tr>
<tr><td rowspan="4">外运外轮注意事项</td><td rowspan="4"></td><td colspan="2">船名</td><td></td></tr>
<tr><td colspan="2">海关编号</td><td></td></tr>
<tr><td colspan="2">放行日期</td><td></td></tr>
<tr><td colspan="2">制单员</td><td></td></tr>
</table>

6. 托运单

<table>
<tr><td colspan="2">Shipper 托运人

Tel Fax</td><td colspan="4" rowspan="2">汇力货运代理
COHESION Freight Agency
Shipping Order
海运托运单
上海市黄浦区六合路 98 号港陆黄浦中心 19 楼
TEL: 021-63503898 FAX: 021-63503897</td></tr>
<tr><td colspan="2">Consignee 收货人</td></tr>
<tr><td colspan="2" rowspan="4">Notify Party 通知人</td><td colspan="4">S/O No. 托运单号</td></tr>
<tr><td colspan="2">CY Opening 开舱日期</td><td colspan="2">CY Closing 截关日期</td></tr>
<tr><td colspan="4">Vessel/Voyage 船名/航次</td></tr>
<tr></tr>
<tr><td rowspan="4">Place of Receipt
收货地</td><td rowspan="4">Place of Loading
装货港</td><td>Size 柜型</td><td>Quantity 柜量</td><td colspan="2">B/L Issued at: 提单发放地点</td></tr>
<tr><td>20’</td><td></td><td colspan="2">SHANGHAI</td></tr>
<tr><td>40’GP</td><td></td><td colspan="2">NINGBO</td></tr>
<tr><td>40’HQ</td><td></td><td colspan="2">SHENZHEN</td></tr>
<tr><td rowspan="5">Port of Discharge
卸货港</td><td rowspan="5">Place of Delivery
目的港</td><td>45’</td><td></td><td colspan="2">OTHER</td></tr>
<tr><td rowspan="4">其他
(如海运散货)</td><td></td><td colspan="2">Release B/L Way: 放货方式</td></tr>
<tr><td></td><td colspan="2">MASTER B/L</td></tr>
<tr><td></td><td colspan="2">HOUSE B/L</td></tr>
<tr><td></td><td colspan="2">TLX RELEASE</td></tr>
<tr><td>Marks/Nos
唛头/号码</td><td>Quantity&Kind of package 件数及包装</td><td colspan="2">Description of Goods
货物品名及规格</td><td>Gross Weight
(KGS)毛重</td><td>Measurment
(CBM)尺码</td></tr>
<tr><td></td><td></td><td colspan="2"></td><td></td><td></td></tr>
</table>

<table>
<tr><td rowspan="2">Freight Confirm
费用确认</td><td>Ocean Freight
海运费</td><td>DOC
文件费</td><td>Other
其他</td><td>Prepaid 预付</td><td>Collect 到付</td></tr>
<tr><td></td><td></td><td></td><td></td><td></td></tr>
</table>

<table>
<tr><td>如客户自拖自报，请注明：
拖车公司及联系方式、报关行及电话</td><td rowspan="2">Signature & Chop by Shipper
托运人签名及盖单</td></tr>
<tr><td>如需要我司安排拖车，请填写此栏：拖柜地点、时间、联系人及电话</td></tr>
</table>

7. 出口货物报检单

中华人民共和国出入境检验检疫
出境货物报检单

报检单位(加盖公章)： *编　号 ________

报检单位登记号： 联系人： 电话： 报检日期： 年　月　日

发货人	(中文)	
	(外文)	
收货人	(中文)	
	(外文)	

货物名称(中/外文)	H.S.编码	产地	数/重量	货物总值	包装种类及数量

运输工具名称号码		贸易方式		货物存放地点	
合同号		信用证号		用途	
发货日期		输往国家(地区)		许可证/审批号	
启运地		到达口岸		生产单位注册号	
集装箱规格、数量及号码					

合同、信用证订立的检验检疫条款或特殊要求	标 记 及 号 码	随附单据(划“√”或补填)	
		□合同 □信用证 □发票 □换证凭单 □装箱单 □厂检单	□包装性能结果单 □许可/审批文件 □ □ □

需要证单名称(划“√”或补填)				*检验检疫费	
□品质证书	__正__副	□植物检疫证书	__正__副	总金额（人民币元）	
□重量证书	__正__副	□熏蒸/消毒证书	__正__副		
□数量证书	__正__副	□出境货物换证凭单	__正__副	计费人	
□兽医卫生证书	__正__副				
□健康证书	__正__副			收费人	
□卫生证书	__正__副				
□动物卫生证书	__正__副				

报检人郑重声明：	领 取 证 单	
1. 本人被授权报检。 2. 上列填写内容正确属实，货物无伪造或冒用他人的厂名、标志、认证标志，并承担货物质量责任。 签名：________	日期	
	签名	

注：有“*”号栏由出入境检验检疫机关填写。　　◆ 国家出入境检验检疫局制

8．出口货物报关单

中华人民共和国海关出口货物报关单

预录入编号：　　　　　　　　　　　　　　　　海关编号：

出口口岸	备案号	出口日期	申报日期	
经营单位	运输方式	运输工具名称	提运单号	
发货单位	贸易方式(0110)	征免性质(101)	结汇方式	
许可证号	运抵国(地区)	指运港	境内货源地	
批准文号	成交方式	运费	保费	杂费
合同协议号	件数	包装种类	毛重(公斤)	净重(公斤)
集装箱号	随附单据	生产厂家		
标记唛码及备注				

项号	商品编号	商品名称、规格型号	数量及单位	最终目的国(地区)	单价	总价	币制	征免

税费征收情况	
录入员　　录入单位	兹声明以上申报无讹并承担法律责任
报关员	
单位地址	申报单位(签章)
邮编　　电话	填制日期

海关审单批注及放行日期(签章)	
审单	审价
征税	统计
查验	放行

9. 原产地证明书申请书

报检注册号：

中华人民共和国出入境检验检疫

原产地证明书申请书

申请单位(盖章)： 注册号码： 证书号码：

郑重声明： 组织机构代码：

本人是被正式授权代表出口单位申请办理原产地证明书和签署本申请书的。

本人所提供原产地证明书及所附单据内容正确无误，如发现弄虚作假，冒充证书所列货物，擅改证书，自愿按照有关规定接受处罚并负法律责任。现将有关情况申报如下：

证书种类				发票号码			
最终目的国/地区		中转国/地区		出运日期			
贸易方式		商品 FOB 总值(美元)					
序号	H.S 编码	货物名称	进口成分*	生产企业/联系人/电话	数量/重量	单位	FOB 值(美元)
1							
2							
3							
4							
5							
6							
7							
8							
随附单据							
备注： 申报员(签名)： 电话： 日期：							

中华人民共和国国家质量监督检验检疫总局制[2006.10]

*注：“进口成分”指产品含进口成分的情况，如不含进口成分，则填 0%，若含进口成分,则填进口成份占产品出厂价的百分比。

贸易方式包括一般贸易、进料加工贸易、来料加工贸易、外商投资、易货贸易、补偿贸易、边境贸易、展卖贸易、零售贸易、无偿援助、其他贸易方式等。

10. 一般产地证

ORIGINAL

1. Exporter	Certificate No. **CERTIFICATE OF ORIGIN OF THE PEOPLE'S REPUBLIC OF CHINA**
2. Consignee	
3. Means of transport and route	5. For certifying authority use only
4. Country / region of destination	

6. Marks and numbers	7. Number and kind of packages; description of goods	8. H.S.Code	9. Quantity	10.Number and date of invoices

11. Declaration by the exporter The undersigned hereby declares that the above details and statements are correct, that all the goods were produced in China and that they comply with the Rules of Origin of the People's Republic of China. --- Place and date, signature and stamp of authorized signatory.	12. Certification It is hereby certified that the declaration by the exporter is correct. --- Place and date, signature and stamp of certifying authority.

11. 普惠制产地证

ORIGINAL

<table>
<tr><td colspan="3">1.Goods consigned from(Exporter's business name, address, country)</td><td colspan="3" rowspan="2">Reference No.

GENERALIZED SYSTEM OF PREFERENCE
CERTIFICATE OF ORIGIN
(Combined declaration and certificate)
FORM A
Issued in <u>THE PEOPOE'S REPUBLIC OF CHINA</u>
(Country)
See Noted Overleaf</td></tr>
<tr><td colspan="3">2.Goods consignee to (Consignee's name, address, country)</td></tr>
<tr><td colspan="3">3.Means of transport and route(as far as known)</td><td colspan="3">4.For official use</td></tr>
<tr><td>5.Item number</td><td>6.Marks and number of packages</td><td>7.Number and kind of packages; description of goods</td><td>8.Origin criterion (see Notes overleaf)</td><td>9.Gross weight or other quantity</td><td>10.Number and date of invoices</td></tr>
<tr><td colspan="3">11.Certification
It is hereby certified, on the basis of control carried out, That the declaration by the exporter is correct.

Place and date, signature and stamp of certifying authorized.</td><td colspan="3">12.Declaration by the exporter he undersigned hereby declares that the above detail and statements are correct that the goods were produce in
CHINA
----
and that they comply with the original requirements
specified for those goods in the Generalized System of
Preferences for goods exported to

(import country)

Place and date, signature of authorized signatory.</td></tr>
</table>

12. 投保单

PICC 中国人民财产保险股份有限公司 宁波市分公司

PICC Property and Casualty Company Limited, Ningbo Branch

地址：中国宁波市大来街 50 号　　电话(TEL)：0574-87196112

ADD：No.50 Dalai Road Ningbo China　　传真(FAX)：0574-87199039

邮编(Post Code)：315000

货物运输保险投保单

APPLICATION FORM FOR CARGO TRANSPORTATION INSURANCE

被保险人：

Insured: ______________________

发票号(INVOICE NO.)

合同号(CONTRACT NO.)

信用证号(L/C NO.)

发票金额(INVOICE AMOUNT)______________ 投保加成(PLUS)__________%

兹有下列物品向中国人民保险公司宁波分公司投保。(INSURANCE IS REQUIRED ON THE FOLLOWING COMMODITIES：)

标　记 MARKS & NOS.	包装及数量 QUANTITY	保险货物项目 DESCRIPTION OF GOODS	保险金额 AMOUNT INSURED

总保险金额：

TOTAL AMOUNT INSURED: USD NINTY ONE THOUSAND EIGHT HUNDRED AND THIRTY NINE ONLY

启运日期　　装载运输工具：

DATE OF COMMENCEMENT__________ PER CONVEYANCE:__________

自　　经　　至

FROM__________ VIA__________ TO__________

提单号：　　赔款偿付地点：

B/L NO.__________ CLAIM PAYABLE AT__________

投保险别：(PLEASE INDICATE THE CONDITIONS &/OR SPECIAL COVERAGES)

____

费率　　保费

RATE AS ARRANGED　　PREMIUM AS ARRANGED

备注：(REMARKS)

____

请如实告知下列情况：(如“是”在[ ]中打“X”)IF ANY, PLEASE MARK“X”：

1. 货物种类 GOODS　袋装[X] BGA/JUMBO　散装[ ] BULK　冷藏[ ] REEFER　液体[ ] LIQUID　活动物[ ] LIVE ANIMAL　机器/汽车[ ] MACHINE/AUTO　危险品[ ] DANGEROUS CLASS

2. 集装箱种类 CONTAINER　普通[X] ORDIDARY　开顶[ ] OPEN　框架[ ] FRAME　平板[ ] FLAY　冷藏[ ] RAFRIGERATOR

3. 转运工具 BY TRANSIT　海轮[X] SHIP　飞机[ ] PLANE　驳船[ ] BARGE　火车[ ] TRAIN　汽车[ ] TRUCK

4. 船舶资料 PARTICULAR OF SHIP　船籍 RIGISTRY　船龄 AGE

备注：被保险人确认本保险合同条款和内容已经完全了解。
THE ASSURED CONFIRMS HEREWITH THE TERMS AND CONGITIONS THESE INSURANCE CONTRACT FULLY UNDERSTOOD.

投保人(签名盖章)APPLICANT'S SIGNATURE

____

电话：(TEL)0086-576-82430694

地址：(ADD)HE GUO AIR COMPRESSOR INDUSTRIAL ZONE, WEN LING CITY, ZHE JIANG PROVINCE

投保日期：(DATE) ______________________

本公司自用(FOR OFFICE USE ONLY)

经办人 Made By __________　　核保人 Checked By __________　　负责人 In Charge __________

13. 保险单

PICC 中国人民财产保险股份有限公司 宁波分公司

PICC PROPERTY AND CASUALTY COMPAY LIMITED, Ningbo Branch

总公司设于北京 一九四九年创立

Head Office Beijing Established in 1949

货物运输保险单 CARGO TRANSPORTATION INSURANCE POLICY

印刷号(Printed Number) 保险单号(POLICY NO.)

合同号(CONTRACT NO.)

发票号(INVOICE NO.)

信用证号(L/C NO.)

被保险人：(Insured): ____________________

中国人民财产保险股份有限公司(以下简称本公司)根据被保险人的要求，由被保险人向本公司缴付约定的保险费，按照本保险但承保险别和背面所列条款与下列条款承保下述货物运输保险，特立本保险单。

THIS POLICY OF INSURANCE WITNESSES THAT PICC PROPERTY AND CASUALTY COMPAY LIMITED(HEREIN AFTER CALLED "THE COMPANY")AT THE REQUEST OF THE INSURED AND IN CONSIDERATION OF THE AGREED PREMIUM PAID TO THE COMPANY BY THE INSURED,UNDERTAKES TO INSURED THE UNDERMENTIONED GOODS IN TRANSPORTATION SUBJECT TO THE CONDITIONS OF THIS POLICY AS PER THE CLAUSES PRINTED BELOW.

标 记 MARKS & NOS	包装及数量 QUANTITY	保险货物项目 DESCRIPTION OF GOODS	保险金额 AMOUNT INSURED

总保险金额：

TOTAL AMOUNT INSURED:____________________

保费(PREMIUM) AS ARRANGED ____________ 启运日期(DATE OF COMMENCEMENT)____________

装载运输工具(PER CONVEYANCE):____________________:

自 经 至

FROM____________________ VIA____________________ TO____________________

承保险别：

所保货物，如发生保险单项下可能引起索赔的损失或损坏，应立即通知本公司下述代理人查勘。如有索赔，应向本公司提交保单正本(本保险单共有____份正本)及有关文件。如一份正本已用于索赔，其余正本自动失效。

IN THE EVENT OF LOSS OR DAMAGE WHICH MAY RESULT IN A CLAIM UNDER THIS POLICY,IMMEDIATE NOTICE MUST BE GIVEN TO THE COMPANY'S AGENT AS MENTIONED HEREUNDER.CLAIMS,IF ANY,ONE OF THE ORIGINAL POICY WHICH HAS BEEN ISSUED.

IN___ORIGINAL TOGETHER WITH THE RELEVENT DOCUMENTS SHALL BE SURRENDERED TO THE COMPANY.IF ONE OF THE ORIGINAL POLICY HAS BEEN ACCOMPLISHED,THE OTHERS TO BE VIOD.

保险人：中国人民财产保险股份有限公司宁波分公司

Underwriter: PICC PROPERTY AND CASUALTY COMPAY LIMITED, Ningbo Branch

电话(TEL)：0574-87196111-80220、80219

传真(FAX)：0574-87199058

地址(ADD)：中国宁波大来街 50 号

50#DALAI STREET NINGBO CHINA

赔款偿付地点

CLAIM PAYABLE AT____________________ 授权人签字：

签单日期(ISSUING DATE) ____________________ Authorized Signature

14. 海运提单

1. Shipper Insert Name, Address and Phone	B/L No.
2. Consignee Insert Name, Address and Phone	中远集装箱运输有限公司 COSCO CONTAINER LINES TLX: 33057 COSCO CN FAX: +86(021) 6545 8984 **ORIGINAL** Port-to-Port or Combined Transport **BILL OF LADING**
3. Notify Party Insert Name, Address and Phone (It is agreed that no responsibility shall attsch to the Carrier or his agents for failure to notify)	RECEIVED in external apparent good order and condition except as other-Wise noted. The total number of packages or unites stuffed in the container, The description of the goods and the weights shown in this Bill of Lading are Furnished by the Merchants, and which the carrier has no reasonable means Of checking and is not a part of this Bill of Lading contract. The carrier has Issued the number of Bills of Lading stated below, all of this tenor and date, One of the original Bills of Lading must be surrendered and endorsed or sig-Ned against the delivery of the shipment and whereupon any other original Bills of Lading shall be void. The Merchants agree to be bound by the terms And conditions of this Bill of Lading as if each had personally signed this Bill of Lading. SEE clause 4 on the back of this Bill of Lading (Terms continued on the back Hereof, please read carefully). *Applicable Only When Document Used as a Combined Transport Bill of Lading.

4. Combined Transport * Pre - carriage by	5. Combined Transport* Place of Receipt
6. Ocean Vessel Voy. No.	7. Port of Loading
8. Port of Discharge	9. Combined Transport * Place of Delivery

Marks & Nos. Container / Seal No.	No. of Containers or Packages	Description of Goods (If Dangerous Goods, See Clause 20)	Gross Weight Kgs	Measurement
		Description of Contents for Shipper's Use Only (Not part of This B/L Contract)		

10. Total Number of containers and/or packages (in words)
Subject to Clause 7 Limitation

11. Freight & Charges Declared Value Charge	Revenue Tons	Rate	Per	Prepaid	Collect

Ex. Rate:	Prepaid at	Payable at	Place and date of issue
	Total Prepaid	No. of Original B(s)/L	Signed for the Carrier, COSCO CONTAINER LINES

LADEN ON BOARD THE VESSEL
DATE BY

15. 航空运单

999			999—
Shipper's Name and Address	Shipper's Account Number	Not Negotiable Air Waybill Issued by 中国国际航空公司 AIR CHINA BEIJING CHINA	
		Copies 1, 2 and 3 of this Air Waybill are originals and have the same validity.	
Consignee's Name and Address	Consignee's Account Number	It is agreed that the goods described herein are accepted for carriage in apparent good order And condition (except as noted) and SUBJECT TO THE CONDITIONS OF CONTRACT ON THE REVERSE HEREOF. ALL GOODS MAY BE CARRIED BY AND OTHER MEANS INCLUDING ROAD OR ANY OTHER CARRIER UNLESS SPECIFIC CONTRARY INSTRUCTIONS ARE GIVEN HEREON BY THE SHIPPER. THE SHIPPER'S ATTENTIONIS DRAWN TO THE NOTICE CONCERNING CARRIER'S LIMITATION OF LIABILITY. Shipper may increase such limitation of liability by declaring a higher value for carriage and paying a supplemental charge if required.	
Issuing Carrier's Agent Name and City		Accounting Information	
Agent's IATA Code	Account No.		
Airport of Departure (Addr. of First Carrier) and Requested Routing			

To	By First Carrier Routing and Destination	to	by	to	by	Currency	CHGS Code	WT/VAL PPD	WT/VAL COLL	Other PPD	Other COLL	Declared Value for Carriage	Declared Value for Customs

Airport of Destination	Flight/Date For carrier Use Only	Flight/Date	Amount of Insurance	INSURANCE - If Carrier offers insurance, and such insurance is requested in accordance with the conditions thereof, indicate amount to be insured in figures in box marked "Amount of Insurance."

Handing Information

续

(For USA only) These commodities licensed by U.S. for ultimate destination ....Diversion contrary to U.S. law is prohibited

No of Pieces RCP	Gross Weight	Kg lb	Rate Class / Commodity Item No.	Chargeable Weight	Rate Charge	Total	Nature and Quantity of Goods (incl. Dimensions or Volume)

Prepaid Weight Charge Collect		Other Charges
Valuation Charge		
Tax		
Total other Charges Due Agent		Shipper certifies that the particulars on the face hereof are correct and that insofar as any part of theconsignment contains dangerous goods, such part is properly described by name and is in proper condition for carriage by air according to the applicable Dangerous Goods Regulations.
Total other Charges Due Carrier		
		.... Signature of Shipper or his Agent
Total Prepaid	Total Collect	
Currency Conversion Rates	CC Charges in Dest. Currency	.... Executed on (date)　　at(place)　　Signature of Issuing Carrier or its Agent
For Carrier's Use only at Destination	Charges at Destination	Total Collect Charges　　999—

ORIGINAL3 FOR SHIPPER

16. 汇票

BILL OF EXCHANGE

凭 不可撤销信用证
Drawn Under ______________ Irrevocable L/C No. ______________

日期
Date ______________ 支取 Payable With interest @ ______ % ______ 按 ______ 息 ______ 付款

号码 汇票金额 浙江台州
No. ______________ Exchange for ______________ TAIZHOU ZHEJIANG ______________

见票 日后（本汇票之副本未付）付交
at ______________ Sight of this FIRST of Exchange (Second of Exchange Being unpaid)

Pay to the order of

金额
the sum of

此致
To ______________

参 考 文 献

[1] 全国国际商务单证专业培训考试办公室．国际商务单证理论与实务[M]．北京：中国商务出版社，2010．
[2] 朱春兰，俞涔．外贸单证[M]．2 版．杭州：浙江大学出版社，2008．
[3] 章安平．外贸单证操作[M]．北京：高等教育出版社，2008．
[4] 祝卫，程洁，谈英．出口贸易模拟操作教程[M]．3 版．上海：上海人民出版社，2008．
[5] 吴百福，徐小薇．进出口贸易实务教程[M]．5 版．上海：上海人民出版社，2007．
[6] 田运银．国际贸易单证精讲[M]．2 版．北京：中国海关出版社，2010．
[7] 苏宗详，徐捷．国际结算[M]．4 版．北京：中国金融出版社，2008．
[8] 林孝成．国际结算实务[M]．2 版．北京：高等教育出版社，2008．